adomania 1

Méthode de français

Guide pédagogique

Corina Brillant • Sophie Erlich • Céline Himber

hachette
FRANÇAIS LANGUE ÉTRANGÈRE
www.hachettefle.fr

Tous nos remerciements :
- à TV5MONDE et Évelyne Pâquier ;
- au CAVILAM-Alliance Française et aux auteures des fiches d'exploitation des vidéos : Margot Bonvallet, Hélène Émile, Soizic Pélissier, Marie Salgues, Frédérique Treffandier et Paulette Trombetta.
→ Fiches disponibles sur enseigner.tv5monde.com

Fiches Test, Révisions et Approfondissements : Adeline Gaudel

Corrigés des préparations DELF : Nelly Mous

Couverture : Nicolas Piroux

Adaptation graphique et mise en pages : Sylvie Daudré

Illustrations : Aurélien Heckler

Photographies : Shutterstock

Enregistrements : Quali'sons

Coordination éditoriale : Sarah Billecocq

ISBN 978-2-01-401526-3

58, rue Jean Bleuzen, CS 70007, 92178 Vanves Cedex, France.

http://www.hachettefle.fr

Sommaire

Le mot des auteures

Notre approche

Pour aborder l'apprentissage d'une langue, la notion de **groupe** est importante : parce qu'une langue est un instrument qu'on utilise pour communiquer avec les autres, parce que les élèves l'apprennent dans une classe, au contact d'autres élèves, et vivent cette aventure ensemble.
En tant qu'enseignants, nous avons deux objectifs à atteindre pour que l'apprentissage se fasse dans les meilleures conditions :

- **motiver** nos élèves ;
- gérer les aléas du collectif par **une démarche structurée et sécurisante**.

Pour donner envie aux élèves d'apprendre le français et les mobiliser dans une **démarche collective**, ***Adomania*** leur propose de franchir **8 étapes** successives, au fil de parcours balisés de découvertes et d'activités qui ont pour but l'acquisition des savoir-faire nécessaires à la réalisation d'une tâche finale. Chaque étape aborde une thématique différente, proche de l'univers des adolescents, pour éveiller leur attention et susciter leur intérêt.
C'est ensemble que les élèves passent d'une étape à l'autre, grâce à des activités favorisant **l'interaction en classe**, car c'est avec l'aide des autres et dans l'échange avec eux que l'on avance efficacement dans un apprentissage.

Comment motiver les élèves ?

La première condition de tout apprentissage est de **sortir de la passivité pour aller vers l'activité**. Nous croyons que « [...] des expériences simplement passives ont tendance à atténuer l'apprentissage et ont un impact qui ne dure guère. »[1]
Dans ***Adomania***, nous avons privilégié les situations où les élèves sont actifs et interagissent avec leurs camarades afin d'ancrer l'apprentissage dans l'expérience pratique, et donc dans la durée. Cette logique d'action/interaction prend en considération le contexte scolaire et ses contraintes et se base sur **l'émulation par le jeu et l'entraide** plutôt que sur la compétition.

Par ailleurs, il est essentiel de rendre les élèves acteurs de leur apprentissage à tout moment, non seulement dans les activités de groupes mais aussi :

- dans la découverte des nouveaux points de langue, grâce à **une démarche d'induction et de conceptualisation** ;
- dans l'assimilation des acquis, grâce à **des outils pratiques** qui leur permettent d'être autonomes pour mémoriser ou réviser.

La deuxième condition pour motiver l'apprentissage est que **les élèves comprennent l'utilité de ce qu'ils apprennent**. La perspective actionnelle et l'interdisciplinarité sont au cœur des réflexions actuelles sur l'école car elles sont liées « à la question du sens que les élèves donnent aux savoirs scolaires »[2]. Selon Aroq et Niclot, « la compréhension par les élèves du monde dans lequel ils vivent [...] s'accommode mal d'une appréhension par les disciplines cloisonnées qui souvent s'ignorent »[3].
Adomania propose donc :

- une intégration de **l'interdisciplinaire** invitant les élèves à mettre en regard plusieurs matières, à faire des liens entre elles ;

---

1. Howard Gardner : « [...] Merely passive experiences tend to attenuate and have little lasting impact. », *The disciplined mind*, Simon & Schuster, New York, 1999, p. 82. Howard Gardner est le père des « intelligences multiples ». Dans ses récents travaux, il propose que des contextes d'apprentissage mettant en jeu l'expérience concrète de l'élève soient promus à l'école.
2. C. Aroq, D. Niclot. *Interdisciplinarité et programmes scolaires disciplinaires. 8e Biennale de l'éducation et de la formation.* Lyon, 2006. p. 1.
3. *Ibid.*

- une **approche par tâche** qui donne également du sens aux apprentissages par la perspective d'une mise en œuvre concrète des acquis.

La troisième condition pour motiver des adolescents en situation d'apprentissage est de **s'adapter à leur univers** en s'appuyant sur des ressources proches de leurs intérêts et de leurs préoccupations. Nous avons donc fait en sorte de proposer des documents et des thématiques qui parlent au mieux à notre public cible et attisent sa curiosité.

Comment gérer les aléas du collectif ?

Instaurer **un climat de confiance et de convivialité** dans la classe est essentiel pour développer chez les élèves l'esprit d'équipe et les impliquer dans une démarche coopérative. Il faut donc avant tout **sécuriser les élèves** dans leur apprentissage en leur proposant un cours clair et structuré en classe, ainsi que des outils qui facilitent le travail personnel et prennent en compte leur hétérogénéité. Leur procurer ce sentiment de sécurité constitue une des clés de leur réussite. Et le sentiment de réussite ouvre la porte à l'émulation, essentielle dans une configuration collective.
Chaque étape d'***Adomania 1*** est découpée en **trois leçons d'apprentissage d'une double page**, correspondant chacune à une séance de cours. Chaque leçon permet aux élèves de travailler les compétences suivantes : expression orale en interaction et en continu, compréhension de l'oral, compréhension des écrits et/ou expression écrite. La structure des leçons est toujours la même :

- **Leçon 1 :** compréhension de documents écrits ou oraux, pour **découvrir le vocabulaire essentiel de la thématique** et **échanger à l'oral** sur cette thématique.
- **Leçons 2 et 3 :** compréhension de documents déclencheurs variés permettant **la découverte et la systématisation de points de langue** puis la production.

Les **parcours d'apprentissage sont courts** : plusieurs documents déclencheurs débouchent chacun sur un travail précis sur la langue afin de faciliter la compréhension, de rythmer la classe et de s'adapter à la capacité d'attention des élèves. Ils suivent le schéma de base suivant :

Compréhension d'un document déclencheur écrit ou oral → **Conceptualisation** d'un point de langue découvert dans le document → **Réemploi** de ce point de langue → **Production** reprenant les apprentissages de la leçon

Pour faciliter le travail à la maison, des **listes de vocabulaire** et des **tableaux de langue enregistrés** mettent en évidence les connaissances à acquérir. Une **large proposition d'activités** complémentaires (activités de réemploi et de systématisation du livre de l'élève et du cahier, activités TNI du manuel numérique enseignant) permet de multiplier les possibilités de remédiation en fonction des besoins de chacun.

Nous espérons qu'ainsi mis en confiance, chaque élève trouvera sa place dans le groupe classe et participera volontiers à cette grande aventure collective qu'est l'apprentissage du français.

Les composants

Pour l'élève

- **Un livre de l'élève** de 128 pages
  + un DVD-ROM inclus (tout l'audio au format mp3 et les vidéos)
  + un livret de transcriptions
- **Un cahier d'activités** de 80 pages en couleurs, dont 8 pages de disciplines non linguistiques (DNL)
  + un CD audio inclus
  + un accès au Parcours digital®

Pour l'enseignant

- **Un guide pédagogique** de 160 pages avec :
  – des propositions d'exploitation
  – des conseils méthodologiques
  – les corrigés du livre de l'élève et du cahier d'activités
  – des fiches photocopiables *Tests, Révisions, Approfondissements* et leurs corrigés
- **3 CD audio pour la classe** (audio du livre de l'élève, du cahier d'activités et du guide pédagogique)

Numérique

Pour l'élève

- **Un manuel numérique élève :** pack interactif incluant le livre, le cahier, l'audio, la vidéo
  + un accès au Parcours digital®
  Lisible sur PC / Mac / tablette. Fourni sur carte.
- **Parcours digital® :** 120 activités autocorrectives téléchargeables sur biblio.hachettefle.com (code indiqué à l'intérieur du cahier d'activités)
- **Sur le site adomania.fr :** les audios, les vidéos et les transcriptions disponibles pour téléchargement

Pour l'enseignant

- **Un manuel numérique enseignant :** pack interactif pour animer la classe, avec une fonctionnalité de classe virtuelle et des activités TNI
  Lisible sur PC / Mac / tablette. Fourni sur clé USB.
- **Sur le site hachettefle.com :** les transcriptions du livre de l'élève en accès gratuit
- **Sur le site de TV5MONDE :** toutes les vidéos et les fiches d'exploitation (fiches enseignant, fiches apprenant, fiches matériel) en accès gratuit > enseigner.tv5monde.com

Le public

Niveaux du CECRL

Adomania 1	A1.1	→ **début du niveau A1**
Adomania 2	A1.2-A2.1	→ **fin du niveau A1 et début du niveau A2**
Adomania 3	A2.2	→ **fin du niveau A2**
Adomania 4	B1.1	→ **révision du niveau A2 et début du niveau B1**

Chaque niveau est prévu pour 50 à 60 heures de cours.

Enseigner à des débutants

Enseigner une langue à des débutants n'est pas une tâche facile car il faut avant tout **mettre en confiance ce public de non-initiés** si l'on veut **leur faire aimer la langue et la culture** qu'ils vont découvrir. Les tout premiers jours de cours doivent donc être perçus comme des instants privilégiés, pleins de bienveillance. Il est utile de « briser la glace » en proposant des activités qui permettent aux élèves et au professeur de faire connaissance et d'entrer en apprentissage par des activités simples et ludiques. C'est ce que nous proposons dans l'étape 0 d'***Adomania 1***.

Par ailleurs, tout au long des étapes suivantes, nous avons accordé un soin particulier à faciliter l'apprentissage du français à ce niveau, tant pour le professeur que pour les élèves, en proposant :

- des **consignes simples** pour favoriser l'autonomie des élèves lors de la réalisation des activités ;
- de **nombreux exemples** qui viennent soutenir cet effort de simplicité pour une compréhension rapide de ce qui est attendu dans chaque activité ;
- **deux versions enregistrées** de chaque dialogue dans les étapes 1, 2 et 3, repérables ainsi : 1 40-41. Les versions lentes sans bruitages permettent de s'adapter à la difficulté que représente la compréhension orale dans les premières semaines d'apprentissage du français. Elles ont pour but d'aider les élèves à prendre conscience qu'**il est possible de comprendre un dialogue enregistré sans avoir recours à la transcription**.

Nous recommandons de **privilégier l'utilisation de la langue française en classe** dès les premiers jours de cours afin d'habituer les élèves à entendre la langue cible et à la comprendre dans le contexte de la classe. Certes, ce parti pris est difficile à mettre en œuvre et s'accompagne bien sûr d'un effort de gestuelle ou d'utilisation adéquate du tableau pour aider à la compréhension. Mais assumer le choix de s'adresser le plus possible aux élèves en français permettra à la fois aux élèves de **croire en leur capacité de compréhension et d'ouvrir à la communication en français** dans la classe.

Pour cela, il est possible d'instaurer, autour des leçons, de petits rituels pour l'utilisation du français dans la classe à des moments précis (pour se saluer, pour prendre congé, pour dire la date du jour, etc.). Afficher des panneaux-phrases illustrés avec des formules à utiliser : « Bonjour ! », « S'il vous plaît ! », « Excusez-moi ! », « Merci ! », « Je ne comprends pas ! », etc. peut permettre d'aider les élèves les moins à l'aise à participer également à ces rituels.

Par ailleurs, pour la plupart des élèves, la classe est le seul endroit où ils entendent et pratiquent le français. Il est donc important de **faire sortir le français de la classe** pour leur faire comprendre l'utilité de ce qu'ils apprennent, en percevant **la langue comme un moyen de communication et non comme une simple matière scolaire**. Participer à un échange avec une classe d'élèves français ou francophones, faire écouter ou regarder des ressources qui sortent de la méthode sont des moyens de leur faire prendre conscience que ce qu'ils apprennent en cours leur donne accès à d'autres cultures et à une ouverture sur le monde.

➔ Enseigner à des pré-adolescents

Nos élèves de 11-13 ans sont dans une **période de transition entre l'enfance et l'adolescence**. Elle se caractérise par des changements physiques, cognitifs et sociaux. Les pré-adolescents continuent à construire leur estime d'eux-mêmes, mais cette dernière va être nouvellement liée, à cet âge, à leurs résultats scolaires et à leurs relations sociales plutôt qu'au regard exclusif de leurs parents. Ils commencent à donner de l'importance à l'image qu'ils ont d'eux-mêmes, au regard que les autres portent sur eux, ce qui peut les amener à développer une inhibition ou des difficultés qu'ils ne connaissaient pas forcément quand ils étaient plus jeunes.
En tant que professeurs, il est important que nous prenions en compte l'**hétérogénéité de ces personnalités en construction** et que nous les aidions à renforcer leur estime d'eux-mêmes.
Certains élèves ont une maturité qui leur donne confiance en eux. Ils sont ouverts, créatifs, autonomes et communiquent facilement. D'autres sont introvertis, sous-estiment leur créativité et leurs compétences et se sentent rejetés par leurs camarades. Soumis à la pression de la réussite scolaire, ils abordent souvent les nouveaux apprentissages avec l'angoisse de ne pas y arriver. Or la peur est un des plus gros obstacles à l'apprentissage.
Devant ce constat, il est de notre devoir d'installer un climat de bienveillance dans la classe en valorisant tous les élèves. Nous croyons que « **chaque enfant possède les chances de sa réussite scolaire** »[4] et que les plus introvertis sont sans doute ceux qui n'ont pas baigné depuis leur plus jeune âge dans cette certitude. Nous croyons également à l'effet Pygmalion[5] qui consiste en l'expérience suivante : le fait de croire en la réussite d'un élève améliore ses performances. Chaque élève a des compétences et une intelligence propres et peut trouver les ressources en lui-même pour apprendre. Il y a de multiples manières d'apprendre et il nous appartient de diversifier les méthodes proposées afin d'**adapter notre enseignement au profil pédagogique de chacun des élèves**.
Ceux qui réussissent facilement repèrent souvent de manière innée les techniques qui leurs sont utiles. Les autres ont parfois besoin d'aide pour déterminer cela. C'est dans ce souci qu'***Adomania*** propose d'aider les élèves à acquérir des **stratégies d'apprentissage** afin qu'ils prennent conscience de leur propre manière d'apprendre.

Par ailleurs, proposer une pédagogie différenciée en classe lors des moments de travail en autonomie peut permettre de prendre en compte les différents niveaux, les différents degrés d'aisance des élèves dans l'assimilation de tel ou tel contenu. La multiplicité des outils et des ressources proposées dans le livre, le cahier et les outils numériques d'***Adomania*** peut aider à procéder à cette approche différenciée.
Ainsi, en prenant en compte les spécificités des élèves dans un climat de bienveillance, nous contribuons à la **construction positive de l'estime de chacun** et nous instaurons une bonne entente collective respectueuse des rythmes, des personnalités et des aptitudes de tous.

4. Antoine de la Garanderie, *Réussir, ça s'apprend*, Bayard Compact, 2013.
5. Le psychologue américain Robert Rosenthal et la directrice d'école Lenore Jacobson sont à l'origine de ce concept, né d'expériences réalisées en laboratoire puis dans des écoles. L'essentiel de cette théorie est présentée dans l'ouvrage *Pygmalion in classroom. Teacher expectation and pupils intellectual development (Pygmalion dans la classe. Les attentes du maître et le développement intellectuel des élèves)*, New York, Holt, Rinehart and Winston, 1968.

Mettre en œuvre une démarche actionnelle

Pour donner du sens à leur apprentissage, les élèves ont besoin d'envisager une tâche à accomplir qui s'impose comme **objectif de cet apprentissage**. Dans ***Adomania***, cette perspective actionnelle se base sur la réalisation par les élèves de tâches concrètes proposées à deux niveaux :

1 La page d'ouverture de chaque étape annonce aux élèves quelle tâche ils vont réaliser en fin de parcours dans **ENSEMBLE POUR...**. Le but est de mobiliser leur attention dès l'entrée dans la thématique et de susciter leur motivation par la perspective d'**une action finale**. Des **questions de mise en route** déclenchent dans un premier temps le travail sur la thématique abordée **en partant du vécu des élèves et de leurs représentations**. L'annonce de la tâche donne ensuite du sens aux savoir-faire langagiers présentés dans le contrat d'apprentissage de cette même page, et qui vont être travaillés dans les leçons. Chaque tâche est conçue de telle sorte que les élèves puissent mettre en œuvre cet ensemble de compétences acquises et notamment celle de communiquer langagièrement.

En début d'étape

Questions de mise en route pour découvrir le thème en partant du vécu des élèves

Contrat d'apprentissage
=
Présentation des objectifs pragmatiques de chaque leçon, qui permettront de réaliser la tâche finale

Annonce de la tâche finale

En fin d'étape

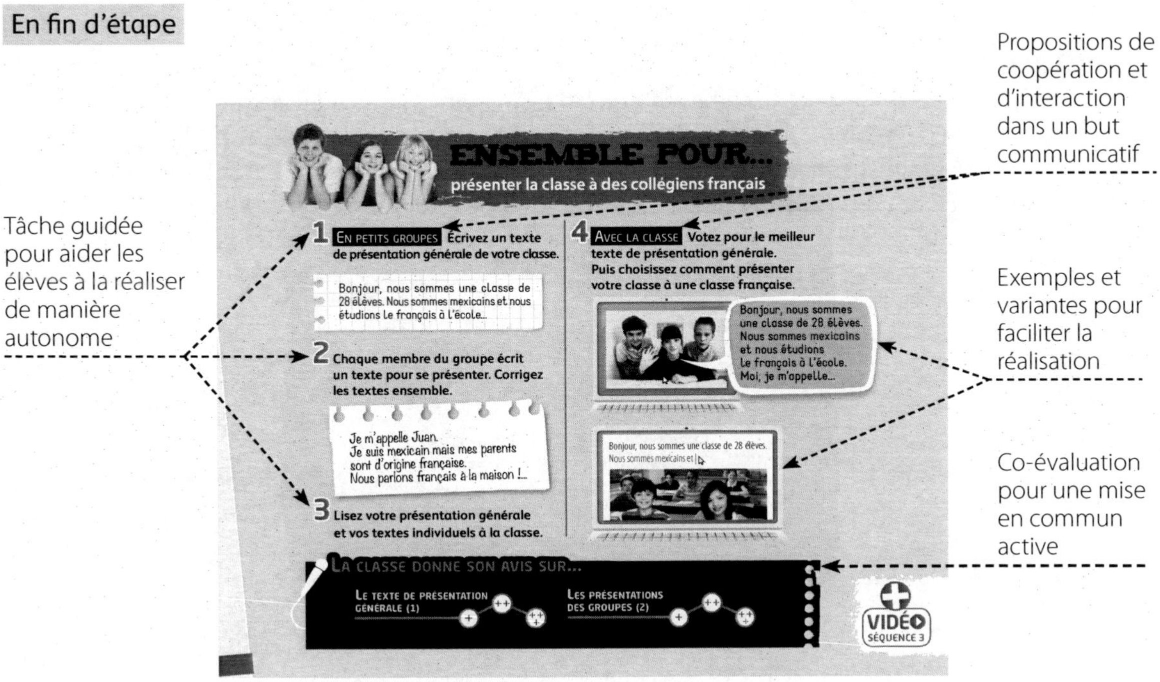

Le schéma suivant indique le processus de « motivation pour apprendre » qui se met en place chez les élèves, de l'annonce de la tâche à sa réalisation :

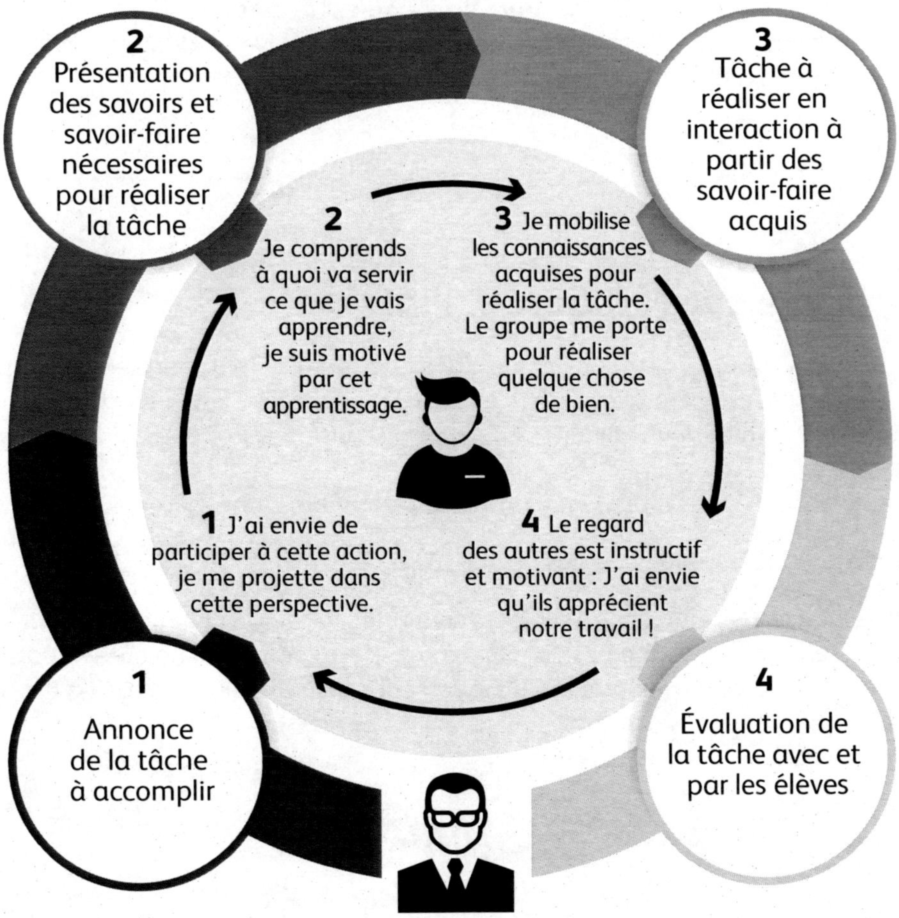

2 **Des micro-tâches** intitulées Action! sont à réaliser à la fin des leçons 2 et 3 de chaque étape. Elles ont été pensées pour être faisables dans le temps de la séance de cours, en clôture de chaque leçon. Elles permettent aux élèves de réinvestir immédiatement les nouveaux acquis de la leçon. La perspective du réemploi de ces acquis dans une action concrète et à brève échéance **justifie les efforts qu'ils ont à fournir** au cours de cette leçon. Elles font toujours intervenir le collectif pour **susciter l'émulation chez les élèves**.

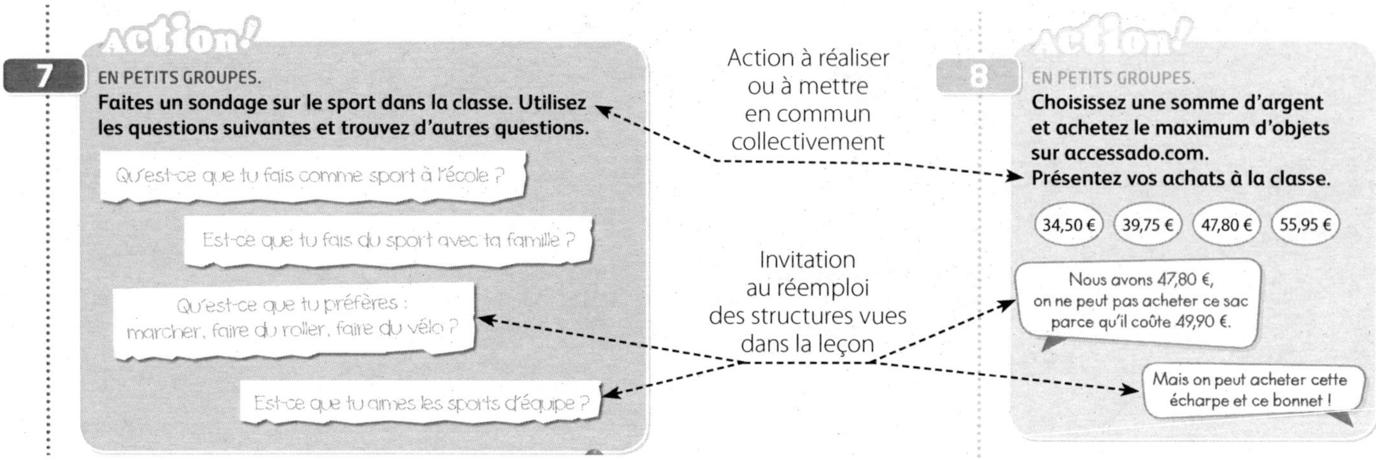

Conçues pour être les plus « authentiques » possibles et incitant les élèves à réaliser une action proche de celles de la vie réelle, toutes les tâches proposées dans ***Adomania*** sont pensées pour être **faciles à mettre en œuvre dans le cadre limité qu'est la classe de français**.
Des variantes de réalisation sont proposées dans le livre de l'élève ou dans ce guide, qui tiennent compte des conditions matérielles à disposition dans les classes.

➔ Susciter la coopération et l'interaction

Dans ***Adomania***, la variété des modalités de travail permet de mettre en œuvre l'apprentissage collectif de différentes manières. Les tâches et activités favorisant l'interaction et la coopération sont repérables par les mentions suivantes en début de consigne : **Par deux, En petits groupes** ou **Avec la classe**.
Cette interaction entre élèves intervient à différents moments d'une même étape :

1 **Au sein de la réalisation des tâches finales**, comme expliqué ci-dessus.

Pour ces tâches finales, les élèves mettent leurs compétences en commun pour aboutir à un résultat qui sera présenté collectivement. Pour clore la mise en commun, une **co-évaluation** est proposée, qui incite les élèves « spectateurs » de la restitution du travail des autres à être actifs dans l'évaluation.

Les élèves évaluent le travail réalisé selon des critères précis

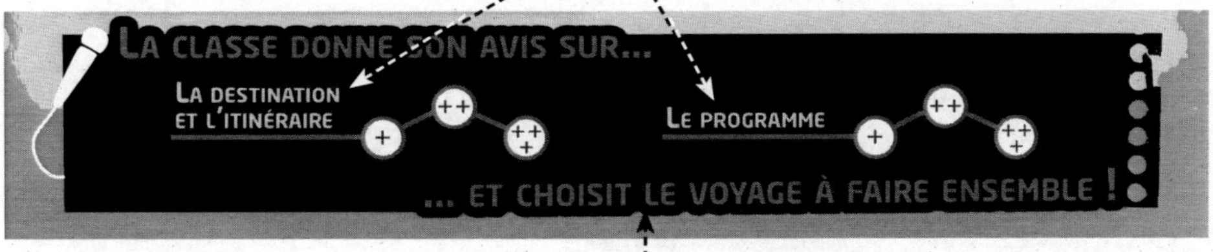

L'écoute et la co-évaluation sont motivées par le vote

2 À l'intérieur des 3 leçons d'apprentissage.

L'interaction est naturelle lorsqu'il est demandé à un élève ou à un groupe d'élèves de produire un message qui nécessite une **réaction**. Par exemple, un élève épelle un prénom et son/sa camarade l'écrit, un groupe d'élèves prépare des questions pour une interview et un autre groupe y répond, etc. Sans la réaction de l'autre ou des autres, l'activité n'aboutit pas.

5 PAR DEUX. **Choisis un personnage du document ② et fais-le deviner à ton/ta camarade.** ← Faire deviner

« C'est la sœur de Salomé. » « Tiphaine ! »

Jeu de questions/réponses → **8** PAR DEUX. **Dis le nom d'un sport. Ton/Ta camarade dit quelle(s) partie(s) du corps il muscle.**

« La natation ? » « C'est bon/excellent/parfait pour le dos et les bras ! »

Ces activités ne font pas forcément l'objet d'une évaluation ou d'une correction par l'enseignant et ne nécessitent pas toujours son intervention (sauf en tant que « guide ») ou une mise en commun avec la classe. La correction se fait d'elle-même car la réponse ne peut se faire que si la question a été bien posée.

2 (8) PAR DEUX. **Écoute et répète l'alphabet. Choisis un prénom du document ① et épelle-le. Ton/Ta camarade l'écrit.** ← Autocorrection : prénom épelé correctement = prénom écrit correctement

Dans d'autres cas de **productions plus « longues »** telles que les **micro-tâches « Action ! »** de fin de leçon, les élèves mettent en commun leurs idées, mobilisent leur imagination et font profiter les autres membres du groupe de leurs compétences propres pour aboutir à un résultat plus riche, ayant favorisé le partage et l'entraide. Au cœur de ce travail en groupe, ils sont actifs et communiquent. Ce sont ces paramètres qui justifient souvent l'intérêt de faire réaliser ces productions en groupes et non individuellement. Mais elles trouvent souvent leur plein aboutissement lors de la **mise en commun avec la classe**. De la même manière qu'on ne prépare pas une pièce de théâtre sans la perspective de la jouer en public, la réalisation d'une production en groupe doit être motivée par le fait de la montrer une fois terminée. Une attention toute particulière est donc accordée dans le livre et dans ce guide aux propositions de mises en commun des activités de groupe. En effet, la mise en commun peut et doit être l'occasion de **poursuivre l'effort d'interaction** amorcé par les élèves lors du travail en petits groupes. Afin de la rendre intéressante pour tous et de ne pas perdre l'attention du « public » d'élèves écoutant ou regardant ce qui a été réalisé par les autres, il convient de rendre ce **public « acteur »** dans ces moments de restitution et/ou de correction.

Par exemple, un élève présente son sportif préféré sans le nommer et la classe doit deviner de qui il s'agit :

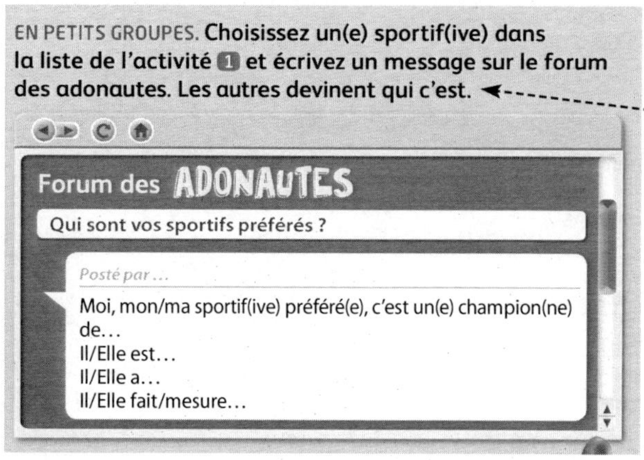

Mise en commun : l'écoute de l'autre est motivée par la devinette

3 Dans la partie « Entraînons-nous » de la page Entraînement.

Les activités coopératives peuvent être de nature **ludique**, car l'interaction est au cœur du jeu. Dans « Entraînons-nous » notamment, de nombreuses activités de type jeu de l'oie, loto, devinette, etc., permettent aux élèves d'échanger et de communiquer sans s'en rendre compte. Des activités « **chrono** », signalées par le picto suivant : ⏱, proposent des jeux de rapidité. Pour ces activités, les élèves travaillent en petits groupes et doivent trouver une réponse le plus rapidement possible ou encore donner un maximum de réponses dans un temps imparti pour gagner. L'émulation et la motivation sont suscitées par l'obligation de rapidité.

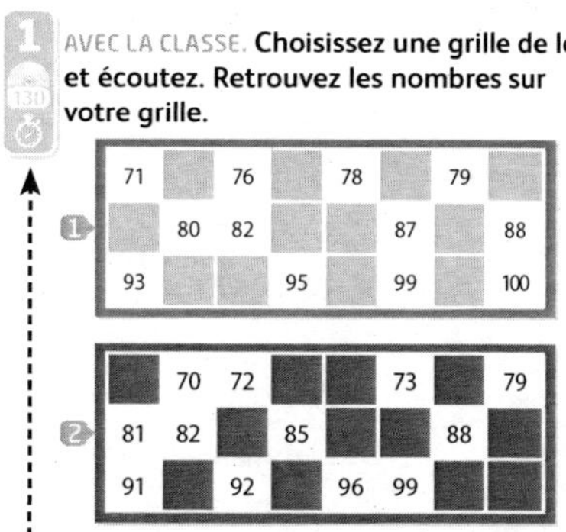

Être le premier à trouver la réponse

Trouver un maximum de réponses en un temps imparti

Dans le jeu, la **co-correction** est souvent inhérente à la règle, comme, par exemple, dans un jeu de l'oie où on ne peut continuer à avancer que si on a bien répondu à une question posée. Les autres joueurs sont les garants de cette bonne correction, car ils ne souhaitent pas qu'un joueur gagne s'il n'a pas bien répondu !

Avec ***Adomania***, les élèves ont donc l'occasion d'interagir dans toutes les phases de travail : au sein de la réalisation des activités et des tâches, ainsi que lors de la co-correction ou de la co-évaluation.

Favoriser la découverte culturelle et la réflexion interculturelle

La culture est présente de trois manières dans ***Adomania*** :

1 De façon transversale **à travers les documents déclencheurs des leçons.**

Chaque document proposé dans la méthode est **semi-authentique ou authentique**. Une attention particulière a été accordée à la conception ou au choix de ces documents. Leur typologie est proche de celle que les élèves rencontrent dans leur vie de tous les jours : pages de magazines, affiches, calendriers, sondages, interviews, emplois du temps, etc. Ils sont aussi visuellement attractifs pour que les élèves aient envie de découvrir certains aspects de la vie de leurs homologues français ou de leur culture.

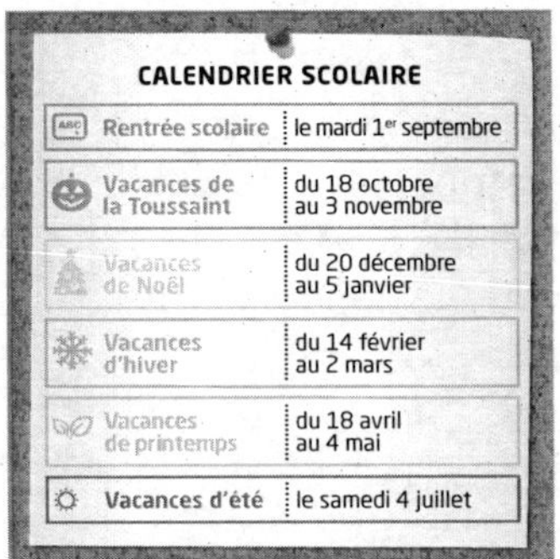
CALENDRIER SCOLAIRE

Rentrée scolaire	le mardi 1er septembre
Vacances de la Toussaint	du 18 octobre au 3 novembre
Vacances de Noël	du 20 décembre au 5 janvier
Vacances d'hiver	du 14 février au 2 mars
Vacances de printemps	du 18 avril au 4 mai
Vacances d'été	le samedi 4 juillet

Calendrier scolaire français

Sondage sur les ados français et la mode

2 Dans les pages **Cultures** présentes à chaque étape et inspirées de la presse pour ados.

Elles présentent un ou des aspects de la France ou de la francophonie en lien avec le thème abordé dans l'étape et commencent par une **question interculturelle** signalée par le picto 🌍. Partir de ce que les élèves connaissent déjà **les rassure et facilite la compréhension du document** de la page. Il leur est parfois demandé de dire ce qu'ils connaissent « dans le monde » et pas simplement dans leur pays, afin de leur laisser le plus de latitude possible pour répondre.

Par ailleurs, les documents proposés dans ces pages abordent les thèmes **sous un angle original**, parfois décalé ou amusant, afin de donner accès à des informations différentes de ce que nous pouvons facilement trouver aujourd'hui grâce aux ressources d'Internet. Par exemple, la découverte de la France, de ses villes et de sa géographie est axée sur deux aspects particuliers : les maisons originales ou les paysages insolites ; la découverte de personnalités françaises est abordée par leurs pseudonymes, etc.

3 Grâce à **8 documentaires vidéo originaux** accompagnant les 8 étapes d'***Adomania 1***.

Les séquences vidéo sont signalées par le picto suivant : VIDÉO SÉQUENCE 1 à la fin de chaque page « Cultures ». Tournées à Clermont-Ferrand et au sein d'un collège de la ville, elles donnent à voir des tranches de la vie réelle de collégiens français, sur des thèmes correspondant à ceux traités dans les étapes du livre. Les élèves sont souvent très curieux de savoir comment se passe la vie en France pour les adolescents et notamment la vie au collège. Les documentaires viennent satisfaire cette curiosité naturelle et permettent :

- de faire découvrir des **aspects socioculturels** de la vie en France ;
- d'aborder des **aspects linguistiques** nouveaux sans que cela soit un obstacle pour les élèves, grâce à des incrustations graphiques ou textuelles qui fournissent une aide à la compréhension ;
- de faire réaliser aux élèves des **activités et tâches** en lien avec ce qui est visionné grâce à des **fiches d'exploitation**. Ces fiches, rédigées par les enseignants du CAVILAM-Alliance Française de Vichy, sont disponibles sur le site de TV5MONDE > enseigner.tv5monde.com.

Chaque documentaire est conçu pour être **un « bonus » à visionner en classe**. Court et en adéquation avec le niveau des élèves et les contenus travaillés dans les étapes, il peut être utilisé comme un « rendez-vous » spécial au cours duquel la classe se régalera de découvrir des habitudes de vie qu'ils peuvent comparer aux leurs. Il offre une source de motivation supplémentaire pour apprendre le français et l'occasion d'une réflexion interculturelle unique.

Faciliter la compréhension

■ Le parcours de chaque leçon d'une étape s'appuie sur des **documents variés** (écrits ou oraux). Ces documents sont **courts et abordables, en adéquation avec le niveau débutant des élèves**, pour une approche variée et sécurisante de la langue. Le contenu de chaque document est méticuleusement dosé : vocabulaire et structures sont soit connus des élèves, soit à découvrir parce qu'ils correspondent à un objectif d'apprentissage de la leçon.

Dans les **leçons 1**, les documents oraux et écrits servent de support à **l'échange oral**, à **la découverte du vocabulaire** essentiel de la thématique de l'étape et à un travail sur **la phonétique**. Dans les **leçons 2 et 3**, les questions qui les accompagnent orientent la compréhension sur les **objectifs linguistiques précis** (grammaire, conjugaison ou actes de parole) à travailler.
Les questions de compréhension de tous les documents déclencheurs vont **de la compréhension globale vers une compréhension finalisée**, pour donner confiance aux élèves en leurs capacités de réception immédiate puis pour leur fixer un objectif de compréhension ciblée, qui permet d'introduire un nouveau point de langue à découvrir.

6 Lis la page de vacado.fr ci-dessous. C'est le programme de quelle colonie (1 p. 104) ?

Question de compréhension globale

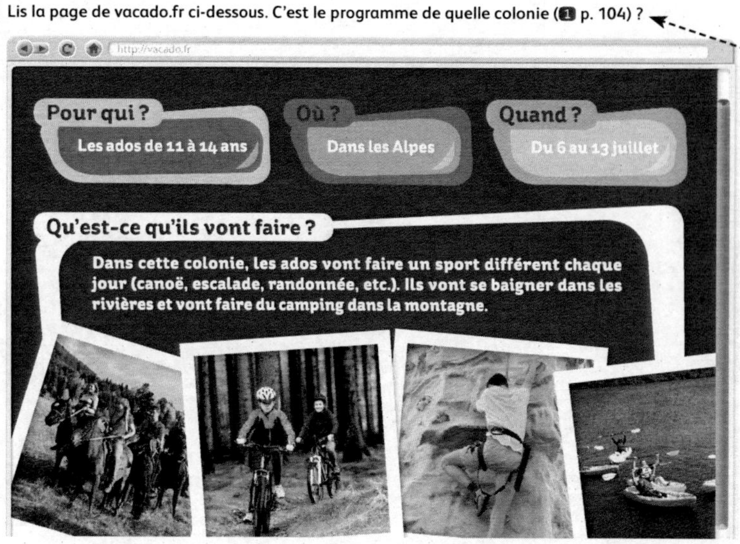

7 **Relis. Les ados vont faire quelles activités ?**

Compréhension finalisée : la question oriente sur le point de langue à découvrir

157 **Le futur proche**

Verbe aller au présent + infinitif du verbe

Je vais partir
Tu vas partir
Il/Elle/On va partir
Nous allons partir
Vous allez partir
Ils/Elles vont partir

À la forme négative :
Je **ne** vais **pas** partir.

n° 3 et 10 p. 110-111

■ **La compréhension de l'oral** est abordée grâce à des **documents audio** accompagnés la plupart du temps d'un **document visuel** qui aide à la compréhension. Signalés par le picto 000, ces documents oraux sont présents dans les trois leçons. Ils peuvent être appréhendés en deux temps : d'abord avec une ou plusieurs écoutes sans support de la transcription, pour habituer les élèves à exercer leur oreille à la compréhension du français. Dans un deuxième temps, l'écoute avec la transcription peut être proposée aux élèves, si nécessaire, pour un travail plus approfondi de compréhension. Dans tous les cas, les activités de compréhension orale sont pensées pour **accompagner et rassurer les élèves** et proposent souvent un support écrit qui vient en appui de la compréhension. Un livret fourni avec le livre de l'élève contient **les transcriptions** de tous les documents oraux.

1 20-21 **Observe et écoute.**
Adosocial, qu'est-ce que c'est ?
a. Un mail.
b. Un site Internet.
c. Un jeu vidéo.

Un document visuel

2 20-21 **Réécoute. Associe les questions et les réponses.**

a Qu'est-ce que c'est ? Un mail ?
b Qu'est-ce que c'est, Adosocial ?
1 C'est un site Internet pour les ados.
2 Non, c'est un message sur Adosocial.

Un support écrit dans l'activité

■ **La compréhension écrite** est également travaillée à tout moment dans les étapes, avec deux ou trois documents proposés dans les leçons 1 (purement écrits ou accompagnant un audio) et d'autres plus courts dans les leçons 2 et 3. Les documents sont **visuellement pensés pour aider à la compréhension**. Dans les pages **Cultures**, ils réemploient au maximum les contenus travaillés dans l'étape. Ils n'introduisent pas de vocabulaire qui ne soit compréhensible par les élèves (le vocabulaire est soit connu, soit illustré dans le document), pour un objectif de lecture « plaisir ». Les élèves peuvent ainsi focaliser leur attention sur l'aspect culturel à découvrir et travailler en autonomie.

Autonomiser l'apprentissage du vocabulaire

À la fin de chacune des 3 leçons d'apprentissage, une **liste de vocabulaire** reprend les principaux mots de lexique travaillés dans la leçon et qui sont à mémoriser par les élèves :

■ Dans les **leçons 1**, la liste regroupe **les principaux mots de la thématique de l'étape**. Ils permettent aux élèves d'**échanger à l'oral sur la thématique** par l'intermédiaire des documents proposés. Ils s'accompagnent souvent d'un **modèle de formule ou d'acte de parole** qui leur sert d'outil pour structurer cet échange oral. Ils sont suivis d'un **virelangue** qui porte sur un son récurrent de la liste. Une fois découvert et travaillé en leçon 1, ce vocabulaire pourra être réemployé par les élèves dans les leçons suivantes.

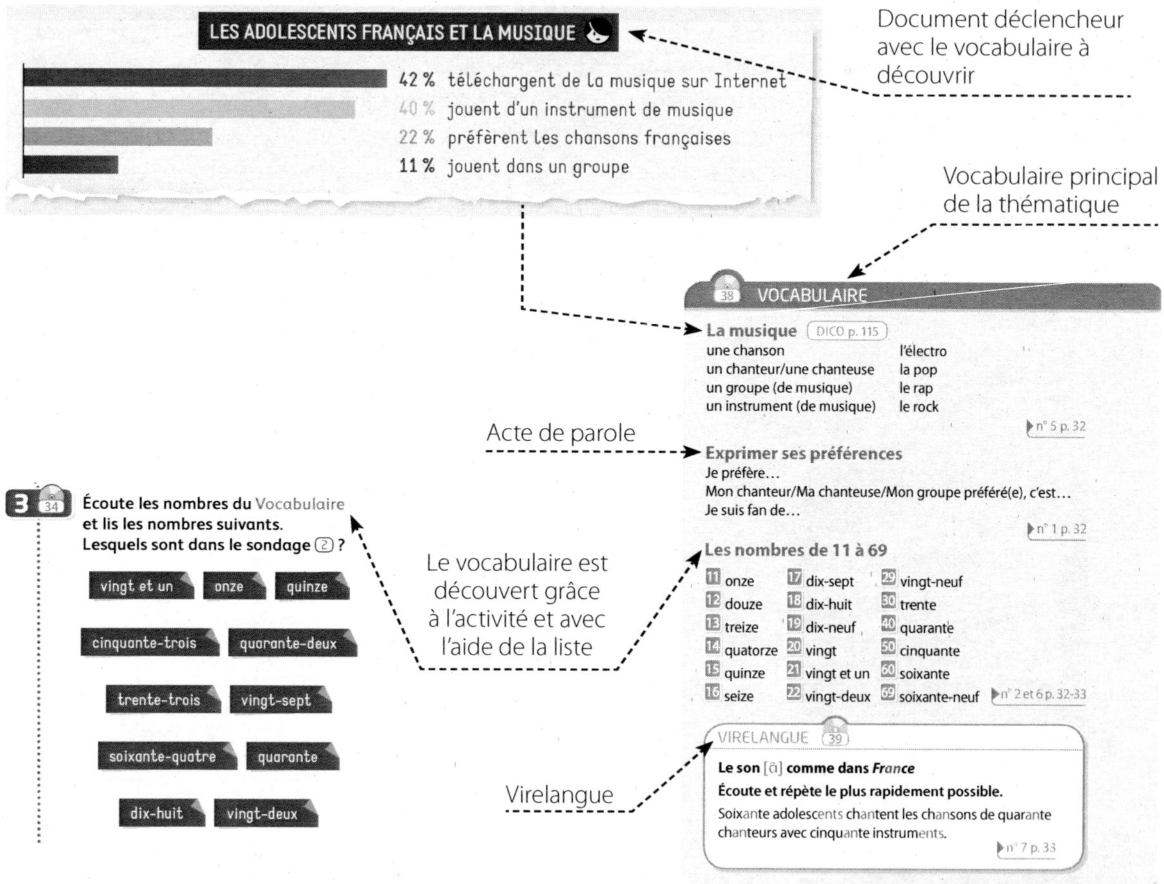

■ Dans les **leçons 2 et 3**, les listes de mots sont moins imposantes. Elles reprennent les nouveaux mots découverts dans les documents et à mémoriser.

Dans tous les cas, grâce à ces listes, le professeur et les élèves peuvent avoir une vision rapide des nouveaux mots importants de la leçon, ce qui facilite **l'autonomie de l'élève dans la découverte** et l'apprentissage de son vocabulaire. Au cours des activités, il peut arriver que l'élève doive se référer aux listes de vocabulaire pour trouver ou nommer un objet illustré sur la page ; il est donc initié à **une démarche inductive** qui l'invite à chercher par lui-même le sens des mots. Ces listes lui permettent également de **repérer les mots à apprendre** à la fin de chaque leçon et de savoir exactement ce que le professeur attend qu'il mémorise, même sans que cela lui soit spécifié.
Pour une plus grande autonomie dans la compréhension du vocabulaire, les principaux mots nouveaux de chaque étape sont illustrés dans le **Dico visuel** de la fin du livre. Certaines activités, signalées par le picto DICO p. 117, invitent les élèves à s'y référer pour les réaliser. Ils peuvent aussi y avoir recours à tout moment, de manière autonome.

Les élèves se réfèrent au dictionnaire visuel, si nécessaire, pour répondre à la question

1 DICO p. 117 Regarde l'emploi du temps. Quelles matières tu as/n'as pas dans ton emploi du temps ?

	lundi	mardi	mercredi	jeudi	vendredi
8 h 15 9 h 15	EPS	histoire-géo	histoire-géo		SVT
9 h 15 10 h 15	EPS	langue vivante	maths	français / maths	physique-chimie
Récréation					
10 h 30 11 h 30	français	vie de classe	arts plastiques	SVT / technologie	français
11 h 30 12 h 30	bibliothèque / devoirs	français	SVT / technologie	langue vivante	français
Déjeuner					
13 h 45 14 h 45	langue vivante	maths			EPS
14 h 45 15 h 45	maths	éducation musicale		histoire-géo	EPS
15 h 45 16 h 45	histoire-géo			maths	

ÉTAPE 5

les matières scolaires

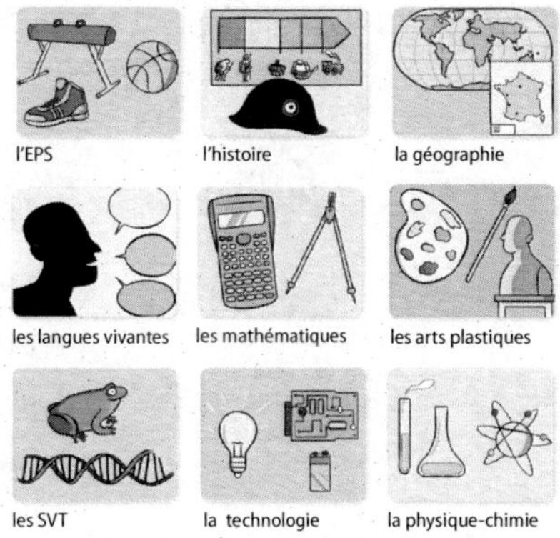

Ces deux outils (listes de vocabulaire et dico visuel) viennent ainsi soutenir le travail de compréhension de l'élève pendant la classe et faciliter la mémorisation de ce qui a été vu.

Initier à une démarche inductive pour la découverte des points de langue

Chaque point de langue travaillé dans les leçons 2 et 3 apparaît **en contexte**, c'est-à-dire qu'il est **introduit dans un document déclencheur** oral ou écrit. Au moins une activité de compréhension du document oriente sur la découverte de ce point de langue. Elle est toujours conçue pour être **légère et faisable assez rapidement**.

Document déclencheur servant au repérage du point de langue

Activité pour observer et conceptualiser le point de grammaire

2 Cherche dans l'article des exemples de destinations. Classe-les.

- pays féminin
- ville
- pays masculin
- île
- pays pluriel

159 **Les prépositions devant les noms de pays, d'îles et de villes**

	Tu pars / Tu es...
En + nom de pays féminin	> en Grèce
Au + nom de pays masculin	> au Maroc
Aux + nom de pays pluriel	> aux États-Unis
À + une île ou une ville	> à la Réunion, à Paris

⚠ En général, les noms de pays féminins se terminent par *-e*.

n° 11 p. 111

Point de grammaire récapitulé dans un tableau simple

Ce type d'activité vise à rendre l'élève **acteur de la conceptualisation** du point de langue à découvrir. Elle l'invite à induire la règle s'il y a lieu ou au moins à réfléchir par lui-même sur le sens ou la forme d'une structure langagière.

Dans tous les cas, les tableaux de langue faisant le point sur la grammaire ou la communication interviennent toujours après une activité de découverte de ces structures. Ils sont **systématiquement enregistrés** pour en faciliter l'appréhension en classe et pour aider à la prononciation. Des points de phonétique sont intégrés aux tableaux de langue de temps à autre si nécessaire, pour favoriser le réemploi correct des nouvelles structures à l'oral.

Tableau enregistré

71 Les adjectifs de nationalité

singulier		pluriel
masculin	féminin	Les adjectifs de nationalité prennent un **-s**.
Il est espagnol	Elle est espagnol**e**	Ils sont espagnol**s**.
mexicain	mexicain**e**	Elles sont espagnol**es**.
chinois	chinois**e**	⚠ Il est japonais. > Ils sont japonais.
japonais	japonais**e**	
ivoirien	ivoiri**enne**	
allemand	alleman**de**	
russe	russe	
grec	grec**que**	
turc	tur**que**	n° 3 et 10 p. 46-47

PHONÉTIQUE 72

Écoute. Dis si tu entends une différence entre le féminin et le masculin. n° 11 p. 47

Travailler la discrimination phonétique du féminin et du masculin des adjectifs de nationalité

Varier les modalités de réemploi

■ Le réemploi des connaissances est facilité par les **nombreuses activités orales et écrites** qui sont proposées :
– soit à l'intérieur des leçons, à la suite des tableaux de langue,
– soit dans la double page « Entraînement ».

Toutes les activités de la page « Entraînement » sont signalées par un renvoi de ce type : n° 5 p. 32 à la fin des tableaux de langue ou des encadrés de vocabulaire, qui permet si besoin un aller-retour entre la leçon en cours et la page d'entraînement.

■ Les activités de la partie « **Entraînons-nous** » ou certaines des activités qui **suivent les tableaux de langue** proposent une **systématisation à faire en groupe** car elles font intervenir l'interaction, le jeu ou cherchent à favoriser l'entraide entre les élèves pour des mini-productions. Ces activités font parfois appel au mouvement ou à la manipulation afin d'aider les élèves à fixer les savoirs car ce n'est que par l'expérience concrète et le mouvement que la mémorisation opère chez certains d'entre eux.

Activité collective de réemploi située à la suite du tableau

3 PAR DEUX. **Quels accessoires du site vous aimez/n'aimez pas ?**

J'aime cette écharpe !

Moi, je n'aime pas ces lunettes !

Jeu de réemploi situé dans « Entraînons-nous »

Les articles indéfinis et définis

4 EN PETITS GROUPES. **Choisissez un accessoire et un vêtement dans la classe. Préparez deux devinettes et posez-les à la classe.**

C'est **un** sac à dos bleu et rouge.

C'est **le** sac à dos de Thomas !

■ Les activités de la partie « **Entraîne-toi** » permettent de **systématiser les points de langue de manière individuelle.** Il est important de faire faire certaines de ces activités en classe, car cette phase de systématisation individuelle permet aux élèves de prendre le temps de bien comprendre ce qu'ils ont découvert, **avec possibilité de recours au guide** que représente le professeur et de correction immédiate.

121 Les adjectifs démonstratifs

masculin	féminin	pluriel
ce bonnet	cette casquette	ces bonnets
cet‿accessoire	cette écharpe	ces casquettes
		ces‿accessoires

n° 7 p. 85

Renvoi à un exercice de réemploi individuel du point de langue de la page « Entraînement »

Les adjectifs démonstratifs

7 Transforme comme dans l'exemple.

La jupe est chère ! > ***Cette** jupe est chère !*

a. Je n'aime pas **le** pantalon.
b. **Les** chapeaux sont chers.
c. L'accessoire est super !
d. L'écharpe est rouge et bleue.
e. Je déteste **les** casquettes !

■ D'autres activités du cahier peuvent être proposées **à la maison**, ou **en classe de manière différenciée**, c'est-à-dire en fonction des besoins ou de l'aisance des élèves, le but étant de leur donner confiance et de ne pas décourager ceux qui auraient besoin de plus de temps pour fixer les connaissances.

Cette variété d'activités de réemploi permet d'ancrer les connaissances dans la durée.

Intégrer une approche interdisciplinaire

Adomania propose, une fois par étape, des activités se focalisant sur une discipline scolaire. Les encadrés « **Mon cours de...** » abordent chacun une discipline non linguistique différente : informatique, musique, enseignement civique et moral, éducation physique et sportive, mathématiques, arts plastiques, géométrie, géographie pour ***Adomania 1***. Ces rubriques sont complétées par les **8 pages de Disciplines non linguistiques du cahier d'activités.** Par cette approche interdisciplinaire, l'élève expérimente une approche transversale de son apprentissage. Il est amené à comprendre plus clairement l'utilité de ce qu'il apprend par le traitement d'un autre sujet.

Encadré « Mon cours de... » dans chaque étape

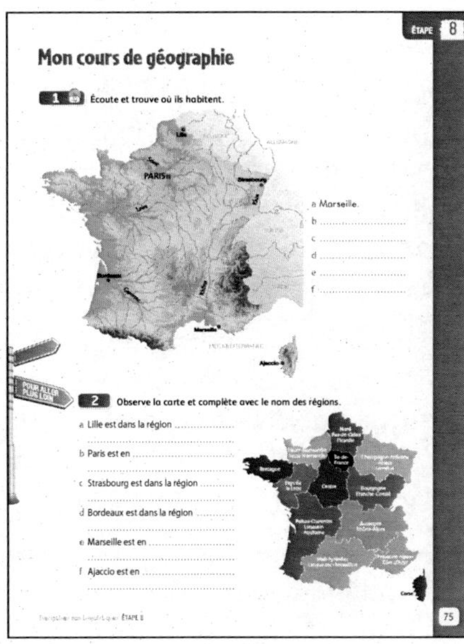

Page DNL correspondante dans le cahier d'activités

Faire le choix d'une évaluation positive

Pour évaluer les compétences d'un élève, il faut, d'une part, être au clair sur ce que l'on attend de lui et, d'autre part, lui permettre d'avoir une lisibilité sur son parcours et sur ses progrès. Le rôle du professeur est de reconnaître les acquis des élèves et de les aider à avancer dans une démarche d'évaluation positive, c'est-à-dire sans jugement ni sanction mais dans **un souci de progression et de remédiation.**
Avec ***Adomania***, l'élève et le professeur savent dès l'ouverture d'une étape quels savoirs et savoir-faire vont être évalués. Le contrat d'apprentissage les annonce et la progression rigoureuse des leçons les met en œuvre. Au moment de l'évaluation, **plusieurs outils sont à la disposition du professeur et de l'élève**.

L'évaluation formative est proposée :
- dans le cahier d'activités avec une page d'autoévaluation (avec autocorrection) et un accès au Parcours digital® (activités de remédiation),
- dans le livre de l'élève par une grille de co-évaluation des tâches finales (voir p. 13 de ce guide).

Les élèves peuvent ainsi prendre conscience de leurs acquis et de leurs lacunes. Cette démarche contribue à renforcer leur confiance en eux et à les rendre encore une fois **acteurs de leur apprentissage**.

L'évaluation sommative est présente dans :
- la page dédiée à l'évaluation à la fin de chaque étape du livre de l'élève,
- la double page DELF du livre de l'élève proposée toutes les deux étapes et qui prépare, dans ***Adomania 1***, au DELF A1 scolaire et junior,
- les tests à la fin de ce guide.

Pour le professeur, ce sont autant d'outils « clés en main » adaptés aux contenus et savoir-faire travaillés à chaque étape de la méthode. Un barème de correction est proposé pour chacune des évaluations. **L'élève n'est pas mis en difficulté** lors de la réalisation de ces évaluations car elles se concentrent sur les contenus et savoir-faire travaillés tout au long d'une étape. Il est simplement invité à mobiliser ses connaissances acquises. Les fiches détaillées de barème proposées dans ce guide sont destinées à être données avant toute évaluation, afin que les élèves sachent ce que l'on attend d'eux et adaptent leurs réponses en conséquence.

Développer des compétences extra-scolaires

Par l'intermédiaire des activités et des tâches proposées, ***Adomania*** suit la recommandation du Conseil de l'Europe, énoncée le 18 décembre 2006, sur les **compétences clés** pour l'éducation et la formation tout au long de la vie : « Les compétences clés en tant que connaissances, aptitudes et attitudes appropriées à chaque contexte sont fondamentales pour chaque individu dans une société fondée sur la connaissance. Elles comportent une valeur ajoutée au marché du travail, à la cohésion sociale et à la citoyenneté active en apportant flexibilité et adaptabilité, satisfaction et motivation. » Les 8 compétences clés énoncées ci-dessous sont travaillées au sein d'***Adomania 1*** et leur mise en œuvre est détaillée dans ce guide, pour chaque étape.

→ **La communication en langues étrangères** est au cœur de la discipline qu'est le français langue étrangère et implique le développement des compétences de compréhension et de production en langue française ainsi que l'appréhension d'une nouvelle culture. La maîtrise progressive de ces compétences est évidemment travaillée tout au long des étapes, ainsi que la découverte des cultures française ou francophone au sein de documents ou de pages dédiées.

→ **La compétence mathématique et les compétences de base en sciences et technologies.** La compétence mathématique est présente dans des activités où les élèves vont, par exemple, être invités à compter, calculer des surfaces, des heures ou des prix. Les compétences de base en sciences et technologies sont mises en œuvre dans certaines activités de la rubrique interdisciplinaire « Mon cours de... ».

→ **La compétence numérique** implique l'usage des technologies de l'information et de communication (TIC). Pour la réalisation de certaines tâches d'***Adomania***, les élèves peuvent être amenés à utiliser Internet. Par ailleurs, les outils numériques mis à la disposition du professeur et des élèves (manuel numérique enseignant, manuel numérique élève et Parcours digital®) leur offrent la possibilité de pratiquer cette compétence dans un cadre sûr et contrôlé.

→ **La compétence « apprendre à apprendre »** est abordée dans le cahier d'activités d'***Adomania***, qui propose aux élèves de tester différentes méthodes d'apprentissage par l'intermédiaire de petites activités et les invite donc à prendre conscience des méthodes adaptées à leur propre manière d'apprendre.

→ **Les compétences sociales et civiques.** Elles sont mises en œuvre par l'intermédiaire d'activités qui permettent la compréhension des codes et des usages de la culture française. Ces compétences sont également mises en pratique de par le contexte même de l'apprentissage en classe et des interactions entre élèves ou avec le professeur : l'élève, en tant qu'acteur social, doit travailler ces compétences dans la « micro-société » que représente la classe.

→ **L'esprit d'initiative et d'entreprise** est au cœur de ce que défend la démarche actionnelle adoptée dans ***Adomania***. L'élève est conscient de ses objectifs et du contexte dans lequel s'inscrit son travail. Il est en mesure d'agir, de prendre des décisions et d'exercer sa créativité lors de la réalisation de tâches.

→ **La sensibilité et l'expression culturelles** impliquent l'expérimentation de diverses formes artistiques. C'est par l'intermédiaire de documents déclencheurs (chansons, textes ou photos) ou de tâches (dessiner, chanter, écrire) que les élèves exercent leur sensibilité et leur expressivité artistiques.

→ **La communication dans la langue maternelle.** Dans ***Adomania***, l'interaction est au centre de toutes les activités de groupes, comme le définit le concept méthodologique central de la méthode. Certes, nous souhaitons que les élèves s'expriment le plus possible en français, mais lors des activités coopératives, la langue maternelle est bien sûr sollicitée pour l'échange, la réflexion interculturelle et l'expression de pensées, sentiments, opinions, etc.

Mode d'emploi d'une étape

Une page d'ouverture active

Activités d'échauffement pour découvrir la thématique en partant du vécu des élèves

objectifs pragmatiques

+

tâche finale

= contrat d'apprentissage

Trois leçons d'apprentissage

Leçon 1 pour découvrir la thématique et le vocabulaire

Objectif pragmatique de la leçon

Documents déclencheurs oraux ou écrits sur la thématique

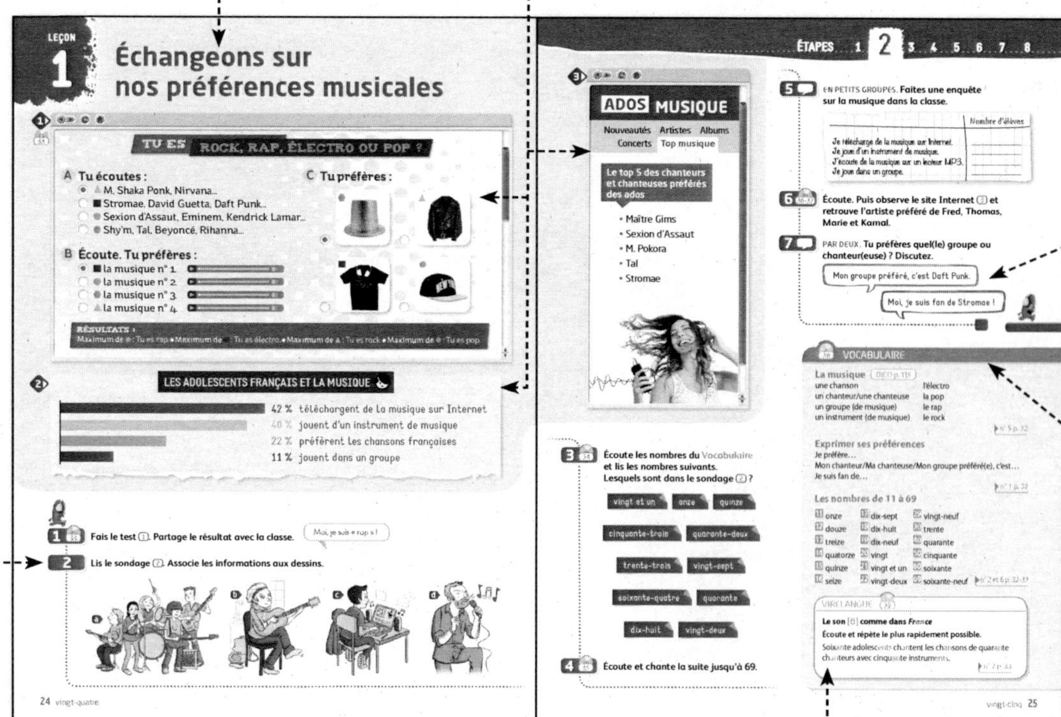

Activité de production finale en interaction

Vocabulaire essentiel de la thématique (enregistré)

Activités
- → de compréhension
- → d'échange oral
- → de découverte du vocabulaire

Virelangue pour travailler la prononciation d'un ou plusieurs sons

Leçons 2 et 3 pour approfondir la thématique et travailler la langue

Objectifs pragmatiques des leçons

Activités de compréhension orale ou écrite

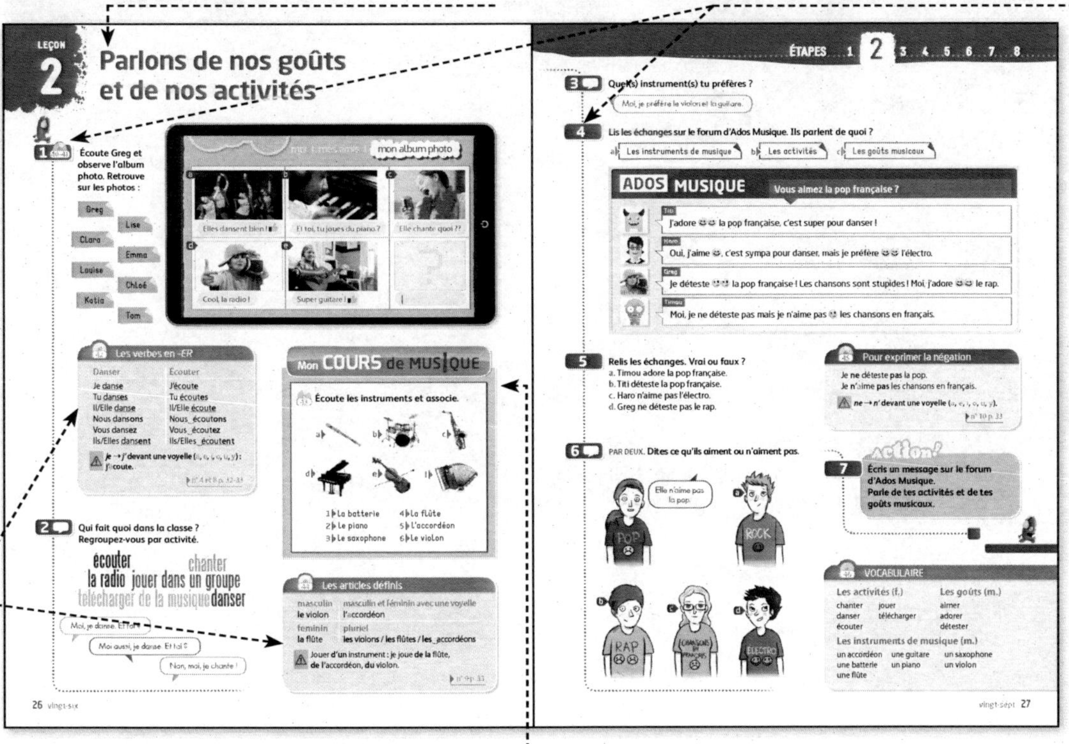

LEÇON 2

Parlons de nos goûts et de nos activités

1 Écoute Greg et observe l'album photo. Retrouve sur les photos : Greg, Lise, Clara, Emma, Louise, Chloé, Katia, Tom

mon album photo

Les verbes en -ER

Danser	Écouter
Je danse	J'écoute
Tu danses	Tu écoutes
Il/Elle danse	Il/Elle écoute
Nous dansons	Nous écoutons
Vous dansez	Vous écoutez
Ils/Elles dansent	Ils/Elles écoutent

Mon COURS de MUSIQUE

Écoute les instruments et associe.

1 La batterie 2 Le piano 3 Le saxophone 4 La flûte 5 L'accordéon 6 Le violon

2 Qui fait quoi dans la classe ? Regroupez-vous par activité.

écouter chanter la radio jouer dans un groupe télécharger de la musique danser

Les articles définis

masculin	masculin et féminin avec une voyelle
le violon	l'accordéon
féminin	pluriel
la flûte	les violons / les flûtes / les accordéons

Jouer d'un instrument : je joue de la flûte, de l'accordéon, du violon.

26 vingt-six

ÉTAPES 1 2 3 4 5 6 7 8

3 Quel(s) instrument(s) tu préfères ?

4 Lis les échanges sur le forum d'Ados Musique. Ils parlent de quoi ?
a. Les instruments de musique b. Les activités c. Les goûts musicaux

ADOS MUSIQUE — Vous aimez la pop française ?

Titi : J'adore la pop française, c'est super pour danser !
Haro : Oui, j'aime, c'est sympa pour danser, mais je préfère l'électro.
Greg : Je déteste la pop française ! Les chansons sont stupides ! Moi, j'adore le rap.
Timou : Moi, je ne déteste pas mais je n'aime pas les chansons en français.

5 Relis les échanges. Vrai ou faux ?
a. Timou adore la pop française.
b. Titi déteste la pop française.
c. Haro n'aime pas l'électro.
d. Greg ne déteste pas le rap.

Pour exprimer la négation
Je ne déteste pas la pop.
Je n'aime pas les chansons en français.

6 PAR DEUX. Dites ce qu'ils aiment ou n'aiment pas.

Action!
7 Écris un message sur le forum d'Ados Musique. Parle de tes activités et de tes goûts musicaux.

VOCABULAIRE
Les activités (f.) : chanter, danser, écouter, jouer, télécharger
Les goûts (m.) : aimer, adorer, détester
Les instruments de musique (m.) : un accordéon, une batterie, une flûte, une guitare, un piano, un saxophone, un violon

vingt-sept 27

Tableaux de grammaire et de conjugaison enregistrés

DNL en lien avec les contenus la leçon

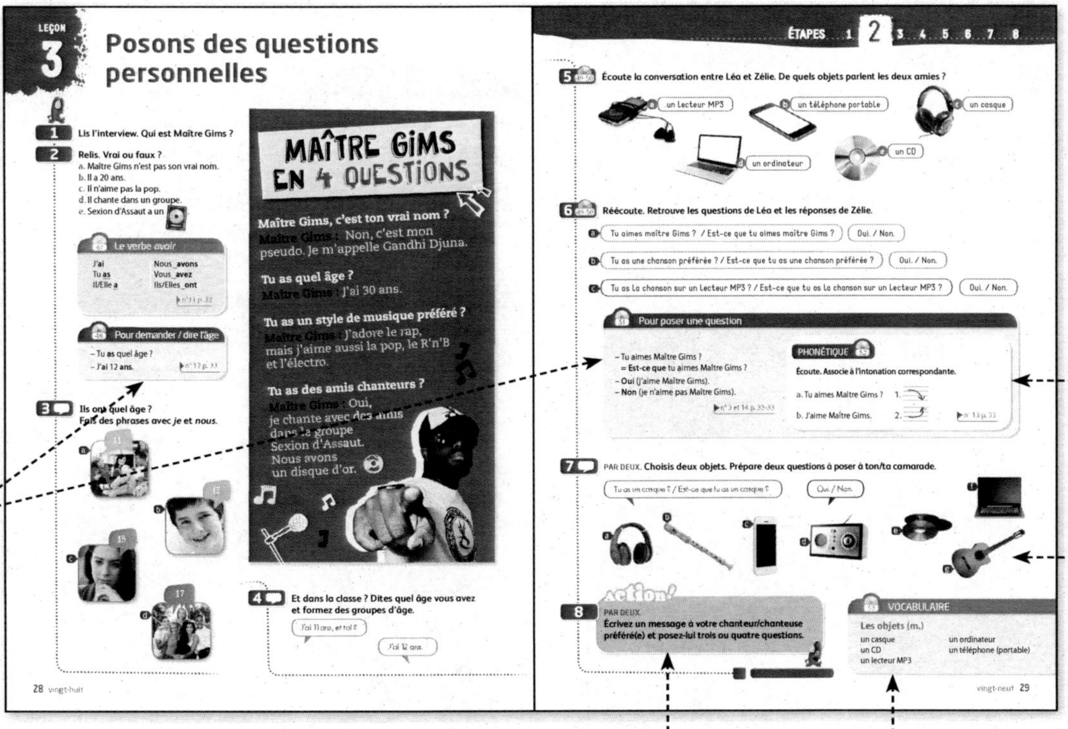

LEÇON 3

Posons des questions personnelles

1 Lis l'interview. Qui est Maître Gims ?

2 Relis. Vrai ou faux ?
a. Maître Gims n'est pas son vrai nom.
b. Il a 20 ans.
c. Il n'aime pas la pop.
d. Il chante dans un groupe.
e. Sexion d'Assaut a un disque d'or.

Le verbe avoir
J'ai / Tu as / Il/Elle a / Nous avons / Vous avez / Ils/Elles ont

Pour demander / dire l'âge
– Tu as quel âge ?
– J'ai 12 ans.

3 Ils ont quel âge ? Fais des phrases avec je et nous.

MAÎTRE GIMS EN 4 QUESTIONS

Maître Gims, c'est ton vrai nom ?
Maître Gims : Non, c'est mon pseudo. Je m'appelle Gandhi Djuna.
Tu as quel âge ?
Maître Gims : J'ai 30 ans.
Tu as un style de musique préféré ?
Maître Gims : J'adore le rap, mais j'aime aussi la pop, le R'n'B et l'électro.
Tu as des amis chanteurs ?
Maître Gims : Oui, je chante avec des amis dans le groupe Sexion d'Assaut. Nous avons un disque d'or.

4 Et dans la classe ? Dites quel âge vous avez et formez des groupes d'âge.

28 vingt-huit

ÉTAPES 1 2 3 4 5 6 7 8

5 Écoute la conversation entre Léa et Zélie. De quels objets parlent les deux amies ?
un lecteur MP3, un téléphone portable, un casque, un ordinateur, un CD

6 Réécoute. Retrouve les questions de Léa et les réponses de Zélie.
a. Tu aimes maître Gims ? / Est-ce que tu aimes maître Gims ? — Oui. / Non.
b. Tu as une chanson préférée ? / Est-ce que tu as une chanson préférée ? — Oui. / Non.
c. Tu as la chanson sur un lecteur MP3 ? / Est-ce que tu as la chanson sur un lecteur MP3 ? — Oui. / Non.

Pour poser une question
– Tu aimes Maître Gims ?
= Est-ce que tu aimes Maître Gims ?
– Oui (j'aime Maître Gims).
– Non (je n'aime pas Maître Gims).

PHONÉTIQUE
Écoute. Associe à l'intonation correspondante.
a. Tu aimes Maître Gims ? 1.
b. J'aime Maître Gims. 2.

7 PAR DEUX. Choisis deux objets. Prépare deux questions à poser à ton/ta camarade.

Action!
8 PAR DEUX. Écrivez un message à votre chanteur/chanteuse préféré(e) et posez-lui trois ou quatre questions.

VOCABULAIRE
Les objets (m.) : un casque, un CD, un lecteur MP3, un ordinateur, un téléphone (portable)

vingt-neuf 29

Tableaux de communication enregistrés

Phonétique en lien avec un des points de langue

Activité de réemploi des points de langue

Micro-tâche finale

Vocabulaire essentiel de la leçon

Une double page « Cultures » et « Ensemble pour... »

Rubrique culturelle en lien avec la thématique de l'étape

Activités de **compréhension et d'échange** sur le thème culturel

Tâche collective finale guidée

Co-évaluation de la tâche

Renvoi à la **séquence vidéo** correspondante

Activité de **réflexion interculturelle**

Une double page « Entraînement »

Exercices d'entraînement collectifs

Exercices d'entraînement individuels

Communication

Conjugaison

Phonétique

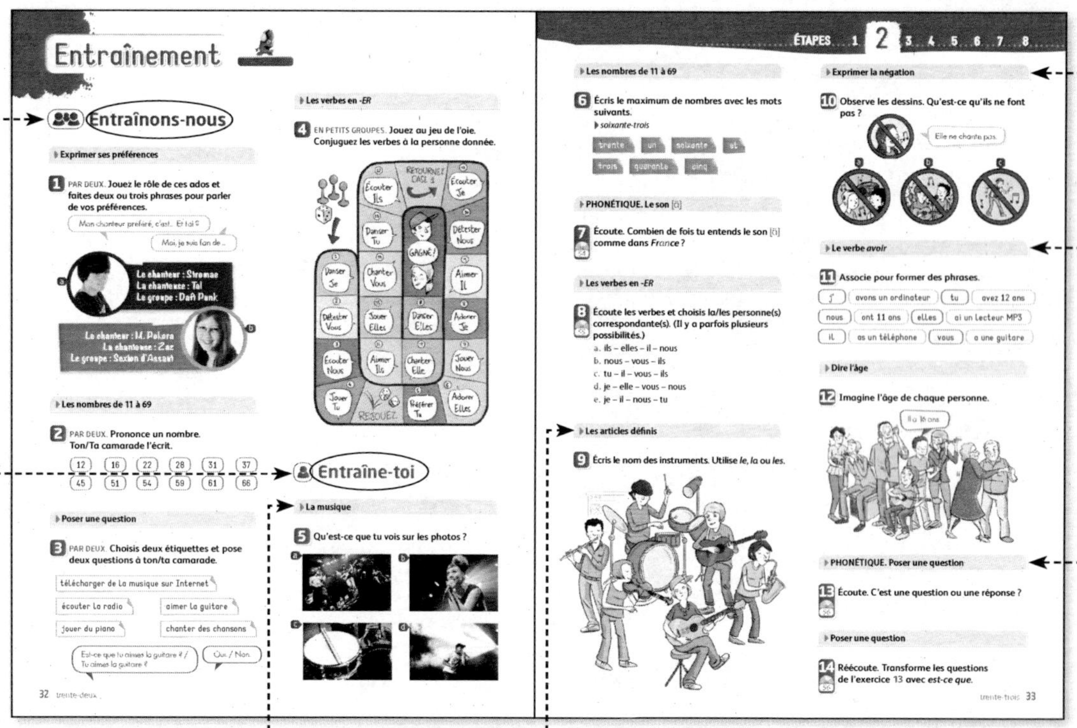

Vocabulaire

Grammaire

Une page « Évaluation »

Compréhension orale

Production orale

Production écrite

Évaluation
notée sur 20 points

Compréhension écrite

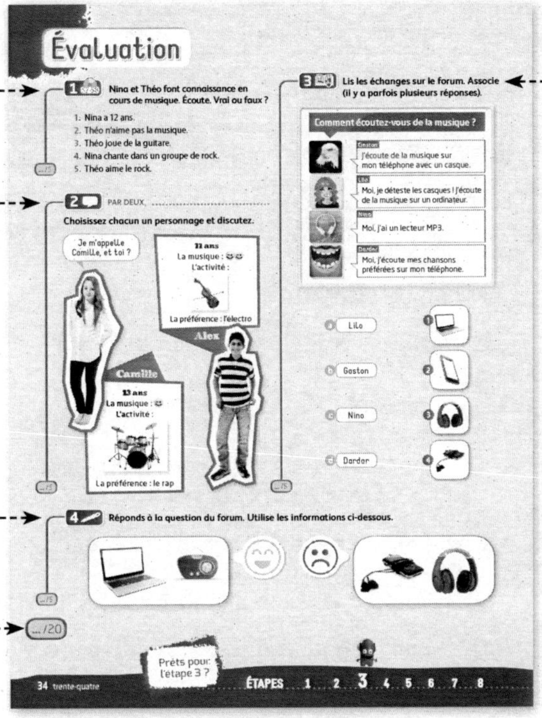

+ une préparation au DELF A1 scolaire et junior toutes les deux étapes

Pictos du livre de l'élève

- 102 — **piste audio du DVD-ROM inclus (mp3)**
- **activité de production orale**
- Action! — **micro-tâche**
- DICO p. 116 — **renvoi au dico visuel en fin d'ouvrage**
- **exercice d'entraînement collectif à faire en temps limité**
- VIDÉO — **renvoi à la vidéo correspondante du DVD-ROM inclius**

Rubriques de ce guide

MÉTHODO Conseils méthodologiques pour la préparation et la réalisation de l'activité

Astuces de présentation au tableau, de mise en place, d'organisation de l'espace classe

INFOS Informations culturelles

ÉTAPE 0

Objectifs pragmatiques

– Reconnaître ses connaissances linguistiques et culturelles en français
– Découvrir quelques essentiels de la langue française
– Comprendre, dire et reconnaître des messages simples pour communiquer en classe

CONTENUS

Communication	Lexique	Culture
Communiquer en classe	Les mots transparents Les jours de la semaine Les nombres de 0 à 10 Les consignes et les objets de la classe	Quelques références culturelles françaises

COMPÉTENCES CLÉS

Compétence mathématique	Compter jusqu'à 10 : activités 2 et 3 p. 10
Compétence apprendre à apprendre	Savoir mobiliser des savoirs préalables : activités 1, 2, 3 p. 8-9 Savoir mobiliser son esprit de déduction : activités 1 et 2 p. 9-10
Compétences sociales et civiques	Savoir communiquer en classe : activités 1, 2, 3 p. 10, « Communiquons » Savoir travailler ensemble : activités 3 p. 9, « Testons » et 3 p. 10, « Explorons »
Sensibilité et expression culturelles	Dessiner : activité 1 p. 8 Chanter : activité 3 p. 10, « Explorons »

MÉTHODO

L'étape 0 a une importance toute particulière : elle permet aux élèves d'entrer doucement en contact avec la langue et la culture françaises, en leur proposant des activités qui répondent à trois objectifs :

1. Dans la première partie « **Testons nos connaissances** » : faire prendre conscience aux élèves que cette langue et les cultures qui l'abritent **ne leur sont pas totalement inconnues** et les inviter à mettre en relation les nouvelles informations qu'ils découvrent avec leurs connaissances antérieures.
2. Dans la deuxième partie « **Explorons le français** » : leur montrer qu'ils peuvent **faire appel à leur esprit de déduction** pour réaliser facilement des activités pour lesquelles ils n'ont aucune connaissance préalable.
3. Dans la troisième partie « **Communiquons en classe** » : leur donner des outils de base pour **faciliter la communication en classe** (comprendre le professeur et les consignes).

Testons nos connaissances

pages 8 et 9

1 Reconnaître des mots transparents

MÉTHODO

Cette activité invite les élèves à prendre conscience qu'ils connaissent déjà des mots français soit parce qu'ils sont transparents (ils ressemblent à des mots de leur langue maternelle), soit parce qu'ils font appel à leurs connaissances préalables.

Faire écouter une fois aux élèves les sept mots proposés et les leur faire lire en même temps. Ils peuvent comparer la prononciation de ces mots avec la lecture qu'ils en font eux-mêmes. Puis les inviter à les répéter tels que prononcés dans l'enregistrement. Leur laisser ensuite quelques minutes pour dessiner ces mots individuellement. Le dessin est un moyen de vérifier la compréhension de chaque mot par les élèves.

Mise en commun Demander à des élèves volontaires de venir dessiner chacun à leur tour un mot de la liste au tableau.

2 Reconnaître des symboles de la culture française

MÉTHODO

Les photos et dessins proposés dans cette activité représentent des symboles de la France souvent connus des élèves. Comme pour l'activité précédente, le but est de les inciter à mobiliser leurs connaissances personnelles en amont de tout apprentissage.

Avant de faire l'activité, faire observer les six illustrations. Demander aux élèves s'ils peuvent nommer quelques-uns de ces symboles et dire comment ils les ont connus/les connaissent. Les inviter à vérifier les réponses données à partir des six mots proposés dans les étiquettes. Ils peuvent ensuite individuellement associer les dernières images aux mots qui restent, en procédant par déduction s'ils leur sont inconnus.

Mise en commun Lire un à un aux élèves les mots proposés dans les étiquettes afin d'en faire entendre la prononciation correcte. Pour chaque mot, demander à un élève volontaire de dire quelle est l'image correspondante. Puis inviter la classe à répéter ces mots avec la prononciation correcte.

Corrigé **a** le Petit Prince ; **b** le fromage ; **c** la tour Eiffel ; **d** la mode ; **e** un croissant ; **f** Astérix et Obélix

INFOS

Le Petit Prince est un personnage d'Antoine de Saint-Exupéry. Le livre du même nom a été publié en 1943. Chaque chapitre relate une rencontre du Petit Prince avec un personnage qui le fait se questionner sur le comportement des adultes.

Le fromage est un des composants typiques de l'alimentation française. On le mange à la fin du repas, avant le dessert. La France compte plus de 300 variétés de fromages.

La tour Eiffel est une tour de fer de 324 mètres de hauteur située dans le 7e arrondissement de Paris. Construite par Gustave Eiffel à l'occasion de l'Exposition universelle de 1889 et devenue le symbole de la capitale, elle est le premier monument payant le plus visité au monde.

La mode est très importante en France depuis le règne de Louis XIV au XVIIe siècle. Les chefs d'État français, protecteurs des Arts et des Lettres, ont toujours encouragé la création vestimentaire nationale depuis lors. C'est au XXe siècle que Paris est devenue la capitale de la mode grâce aux grands couturiers et aux grandes maisons comme Chanel, Yves Saint Laurent, Dior ou Jean-Paul Gautier.

Le croissant est une viennoiserie à base de pâte feuilletée et de beurre. Le premier croissant est vendu à Paris à partir du milieu du XIXe siècle, mais ce n'est qu'au XXe siècle qu'il devient un élément traditionnel du petit déjeuner français.

Astérix et Obélix sont les personnages principaux de la bande dessinée franco-belge du même nom, créée en 1959 par le scénariste René Goscinny et le dessinateur Albert Uderzo. Ce sont les héros d'un village d'invincibles Gaulois qui, en 50 avant Jésus-Christ, résistent à l'envahisseur romain grâce à la potion magique du druide Panoramix. Cette série de BD est traduite dans beaucoup de langues et adaptée en films et en dessins animés.

3 Citer d'autres mots français ou utilisés en français

MÉTHODO

> Pour la constitution des groupes : nous recommandons d'instaurer l'habitude de faire « bouger » les élèves en les incitant à regrouper les tables pour les activités de groupe. Le mouvement motive la réalisation de l'activité et dégourdit un peu les jambes. De plus, l'installation d'une configuration adéquate pour travailler ensemble est essentielle pour permettre à tous les membres du groupe de participer et de communiquer.

Afin de faciliter le regroupement des élèves et d'éviter les laissés pour compte, il peut être plus simple d'**imposer la composition des groupes par des moyens amusants** : par exemple, les élèves se regroupent par numéro commun après avoir lancé chacun à leur tour un dé, ou par initiale commune de leur prénom, etc. Si ce **rituel de composition des groupes** est instauré dès le début, en changeant de modalité à chaque fois,les élèves prendront l'habitude de travailler avec des camarades différents et vivront cela comme un jeu. Cependant, il peut être plus adapté de laisser les élèves choisir les membres de leur groupe à certains moments si cela peut faciliter leur aisance dans la réalisation de l'activité.

> L'activité 3 prolonge les deux précédentes et invite les élèves à **mobiliser leurs connaissances personnelles** pour citer d'autres mots français qu'ils connaissent. Il peut s'agir de noms propres, de noms communs ou de mots d'origine étrangère d'usage courant dans la langue française et qui sont internationalement connus. Les illustrations proposées ont pour but de faire naître l'inspiration et de donner confiance aux élèves pour réaliser cette première activité en autonomie et en petits groupes.

Laisser un peu de temps aux élèves pour mettre en commun leurs connaissances et établir une liste de mots par écrit. Passer parmi les groupes pour vérifier l'orthographe des mots.

Mise en commun Désigner un porte-parole pour chaque groupe. Lui demander de passer devant la classe pour lire la liste de mots de son groupe. Corriger la prononciation et répondre aux questions des élèves spectateurs.

Mise en commun ludique Chaque groupe compte le nombre de mots de sa liste qui n'ont pas été donnés par les autres groupes. Le groupe qui a le plus grand nombre de mots exclusivement trouvés par lui gagne.

PROLONGEMENT CRÉATIF » Il est possible de proposer aux élèves de réaliser une affichette avec cette liste de mots qu'ils peuvent illustrer par des dessins et/ ou des collages.

Corrigé (propositions) À partir des illustrations, les élèves peuvent trouver les mots suivants :
la France, Paris, l'amour, le métro, Montmartre, la tour Eiffel, l'Arc de Triomphe, le Sacré-Cœur, une baguette, un sandwich (mot anglais couramment utilisé en français), un café (le lieu et la boisson), un restaurant, le football (mot anglais couramment utilisé en français).

Explorons le français

pages 9 et 10

1 Découvrir les jours de la semaine

MÉTHODO

Lors de cette activité, les élèves vont être sensibilisés à l'écoute du français et à sa reconnaissance à l'écrit. Il s'agit de leur montrer qu'ils sont capables de comprendre ou de déduire par eux-mêmes la signification de mots français sans connaissances préalables – et donc de **les mettre en confiance** face à l'inconnu que représente la découverte d'une nouvelle langue. L'activité est conçue pour ne pas les mettre en difficulté et leur procurer la satisfaction de la réussite.

Faire écouter une première fois aux élèves les jours de la semaine, livres fermés. Leur demander de dire s'ils comprennent de quoi il s'agit. Ils vont facilement deviner que ce sont les jours de la semaine par déduction et/ou grâce à la transparence de certains mots (par rapport à leur langue ou à une langue étrangère qu'ils connaissent).

Les inviter ensuite à lire dans leur livre les jours de la semaine proposés dans le désordre. Des élèves volontaires peuvent les lire à voix haute à la classe. Proposer une deuxième écoute et leur laisser quelques minutes individuellement ou par deux pour remettre les jours de la semaine dans l'ordre.

Mise en commun Faire réécouter une troisième fois pour vérification.

Corrigé lundi, mardi, mercredi, jeudi, vendredi, samedi, dimanche

PROLONGEMENT LUDIQUE » Partager la classe en sept groupes : les lundis, les mardis, les mercredis, etc. Puis demander aux élèves de se déplacer dans la classe pour essayer de reconstituer le plus rapidement possible une semaine de sept élèves. Le premier groupe qui réussit à former une ligne dans le bon ordre des jours de la semaine gagne !

2 (3) Découvrir les nombres de 0 à 10

MÉTHODO

Comme pour l'activité précédente, les élèves sont invités à faire le lien entre des mots prononcés et des mots écrits. Ils vont comprendre par eux-mêmes qu'il s'agit de découvrir comment nommer les chiffres de 0 à 10 car ils verront ces derniers écrits sur leur livre. Ici encore, leur donner un sentiment de réussite en leur proposant une activité réalisable sans connaissances préalables est très important pour les mettre en confiance.

Leur faire écouter les nombres une fois pour repérage, puis une deuxième fois en les répétant. Ils peuvent ensuite, individuellement ou par deux, associer les nombres (écrits en lettres) aux chiffres correspondants (1, 2, 3...), en faisant appel soit à leur mémoire soit à leur esprit de déduction.

Mise en commun Proposer une troisième écoute pour vérification. Il est également possible d'écrire un à un les chiffres au tableau et de demander à des élèves de les nommer.

Corrigé 1 = un ; 2 = deux ; 3 = trois ; 4 = quatre ; 5 = cinq ; 6 = six ; 7 = sept ; 8 = huit ; 9 = neuf ; 10 = dix

PROLONGEMENT LUDIQUE » Un(e) élève vient au tableau et écrit un chiffre. Le premier dans la classe qui nomme ce chiffre correctement gagne !

3 (4) Mémoriser les nombres de 0 à 10

MÉTHODO

Cette activité permet d'amorcer le processus de mémorisation des nombres en français. La chanson est un excellent moyen de mémoriser car elle fait appel à l'intelligence musico-auditive des élèves en même temps qu'elle fait passer un moment joyeux et dynamique.

Proposer aux élèves une première écoute de la chanson afin qu'ils se familiarisent avec l'air. Les inviter ensuite à chanter plusieurs fois sur la chanson.

VARIANTE LUDIQUE » Lorsque l'air est mémorisé par tous, il est possible de séparer la classe en plusieurs groupes et de leur donner certaines parties de la chanson.
On peut également leur demander de se lever et de proposer, par groupes, un ou deux gestes simples pour chorégraphier leur partie.

Communiquons en classe

page 10

1 (5) Comprendre des consignes de classe

MÉTHODO

Pour habituer les élèves à entendre le français en classe, il est important d'essayer d'éviter au maximum d'avoir recours à leur langue maternelle. La découverte des consignes de classe est une première base qui leur permettra de comprendre la compétence (lire, parler, écrire ou écouter) à mobiliser pour chaque activité. Au fur et à mesure des cours, des consignes plus complexes pourront être données en français et les élèves s'habitueront petit à petit à les comprendre sans que cela leur pose de problème.

Avant de faire écouter l'enregistrement, faire observer les dessins aux élèves. Leur demander d'identifier de quoi il s'agit : ils vont reconnaître sur les dessins deux professeurs qui donnent des consignes à des élèves, dans une classe. Proposer une première écoute et leur demander de répéter les phrases. À la deuxième écoute, les inviter à illustrer par un geste les phrases répétées.

2 (6) Nommer du matériel de classe

MÉTHODO

Dans le but de prolonger l'effort d'utilisation du français en classe, cette activité propose aux élèves de découvrir le vocabulaire des principaux objets de la classe. Ils vont également écouter pour la première fois un enregistrement non transcrit sur la page. Il est important de les mettre en confiance en préparant cette écoute.

Leur faire regarder les photos des objets et les aider à les nommer et à les prononcer. Une fois les quatre mots identifiés, faire écouter une première fois l'enregistrement. Les élèves doivent retrouver le ou les objet(s) correspondant(s) à chaque consigne énoncée par le professeur dans l'enregistrement. Proposer une deuxième écoute pour vérification.

Mise en commun Proposer une dernière écoute fractionnée (= en faisant une pause après chaque consigne énoncée) et demander à un(e) élève volontaire de nommer l'objet à y associer.

Corrigé **1** b et c ; **2** a ; **3** d

PROLONGEMENT LUDIQUE » Former des petits groupes. Un(e) élève montre un objet parmi ceux découverts dans l'activité 2. Les autres doivent le nommer le plus rapidement possible. Le premier qui donne la bonne réponse gagne.

3 Dire et comprendre des consignes de classe

MÉTHODO

Cette activité permet aux élèves de vérifier leur compréhension des actes de parole et du lexique vus dans les deux activités précédentes. Ils vont être amenés à produire eux-mêmes des phrases et à interagir par groupes de deux. Il est important qu'ils se sentent à l'aise pour cette première expérience d'interaction par deux. **Les laisser se placer par deux en fonction de leurs affinités** peut aider à cela.

Un élève dit une consigne, choisie parmi celles écoutées précédemment. L'autre élève doit respecter la consigne énoncée par son camarade (en la mimant). Cette activité ne nécessite pas de mise en commun car elle est auto-corrective : l'élève qui dit la consigne doit l'énoncer correctement afin que son/sa camarade puisse exécuter ce qui est demandé. Laisser les élèves se co-corriger et, si besoin, passer parmi les groupes pour vérifier le bon déroulement de l'activité.

PROLONGEMENT LUDIQUE » À l'issue du travail effectué par deux pour cette activité, il est possible d'en proposer une version collective. Demander à un élève volontaire de venir dire une consigne devant la classe. Tous les élèves exécutent la consigne donnée. Faire passer plusieurs élèves.

ÉTAPE 1

Faisons connaissance

Objectifs pragmatiques
– Dire et épeler des noms et prénoms
– Entrer en contact
– Donner des informations personnelles
Tâche finale → créer un profil pour un jeu vidéo

CONTENUS

Communication	Grammaire	Lexique	Phonétique	Culture
Épeler Dire son nom Saluer / Prendre congé Se présenter / Présenter quelqu'un (de manière formelle ou informelle) Dire son adresse mail	Le verbe *s'appeler* *Qu'est-ce que c'est ? / C'est* Les articles indéfinis Le verbe *être*	L'identité Les personnes Quelques mots de l'Internet Les salutations et les présentations	La prononciation de l'alphabet La liaison avec les articles indéfinis	Pseudonymes et surnoms célèbres **Discipline non linguistique** Informatique : dire son adresse mail

COMPÉTENCES CLÉS

Compétence numérique	Savoir comprendre et dire une adresse mail : Mon cours d'informatique p. 17
Compétence apprendre à apprendre	Choisir une méthode pour mémoriser du vocabulaire : Cahier d'activités p. 10 Se familiariser avec la méthode inductive pour découvrir un point de langue : activités 2 p. 14 ; 5 p. 15 ; 2 et 3 p. 16 ; 5 p. 17
Compétences sociales et civiques	Saluer et se présenter de manière formelle ou informelle : activités 2 et 3 p. 14
Esprit d'initiative et d'entreprise	Faire une chaîne des présentations : activité 7 p. 15 Se poser des questions par deux : activités 3 p. 16 et 3 p. 20 Créer un profil pour un jeu vidéo : « Ensemble pour… » p. 19
Sensibilité et expression culturelles	Créer un pseudo original : activité 8 p. 13 Créer un avatar, écrire un message : activité 7 p. 17 Découvrir des personnalités artistiques françaises : p. 18

Ouverture

page 11

MÉTHODO

Les pages d'ouverture ont pour objectif :

– de faire découvrir aux élèves **la thématique et l'objectif** global de l'étape ;

– de les inviter à **la prise de parole spontanée** pour répondre aux questions ;

– de leur faire nommer les éléments essentiels à repérer sur les photos et leur donner ainsi **les premiers mots de lexique** nécessaires pour aborder l'étape.

Chaque page d'ouverture doit être traitée de manière légère, rapide et dans un but de « mise en route » ou d'échauffement.

Activité 1

Faire observer la page. Puis faire lire la consigne aux élèves et leur demander de choisir les deux réponses correctes. Ils peuvent montrer sur leur livre ou sur le manuel numérique les photos correspondantes.

Corrigé b et c

Activité 2

Interroger individuellement des élèves volontaires pour qu'ils donnent les prénoms de trois amis. On peut leur demander, en prolongement de l'activité 1, de dire s'il s'agit de prénoms de filles ou de garçons et s'ils ont des amis sur Internet.

Noter les mots clés suivants dans un coin du tableau : « élève », « ami », « Internet », « garçon », « fille », « prénoms ». Ils serviront pour aborder la leçon 1 de l'étape.

Contrat d'apprentissage

MÉTHODO

La lecture commentée de ce contrat est indispensable ! En effet, comme précisé en introduction de ce guide (p. 5), les élèves ont besoin d'être motivés par une perspective concrète pour entrer dans l'apprentissage. La présentation d'objectifs à brève échéance permet à chacun de prendre conscience des nouvelles compétences qu'il va acquérir. Bien leur faire remarquer que ces objectifs débouchent sur une réalisation concrète : la tâche finale « Et ensemble… ». Il est possible d'installer une tradition dans la classe pour l'appréhension de ce contrat en posant des questions du type : « Qu'est-ce que nous allons apprendre à faire ? À quoi cela va nous servir ? »

Lire les trois objectifs pragmatiques annoncés et en expliquer le sens aux élèves par des exemples en langue maternelle. Par exemple : « Nous allons apprendre à dire et épeler nos noms et prénoms ; à entrer en contact (= dire bonjour, au revoir) ; à donner des informations personnelles (= donner notre adresse mail, dire qui nous sommes sur Internet.) » Laisser les élèves réagir ou poser des questions sur ce qu'ils ont ou n'ont pas compris. Annoncer ensuite la tâche finale : « Cela va nous servir à créer un profil pour un jeu vidéo. » Leur poser des questions pour s'assurer de la compréhension de ce qu'il s'agit de réaliser : « Vous jouez aux jeux vidéo ? », « Vous savez ce qu'est un profil ? », etc.

LEÇON 1

Disons et épelons nos noms et prénoms

pages 12 et 13

1 7 **Écouter et prononcer des prénoms français**

Avant de faire l'activité, faire observer le document (1) et repérer de quoi il s'agit : un site Internet qui présente le classement des prénoms les plus donnés aux adolescents français.

Faire écouter l'enregistrement une première fois : les élèves lisent en même temps les prénoms énoncés sur le document (1). Une deuxième écoute peut permettre de leur faire répéter les prénoms pour une bonne prononciation. Demander ensuite aux élèves de choisir dans chaque liste (filles/garçons) les prénoms qu'ils préfèrent (deux prénoms maximum par liste).

Mise en commun Les élèves présentent chacun à leur tour les prénoms qu'ils aiment à la classe. Corriger la prononciation.

VARIANTE LUDIQUE » Les élèves choisissent un prénom préféré correspondant à leur sexe. Ils cherchent dans la classe les élèves qui ont choisi le même prénom qu'eux. On peut ainsi repérer facilement les prénoms qui remportent la préférence des élèves de la classe !

2 (8) Épeler un prénom et découvrir l'alphabet

MÉTHODO

Afin de ne pas aller trop vite en ce début de séance et d'apprentissage, il est important de faire réaliser cette activité **en deux temps**. La première partie est consacrée à l'écoute et à la prononciation de l'alphabet, la deuxième partie au réemploi de l'alphabet par les élèves.

À partir de l'encadré de phonétique p. 13, faire écouter l'alphabet. Les élèves lisent les lettres en même temps qu'ils les écoutent. Deux écoutes peuvent être nécessaires pour que les élèves puissent repérer la prononciation de chaque lettre puis les prononcer eux-mêmes.

SYSTÉMATISATION » Pour un repérage plus approfondi, il est possible de faire faire l'activité 5 p. 21 juste après l'écoute de l'alphabet.

Former ensuite des groupes de deux. Chaque élève épelle un prénom du document (1) et l'autre l'écrit. Cette activité est auto-corrective car les élèves peuvent vérifier eux-mêmes sur le document (1) l'orthographe du prénom épelé. Passer simplement parmi les groupes pour vérifier le bon fonctionnement de l'activité.

VARIANTE COLLECTIVE » Un(e) élève volontaire peut venir épeler un prénom devant la classe. Le/La premier/première élève qui lève la main et trouve de quel prénom il s'agit gagne !

3 Comprendre la couverture d'un magazine

Il est important que les élèves prennent le temps d'observer le document (2) avant de faire l'activité. Les inviter à donner le nom du magazine et à nommer ce qu'ils voient. Pour les inciter à prendre l'habitude de répondre en français, leur faire remarquer qu'ils peuvent réutiliser les mots qu'ils connaissent : « fille », « garçon », « prénom ». Leur demander ensuite d'observer les items de l'activité et de les associer, le but étant de retrouver la définition des mots « nom », « prénom », « pseudo » et « surnom ». Ils connaissent déjà le mot « prénom ». Ils procéderont par élimination pour trouver le sens des autres mots. Les définitions données contiennent des mots connus ou transparents, les élèves devront donc faire appel à leurs connaissances préalables ou à leur sens de la déduction pour réaliser l'activité de manière autonome.

Mise en commun Inviter des élèves volontaires à donner leur réponse et laisser aux autres élèves l'initiative de corriger les éventuelles erreurs.

Corrigé **a** 2 ; **b** 2/3 ; **c** 1 ; **d** 3

4 (9) Comprendre des présentations

MÉTHODO

Cette activité prolonge la précédente. L'enregistrement a pour but de les aider à trouver les réponses à l'activité. Les interventions y sont très courtes afin de ne pas mettre les élèves en difficulté. **Cet enregistrement existe en deux versions :** à débit normal et lent. Toujours essayer de passer la version « normale » en premier, pour habituer les élèves à ce débit et leur donner à entendre des conversations plus proches de l'authentique. La version lente peut être écoutée dans un deuxième temps pour aider les élèves qui n'arriveraient pas à faire l'activité ou dans un troisième temps pour vérifier les réponses lors de la correction et travailler sur la transcription.

Demander aux élèves de faire des hypothèses sur les noms, prénoms et surnoms qu'ils pensent reconnaître dans le document (2).
Faire écouter une première fois l'enregistrement. Les élèves vérifient leurs hypothèses et les complètent. Proposer une deuxième écoute si nécessaire.

Mise en commun Des élèves volontaires donnent leurs réponses à la classe. Les inviter à les formuler sur ce modèle : « Mathilde, c'est un prénom ! ». Proposer une troisième écoute en version lente avec support de la transcription (livret p. 2), pour approfondir la compréhension et faire notamment observer la structure « C'est ». Écrire au tableau les formules « Mon prénom/Mon surnom, c'est… » ; elles serviront aux élèves pour les activités suivantes.

Corrigé Prénoms : Mathilde, Oscar – Surnoms : Zug, Gus – Pseudo : Ananas

5 (10) Comprendre des présentations

MÉTHODO

L'enregistrement proposé dans cette activité est le même que le précédent, mais « augmenté » de quelques informations. Les élèves peuvent donc s'habituer à écouter des répliques plus longues avec un minimum d'informations nouvelles à comprendre. Les mêmes ados se présentent et donnent d'autres détails sur leur identité.

Faire écouter une première fois et demander aux élèves de repérer qui parle. Ils vont reconnaître les ados du précédent enregistrement. Leur annoncer ensuite ce qu'ils vont devoir repérer pendant la deuxième écoute: des noms de famille et des prénoms. Écrire ces deux mots au tableau et inviter les élèves à écrire les réponses sur leur cahier. Une troisième écoute peut leur être proposée (en version normale ou lente, en fonction de leur degré d'aisance) pour qu'ils aient le temps d'écrire notamment les noms de famille épelés.

Mise en commun Interroger des élèves volontaires et les inviter à formuler leur réponse sur ce modèle: « Le nom de famille de Mathilde, c'est Chalençon », à partir de la structure écrite précédemment au tableau. Faire écouter la version lente de l'enregistrement avec support de la transcription pour un travail plus approfondi. Écrire ensuite la formule « Je m'appelle... » à côté des formules précédemment repérées et les réserver pour la réalisation des activités suivantes.

Corrigé a Gus = Gustave ; Ananas = Anaïs ; Zug = Hugo – **b** Mathilde = Chalençon ; Ananas = Lefèvre ; Oscar = Zuretti

SYSTÉMATISATION » n° 1 p. 20

6 Épeler son nom et son prénom, dire son surnom

Cette activité reprend les acquis précédemment travaillés dans la leçon en production orale.
Avant de faire l'activité, demander aux élèves de se remémorer comment se prononcent les formules suivantes « Je m'appelle » et « ... c'est mon prénom/mon surnom » écrites précédemment au tableau. Leur expliquer qu'ils vont devoir les réutiliser dans l'activité.
Former des groupes de deux. Chaque élève dit et épelle son nom et son prénom à son camarade en réutilisant la formule « Je m'appelle ». Il dit son surnom (réel ou inventé) selon ce modèle : « Zug, c'est mon surnom » ou « Mon surnom, c'est... ».

Mise en commun Demander à des élèves volontaires de se présenter devant la classe.

VARIANTE » S'il est possible de faire se présenter tous les élèves devant la classe, leur demander de voter pour le surnom le plus amusant ou original.

7 11 Repérer des informations sur un document

Avant de faire l'activité, inviter les élèves à observer le document (3). Leur demander de décrire ce qu'ils voient et leur poser éventuellement des questions : « Comment s'appelle le site Internet ? Qui sont les amis d'Ananas sur Internet ? ». Les inviter ensuite à repérer les quatre pseudos sur la page et leur demander de faire des hypothèses sur les prénoms ou surnoms du document (2) auxquels ils peuvent correspondre.

Mise en commun Écrire au tableau les quatre pseudos donnés dans le document (3), en colonne, et demander à des élèves volontaires de venir écrire les prénoms correspondants en face de chacun. Faire écouter l'enregistrement pour vérification. Il s'agit encore une fois d'une version « augmentée » des deux enregistrements précédents, qui précise simplement quelques pseudos. Pour un travail plus approfondi, faire écouter la version lente avec support de la transcription (livret p. 2).

Corrigé Ananas = Anaïs ; Mathy = Mathilde ; Zuggy = Zug/Hugo ; Oski = Oscar

8 Imaginer un pseudo

Après avoir écouté les trois enregistrements de la leçon, les élèves pourront donner les noms, prénoms, surnoms et pseudos de tous les personnages du document (2). Les inviter à se les remémorer et à repérer qui n'a pas de pseudo (Gustave). Proposer aux élèves de trouver un pseudo sympa pour ce personnage. Leur laisser quelques minutes par deux pour y réfléchir.

Mise en commun Tous les groupes présentent ensuite leur proposition de pseudo pour Gustave à la classe, qui vote pour le plus original ou amusant.

VOCABULAIRE

Cette liste reprend le vocabulaire essentiel vu dans la leçon. Elle reprend également les actes de parole qui ont servi aux élèves pour s'exprimer à l'oral lors des activités de la leçon.
Expliquer aux élèves qu'il s'agit du vocabulaire à mémoriser à la maison et prévoir quelques minutes en fin de séance pour faire écouter la liste. Expliquer les mots qui ne sont pas compris par les élèves.
Il n'est pas nécessaire de faire réécouter l'alphabet, déjà exploité pendant les activités.

Il peut être intéressant de demander aux élèves de tenir un répertoire de vocabulaire à compléter après chaque leçon avec ces listes de vocabulaire, en classe ou à la maison. Leur proposer d'ajouter à côté de chaque mot soit la traduction dans leur langue, soit un petit dessin pour l'illustrer. Le fait de copier les mots et de les classer par ordre alphabétique ou par thématique aidera les élèves à les mémoriser et leur permettra de les retrouver facilement lorsqu'ils auront besoin de les réviser pour les évaluations, par exemple.
Ils peuvent aussi réserver une page « Communication » à la fin de leur carnet pour y noter les principaux actes de parole à retenir.

Entrons en contact !

pages 14 et 15

1 14-15 **Comprendre des situations de salutations**

Inviter les élèves à observer les cinq photos. Les laisser réagir librement sur ce qu'ils voient. (Ils peuvent utiliser les mots qu'ils connaissent pour répondre en français : « des filles », « des garçons », « un professeur », « un élève », « des amis ».) Faire écouter l'enregistrement aux élèves. Ils lisent les bulles en même temps. Leur laisser ensuite quelques minutes pour associer les dialogues aux photos correspondantes.

Mise en commun Demander à des élèves volontaires de proposer leurs réponses et les aider à se justifier (sur la photo 3 : deux filles, « Sarah et Eva », et un professeur, « Monsieur » → C'est le dialogue e). Faire écouter la version lente et faire répéter les répliques par des élèves volontaires pour un travail sur la prononciation.

Corrigé a 2 ; b 5 ; c 1 ; d 4 ; e 3

2 **Découvrir des formules pour saluer et prendre congé de manière formelle ou informelle**

MÉTHODO

Cette activité invite les élèves à observer la langue et à réfléchir par eux-mêmes sur les différentes manières de saluer ou de prendre congé dans des situations formelles ou informelles. Elle a pour but de les familiariser avec la **démarche inductive** proposée dans cette méthode pour la découverte des points de langue. Les élèves observent les structures et essaient de déduire la règle ou le fonctionnement de ces structures. Ce parti pris les familiarise avec le fait de réfléchir et comprendre par eux-mêmes et les incite à être actifs dans la découverte de la langue.

Les inviter à lire les deux bulles de couleurs proposées. Leur demander de retrouver ces formules dans les dialogues de l'activité 1 (dialogues b et a). Attirer leur attention sur les deux petits dessins illustrant les situations formelle et informelle. Vérifier qu'ils comprennent bien la différence entre les deux types de situations en leur demandant de proposer des exemples concrets (avec les amis, c'est une situation informelle ; avec les professeurs, c'est une situation formelle). Leur demander quelle phrase correspond à une situation formelle et laquelle à une situation informelle. Bien faire remarquer que « toi » et « vous » sont les mots qui permettent principalement ce repérage et leur demander de chercher d'autres différences entre la situation formelle a et la situation informelle b (l'utilisation de « Madame » + le nom de famille dans la situation formelle ; des prénoms dans la situation informelle).

Corrigé Situation formelle : Oui, et vous ?
Situation informelle : Ça va, et toi ?

PROLONGEMENT » Inviter les élèves à trouver parmi les dialogues de l'activité 1 une autre situation formelle (dialogue e : « Monsieur »).

16 **TABLEAU DE CONJUGAISON**

Pour saluer / Pour prendre congé

Faire réécouter et relire les dialogues de l'activité 1. Demander aux élèves de repérer les situations pour saluer (= dire bonjour) et pour prendre congé (= dire au revoir). Leur faire écouter le tableau de communication pour vérification. Bien faire remarquer les mots réservés aux situations informelles (« salut », « coucou »). Inviter ensuite les élèves à répéter les formules pour s'entraîner à les prononcer.

Pour la présentation de ce point de langue au tableau, mettre en évidence, en les entourant de deux couleurs distinctes, les formules propres à une utilisation formelle (« et vous ? ») et les formules propres à une utilisation exclusivement familière (« Salut ! », « Coucou ! »). S'il y a lieu, demander aux élèves de recopier ces formules (en respectant le code couleur) dans la partie « Communication » de leur cahier de vocabulaire, et renouveler le conseil pour les actes de parole des étapes suivantes.

SYSTÉMATISATION » n° 6 p. 21

3 **S'entraîner à saluer ou à prendre congé**

Proposer aux élèves de se mettre par petits groupes et de choisir une situation de l'activité 1. Leur laisser quelques minutes pour s'entraîner à la jouer, d'abord avec le texte sous les yeux, puis sans le texte.

Mise en commun Chaque groupe présente à la classe sa situation. Afin de motiver l'écoute des autres élèves pendant les présentations, leur demander de retrouver quel dialogue de l'activité 1 leurs camarades ont joué.

4 **Repérer la typologie d'un document**

MÉTHODO

Il s'agit d'une activité de **compréhension globale** du document. Il est important que les élèves prennent l'habitude de repérer la typologie d'un document et son contenu essentiel avant de chercher à en approfondir le sens. Cette étape les met en confiance en leur montrant que l'observation des éléments non textuels avant lecture permet de récolter beaucoup d'informations et facilite la compréhension des éléments textuels. Par exemple, la forme des documents (téléphones et présentation des répliques dans des bulles) permet de repérer immédiatement qu'il s'agit de conversations par SMS.

Faire lire les trois propositions de réponses. Les élèves vont facilement les comprendre par eux-mêmes sans explication car ces mots sont transparents dans beaucoup de langues. Leur dire de bien observer les documents et de « survoler » le texte dans un premier temps pour pouvoir répondre. Leur demander de trouver deux bonnes réponses.

Mise en commun Après avoir interrogé les élèves, les aider à justifier leurs réponses : « Ce sont des conversations par SMS » ; « Ils présentent des amis ».

Corrigé **a** et **b** (Sur le téléphone 3, il s'agit d'une conversation en visioconférence.)

5 Approfondir la compréhension et découvrir la conjugaison du verbe « s'appeler »

MÉTHODO

Pour cette **première activité de compréhension écrite finalisée**, il est important, pour les mettre en confiance, de laisser un peu de temps aux élèves pour lire les bulles en autonomie. Il est possible de demander à des volontaires de lire les répliques des conversations à voix haute, mais en leur ayant fait une lecture au préalable, pour modèle de prononciation.
Par ailleurs, les questions de compréhension de cette activité invitent à l'utilisation du verbe « s'appeler » si les réponses sont formulées avec une phrase. Il s'agit d'aider les élèves à repérer par eux-mêmes les différentes formes du verbe pour formuler leurs réponses.

Après une lecture attentive des conversations, poser une par une les deux questions a et la question b aux élèves. Bien faire remarquer la prononciation identique de « s'appelle » (question a) et « s'appellent » (question b) et leur laisser le temps de trouver les réponses individuellement. Les inviter à répondre spontanément. Ils vont sans doute simplement citer les noms des amis demandés. Laisser la classe corriger ou confirmer ces réponses. Dans un deuxième temps, inviter des élèves volontaires à reformuler ces réponses en faisant des phrases complètes sur ce modèle : « L'ami de Paul s'appelle Nino ». Écrire les réponses au tableau et souligner les formes verbales « s'appelle » et « s'appellent ».

Corrigé **a** L'ami de Paul s'appelle Nino. ; L'amie de Nathan s'appelle Camille. – **b** Les amis de Sarah s'appellent Théo, Enzo, Emma et Jade.

17 TABLEAU DE CONJUGAISON

Le verbe *s'appeler*

Grâce à l'activité précédente, les élèves ont découvert deux formes du verbe « s'appeler ». Les inviter à retrouver ces formes dans le tableau de conjugaison du verbe afin qu'ils repèrent qu'il s'agit des troisièmes personnes du singulier et du pluriel.
Faire écouter la conjugaison au complet et demander aux élèves de répéter les formes verbales ensemble ou individuellement. Avant la deuxième écoute, leur donner la consigne de repérer les formes verbales qui ont la même prononciation même si l'orthographe est différente (ces formes sont soulignées en rouge dans le tableau). Bien insister sur la liaison à faire entre « nous » et « appelons » et entre « vous » et « appelez », en précisant qu'on prononce le « s » [z] devant une voyelle alors qu'on ne le prononce pas habituellement pour ces pronoms personnels.
Faire un point sur les huit pronoms personnels sujets en expliquant leur sens et en faisant remarquer qu'en français les verbes ont une forme différente pour presque chaque pronom. Leur préciser si nécessaire que le verbe doit systématiquement être précédé d'un pronom personnel ou d'un autre sujet pour que la phrase soit correcte.

Il peut être utile de proposer aux élèves de tenir un « cahier de conjugaisons » et d'y recopier chaque nouveau verbe au fil des leçons.
Pour les guider, recopier le verbe « s'appeler » au tableau en suivant **un code couleur** : par exemple, mettre les terminaisons (*-e, -es, -e, -ons, -ez, -ent*) en rouge, souligner d'une autre couleur les quatre formes verbales qui ont la même prononciation et ajouter un signe de liaison entre les pronoms personnels « nous » et « vous » et le verbe (comme proposé dans le livre). Mettre en évidence, en les entourant, les deux « l » des formes verbales des trois personnes du singulier et de la troisième personne du pluriel. Demander aux élèves de recopier le verbe dans leur cahier en observant les mêmes codes pour faciliter la mémorisation et retenir les difficultés phonétiques et orthographiques.

SYSTÉMATISATION » n° 2 p. 20 et 7 p. 21

18 TABLEAU DE COMMUNICATION

Pour se présenter / Pour présenter quelqu'un

Demander d'abord aux élèves de relire les trois conversations SMS de l'activité 4. Les inviter à repérer des formules pour se présenter et présenter des amis. Ils connaissent déjà « je m'appelle » et se souviendront de la formule « c'est » vue dans la leçon 1. Pour présenter des amis, ils connaissent maintenant « Il(s)/Elle(s) s'appelle(nt) » et pourront facilement repérer la formule « Je vous présente ». Les aider si besoin à repérer et à comprendre la formule « Voici » sur le téléphone 2.

Après l'écoute du tableau, il est possible de demander à des élèves volontaires de lire chacun à leur tour une formule afin qu'ils se familiarisent avec la prononciation.
Laisser ensuite à la classe quelques minutes pour s'entraîner à prononcer ces phrases par deux et pour se co-corriger.
Inviter, s'il y a lieu, les élèves à recopier les formules vues dans ce tableau dans la partie « Communication » de leur répertoire de vocabulaire pour en faciliter la mémorisation.

SYSTÉMATISATION » n° 8 p. 21

6 S'entraîner à utiliser le verbe « s'appeler »

MÉTHODO
Nous proposons de faire réaliser cette activité par deux afin que les élèves puissent s'entraider. Il s'agit pour eux de s'habituer à être confrontés aux difficultés et aux facilités de l'autre pour réaliser au mieux une activité, en utilisant les points forts de chacun.

Leur laisser quelques minutes pour faire l'activité. Leur faire écrire les phrases à produire afin qu'ils travaillent également l'orthographe.

Mise en commun Demander à des élèves volontaires de proposer leurs réponses et/ou de venir les écrire au tableau. Inviter la classe à corriger ou confirmer les réponses. Bien vérifier l'orthographe.

Corrigé **a** Nous nous appelons Lucas. – **b** Elles s'appellent Pauline et Noémie. – **c** Il s'appelle Arthur.

7 Action ! S'entraîner à se présenter et à présenter quelqu'un

MÉTHODO
Cette activité requiert un peu de **mouvement** dans la classe et c'est ce qui lui donne de l'intérêt. Il est important de se donner les moyens « spatiaux » pour réaliser ce type d'activité car l'action est au cœur du processus de motivation et de mémorisation pour les élèves. Il ne s'agit pas seulement de se présenter, mais aussi d'y associer le geste et le mouvement pour un meilleur ancrage des apprentissages dans la mémoire. De plus, cette activité permet de **dynamiser la fin de séance** et de « libérer » les élèves de la posture statique qui a été la leur pendant toute la leçon.

Après avoir organisé un espace libre dans la classe, demander aux élèves de se lever et de se placer les uns à côté des autres, par ordre alphabétique de leur prénom. S'ils ne se connaissent pas (ou pas tous), les inviter à utiliser la formule « Je m'appelle X, et toi ? » pour pouvoir se mettre à la bonne place.
Une fois la chaîne réalisée, ils doivent prendre la parole chacun à leur tour pour se présenter personnellement et présenter leur camarade de gauche, et ainsi de suite comme proposé dans l'exemple du livre.

Si les élèves sont trop nombreux et l'espace dans la classe réduit, former des groupes de 5 ou 6 et les faire passer chacun à leur tour devant la classe.

19 VOCABULAIRE

La liste proposée reprend les mots essentiels de la leçon à mémoriser par les élèves. Prévoir quelques minutes en fin de séance (avant ou après l'activité « Action ! ») pour faire écouter le vocabulaire et expliquer les mots qui ne seraient pas compris. S'il y a lieu, proposer aux élèves de copier ces mots dans leur répertoire de vocabulaire et de les apprendre pour la séance suivante.

LEÇON 3 Donnons des informations personnelles

pages 16 et 17

1 20-21 Comprendre une courte conversation orale

MÉTHODO
Cette activité de compréhension orale fonctionne en lien avec le document écrit « Adosocial ». Étant donné que les élèves ne sont pas encore très entraînés à l'exercice de compréhension orale, nous proposons d'aborder cette activité de deux manières différentes selon le degré d'appréhension ressenti par la classe face à ce type d'exercice :

Option 1 : Les élèves manifestent de l'appréhension face à la compréhension orale.
Leur laisser un peu de temps pour observer et lire individuellement le document écrit. Puis les inviter

à lire la question et à y répondre. La classe valide ou corrige la réponse donnée.
Faire ensuite écouter l'enregistrement pour vérification. Demander aux élèves de nommer les deux adolescents qui parlent (Paul et Laura) et de vérifier leur réponse à la question 1.

Option 2 : Les élèves manifestent une certaine aisance en compréhension orale.
Proposer une première écoute de la conversation et demander aux élèves de nommer les adolescents qui parlent (Paul et Laura). À la deuxième écoute, ils devront répondre à la question 1. Les inviter ensuite à regarder le document pour vérifier leur réponse.

Corrigé b

2 20-21 Approfondir la compréhension et repérer des questions

MÉTHODO

Il s'agit d'une activité de compréhension finalisée qui procède de la démarche inductive pour la découverte du point de langue suivant : la question « Qu'est-ce que c'est ? » et le présentatif « C'est ». Les phrases sont transcrites dans l'activité pour faciliter le repérage des structures par les élèves.

Faire lire aux élèves les 4 items de l'activité et leur expliquer qu'ils doivent associer les questions et les réponses. Faire réécouter l'enregistrement et leur laisser quelques minutes pour faire l'activité individuellement.

Mise en commun Des élèves volontaires proposent leurs réponses. La classe valide ou corrige. Faire remarquer aux élèves que la question « Qu'est-ce que c'est ? » peut leur être très utile pour demander le sens d'un mot français en classe. Ils connaissent déjà la réponse « C'est », vue dans des formules pour présenter une personne lors des leçons précédentes. Leur indiquer que l'on peut également présenter des objets avec cette structure.

22 TABLEAU DE COMMUNICATION

Qu'est-ce que c'est ?

Inviter les élèves à lire et écouter le tableau de communication. Leur faire répéter les structures pour une bonne prononciation. Attirer leur attention sur la différence entre les deux structures de réponses : « c'est » et « ce sont ». Les inviter à formuler des hypothèses sur cette différence.

Pour aider les élèves à comprendre la différence entre « c'est » et « ce sont », écrire les deux phrases au tableau : « C'est un site Internet » et « Ce sont des photos. » Entourer en vert « un » et le relier par une flèche au mot « singulier ». Entourer en bleu « des » et le relier par une flèche au mot « pluriel ». Expliquer si besoin ce que signifient « singulier » et « pluriel ». Cette mise en évidence permettra aux élèves de réaliser l'activité suivante sans difficulté.
Leur demander s'il y a lieu de recopier ces actes de parole (question et réponses) dans la partie « communication » de leur répertoire de vocabulaire (voir proposition en leçon 1 de cette étape).

SYSTÉMATISATION » n° 3 p. 20

3 S'entraîner à poser des questions et à y répondre

Cette activité a deux objectifs : s'entraîner à réemployer les structures vues dans le tableau de communication précédent et découvrir les articles indéfinis. Elle peut donc se faire en deux temps.
Former des groupes de deux. Chaque élève choisit son rôle : poser les questions ou y répondre. L'élève qui pose les questions choisit un item parmi les étiquettes violettes et pose la question comme dans l'exemple proposé dans le livre. Son/Sa camarade répond avec un item choisi parmi les étiquettes roses. Les inviter à se remémorer les mots découverts dans la leçon 1 (« pseudo », « nom ») ou à s'aider du document de l'activité 1 pour certaines réponses. Ils pourront facilement deviner le sens des autres mots grâce à leur transparence. Leur rappeler également de regarder au tableau les phrases écrites précédemment pour le bon déroulement de l'activité. Les élèves peuvent intervertir les rôles en cours d'activité.

Mise en commun Demander à différents élèves de poser tour à tour une question et à d'autres d'y répondre. Écrire les phrases de réponse au tableau (même celles de l'exemple) en entourant de deux couleurs différentes les articles singuliers (« un » et « une ») et pluriels (« des ») selon le code couleur proposé précédemment. À partir de ces couleurs, attirer l'attention des élèves sur le seul article singulier différent des autres : « une ». Les inviter à faire des suppositions sur cet article et sur ce qu'il représente. Les aider si besoin à formuler le mot « féminin ».

Corrigé Un avatar, qu'est-ce que c'est ? → C'est un dessin, une photo. – Un mot de passe, qu'est-ce que c'est ? → C'est un code. – Des mails, qu'est-ce que c'est ? → Ce sont des messages. – Un pseudo, qu'est-ce que c'est ? C'est un nom.

23 TABLEAU DE GRAMMAIRE

Les articles indéfinis

MÉTHODO

Découvrir les articles en français revient à faire remarquer aux élèves que tous les noms communs français ont un genre : féminin et masculin. Cette notion est assez complexe selon qu'elle existe ou non dans la langue maternelle des élèves, avec plus ou moins de différences. La découverte de ce point de grammaire nécessite donc d'insister sur le fait que les élèves devront mémoriser le genre du nom en même temps que la signification du nom lui-même. Il est par conséquent important qu'ils prennent l'habitude de toujours accompagner le nom d'un article quand ils l'écrivent, afin de l'associer systématiquement à son genre.

Inviter les élèves à observer le tableau et leur demander de repérer comment s'appellent les mots « un », « une » et « des » découverts grâce à l'activité précédente. Ils vont pouvoir répondre grâce au titre du tableau. Leur faire écouter le tableau afin qu'ils repèrent bien la prononciation des articles. Bien faire discriminer « un » et « une ». Les inviter éventuellement à répéter. Leur demander de repérer quel changement ils observent à la fin des mots pluriels et insister sur le fait que ce « s » ne se prononce pas.

Afin que les élèves se souviennent et repèrent visuellement le masculin, le féminin et le pluriel des noms, il peut être intéressant de choisir une couleur pour chacun (rouge pour le masculin, bleu pour le féminin et vert pour le pluriel, par exemple) et de respecter ce code couleur pour tous les noms communs écrits au tableau dans les séances à venir. Conseiller aux élèves d'utiliser ce code couleur également dans leur répertoire de vocabulaire peut permettre à ceux qui ont notamment une mémoire visuelle de mémoriser les genres des noms plus facilement.

SYSTÉMATISATION » n° 4 p. 20 et 9 p. 21

24 **PHONÉTIQUE**

La liaison avec les articles indéfinis

Pour que les élèves prennent l'habitude de bien faire les liaisons, leur faire écouter l'enregistrement. Les inviter à repérer quand ils entendent les sons [n] ou [z] entre l'article et le nom.
Une fois le repérage effectué, leur faire réécouter le tableau sur les articles indéfinis et repérer dans quels cas on entend les sons [n] et [z]. Les aider si nécessaire à constater que c'est avec un nom qui commence par une voyelle qu'on fait la liaison [n] avec « un » ou [z] avec « des ».

Lors de l'écoute, les élèves peuvent, par exemple, lever la main gauche quand ils entendent le son [n] et la main droite quand ils entendent le son [z].

Corrigé **a** Un ami [n] ; **b** Des amis [z]

SYSTÉMATISATION » n° 10 p. 21

4 S'entraîner à utiliser les articles indéfinis et découvrir du vocabulaire

Inviter les élèves à observer les images. Ce sont des avatars comme ceux que l'on utilise sur Internet pour s'identifier. Le recours à la partie « Autres mots » de la liste de vocabulaire située à la fin de la page 17 est nécessaire pour réaliser l'activité. Si besoin, les élèves pourront également consulter le Dico visuel, page 115.

Mise en commun Demander à des volontaires de donner chacun à leur tour une réponse, sous forme de phrases. Écrire les réponses au tableau en respectant le code couleur précédemment choisi pour le féminin, le masculin et le pluriel.

Corrigé **a** C'est une photo ; **b** C'est un animal ; **c** C'est un dessin ; **d** Ce sont des personnages de jeu vidéo.

5 Repérer des informations globales sur un document écrit

Avant de faire lire le document et la consigne de l'activité, demander aux élèves de faire des hypothèses sur le type de document qu'ils voient. Sans doute pourront-ils facilement reconnaître un forum sur Internet grâce aux pseudos et à la présentation de la discussion.
Ensuite, leur laisser quelques minutes pour lire individuellement le texte, puis demander à des élèves volontaires de lire chacun à leur tour un commentaire.
Pour cette première étape de compréhension globale, poser aux élèves la question de la consigne et laisser des volontaires répondre librement. Ils doivent nommer les 4 pseudos du forum.

Corrigé Husky, Girl1, Samy et Vanille

6 Comprendre des informations précises sur un document écrit et repérer le verbe « être »

Pour cette activité de compréhension finalisée, demander aux élèves de se mettre par deux et les inviter à relire attentivement le forum. Ils doivent retrouver l'avatar correspondant à chaque pseudo parmi les photos de l'activité 4, en fonction de la description qui en est donnée dans le texte. Étant donné qu'ils auront déjà nommé ces avatars précédemment, le repérage ne devrait pas leur poser de problème.

Mise en commun Demander à des volontaires de donner chacun à leur tour une réponse et de la justifier en citant le texte. Écrire les phrases extraites du texte au tableau. Elles vont servir pour faire découvrir aux élèves le verbe « être ».
Une fois toutes les phrases citées du texte écrites au tableau, les élèves pourront déjà visualiser les formes suivantes du verbe « être » : « suis », « sont » et « est ». Entourer ou écrire ces formes verbales en couleur pour les mettre en évidence et indiquer aux élèves qu'elles sont des formes du verbe « être ». Les inviter éventuellement à deviner à quel pronom personnel correspondent les formes « est » et « sont » et commencer à écrire la conjugaison du verbe « être » au tableau avec ces trois personnes. Leur demander de chercher dans le texte

une autre forme de ce verbe pour compléter ce début de conjugaison : « nous sommes ».

Corrigé Husky : **b** (« Je suis un animal. ») ; Girl1 (et Girl2) : **d** (« Nos avatars sont des personnages de jeu vidéo. ») ; Samy : **a** (« Moi, je suis moi, mon avatar, c'est une photo de moi. ») ; Vanille : **c** (« Mon avatar est un dessin. »)

25 **TABLEAU DE CONJUGAISON**

Le verbe *être*

Grâce à l'activité précédente, les élèves ont déjà découvert une partie de la conjugaison du verbe « être ». Leur faire écouter le tableau de conjugaison et compléter les formes verbales manquantes au tableau. Faire répéter aux élèves la conjugaison de manière individuelle ou collective et leur faire repérer les formes verbales qui se prononcent de la même manière (« es » et « est »). Insister sur le fait que les consonnes finales ne se prononcent pas dans chacune des formes verbales. Demander s'il y a lieu aux élèves de recopier la conjugaison dans leur cahier de conjugaisons (et le faire chaque fois que nécessaire pour les étapes suivantes).

SYSTÉMATISATION » n° 11 p. 21

7 Action! Participer à un forum avec la classe

MÉTHODO

Il est proposé de réaliser cette activité en deux temps, avec une phase de production individuelle suivie d'une phase de mise en commun. Cette dernière phase motivera les élèves par la perspective d'un partage et d'une réalisation finale collective.

Guider les élèves dans la compréhension de la consigne : ils doivent participer au forum de l'activité 5 : écrire leur pseudo et un commentaire pour parler de leur avatar. Leur indiquer qu'ils vont peut-être avoir besoin du verbe « être » et du présentatif « c'est » pour cela. Les inviter à réutiliser le vocabulaire de la leçon situé en bas de la page. Pendant cette phase de travail en autonomie, passer dans les rangs pour guider et corriger si nécessaire. Puis préparer une grande affiche et inscrire le titre du forum en haut de la page : « Sujet : Sur Internet, tu es… ? ». Mettre l'affiche au tableau.

Mise en commun Demander tour à tour aux élèves de venir au tableau et de donner leur pseudo puis de lire leur message. Chaque élève colle ensuite son message sur l'affiche, pour reconstituer une sorte de « grand forum de la classe ».

Pendant la phase de production individuelle, demander aux élèves d'écrire leur message sur une feuille de papier et non dans leur cahier en vue de le coller sur l'affiche. Accrocher l'affiche dans la classe à l'issue de l'activité est un bon moyen de valoriser le premier travail collectif de la classe !

Mon COURS d'INFORMATIQUE

Cette activité étant indépendante (quoique en lien) avec le reste de la leçon, elle peut être réalisée à différents moments de la leçon ou à la fin, avant ou après la micro-tâche « Action ! ».

Activité 1 Faire écouter l'enregistrement. Pour faciliter l'écoute, les élèves peuvent lire en même temps l'adresse mail proposée sur le document de l'activité 1 p. 16. Leur laisser quelques minutes pour retrouver le nom de chaque signe. Faire écouter une deuxième fois si nécessaire.

Mise en commun Écrire un à un les signes au tableau et demander à des élèves volontaires de les nommer. Écrire le nom correspondant à côté de chaque signe.

Corrigé - = c ; @ = a ; . = b

Activité 2 Former des groupes de deux. Les élèves doivent dicter leur adresse mail (réelle ou inventée) à leur camarade qui l'écrit.

VARIANTE COLLECTIVE » Si tous les élèves ont une adresse mail qu'ils utilisent, il est possible de leur proposer de constituer le « carnet d'adresses mails » de la classe. Pour cela, leur demander de passer chacun à leur tour énoncer leur adresse mail à la classe. Tout le monde écrit les adresses mails des uns et des autres. Le carnet d'adresses est ainsi constitué !

27 **VOCABULAIRE**

Cette liste de vocabulaire a été consultée en classe par les élèves pour les aider à réaliser les activités 4 et 7. Inviter les élèves à la recopier dans leur répertoire de vocabulaire (s'il y a lieu) et à la mémoriser à la maison. Leur rappeler qu'ils peuvent utiliser deux couleurs différentes pour noter les noms féminins et les noms masculins afin de retenir plus facilement leur genre. Une écoute de la liste en fin de cours peut être utile pour aider à la prononciation.

CULTURES

pages 18 et 19

INFOS

Jean-Baptiste Poquelin dit **Molière** (1622-1673). Dramaturge et comédien français. C'est lorsqu'il a fondé la troupe de l'Illustre Théâtre, à l'âge de 21 ans, qu'il a pris le pseudonyme de Molière. Il s'est fait connaître, à Paris et en province, avant et pendant les douze premières années du règne de Louis XIV.

Gabrielle Chasnel dite **Coco Chanel** (1883-1971). Créatrice de mode et grande couturière française, célèbre pour ses créations de haute couture et ses parfums. Elle est à l'origine de la Maison Chanel. C'est à l'âge de 24 ans qu'on commence à la surnommer « Coco », car il lui arrive, à cette époque, de se produire dans des cafés concerts et de chanter la chanson *Qui qu'a vu Coco dans l'Trocadéro ?*

Georges Remi dit **Hergé** (1907-1983). Auteur belge de bande dessinée principalement connu pour *Les Aventures de Tintin*. C'est à partir de 1924 qu'il commence à signer ses planches du pseudonyme « Hergé » formé à partir des initiales « R » de son nom et « G » de son prénom.

Philippe Chappuis dit **Zep** (1967), Auteur suisse de bandes dessinées dont la plus connue est *Titeuf*. Il prend le pseudonyme « Zep » en hommage au groupe de musique Led Zeppelin qui est son groupe préféré.

Paul Van Haver dit **Stromae** [stRomae] (1985). Auteur-compositeur-interprète et producteur belge de musique électronique. Son pseudonyme « Stromae » signifie « maestro » en verlan.

Tony Parker (1982), surnommé **TP** (prononcé à l'anglaise « tipi »). Joueur international français de basket-ball évoluant au poste de meneur. Il est le premier joueur français à avoir été sacré champion de NBA grâce à quatre titres remportés avec les Spurs de San Antonio aux États-Unis.

Thierry Dusautoir (1981), surnommé **Titi**. Joueur de « rugby à XV » français et ivoirien. Il joue en équipe de France et évolue au poste de troisième ligne aile au sein de l'effectif du Stade toulousain. Il a été élu meilleur joueur du monde pour l'année 2011 par l'International Rugby Board.

1 **MÉTHODO**

Cette première activité a une portée interculturelle. Elle vise à mettre en regard la thématique traitée dans la page avec la propre culture des élèves et les autres cultures dans le monde. Il est important de faire réfléchir les élèves à cette question en amont du travail de découverte du document afin d'ouvrir leur curiosité et de faciliter leur compréhension des documents de la page.

Former des petits groupes de trois ou quatre. Leur demander de faire une liste d'artistes de leur pays ou du monde dont ils connaissent les pseudonymes (sans regarder le livre). Pour les aider, leur indiquer qu'ils peuvent chercher des noms de comédiens, de musiciens, d'écrivains, de couturiers, contemporains ou du passé. Ils peuvent, s'ils les connaissent, dire les vrais noms correspondant à chaque pseudo.

Mise en commun Demander aux groupes de dire les pseudos qu'ils ont trouvés et les lister au tableau.

2 Demander aux élèves de regarder le document du livre et de dire de quoi il s'agit (un article sur les pseudos célèbres). Leur laisser quelques minutes pour lire les informations sur le document et les inviter à repérer les 5 pseudos. Leur demander s'ils connaissent ces personnalités après avoir bien observé les photos.
Passer à la réalisation de l'activité 2. Faire lire les trois indices proposés individuellement. Les élèves doivent essayer de retrouver, avec l'aide de ces trois indices, les vrais noms de chaque personnalité.

Mise en commun Demander à des élèves volontaires de proposer leurs réponses. La classe valide ou corrige.

Corrigé Molière : Jean-Baptiste Poquelin ; Coco Chanel : Gabrielle Chasnel ; Hergé : Georges Remi ; Zep : Philippe Chappuis ; Stromae : Paul Van Haver.

3 Attirer l'attention des élèves sur l'encadré « Surnoms ». Leur demander de dire ce qu'ils voient et s'ils connaissent ces sportifs français. Les inviter à faire appel à leur esprit de déduction pour deviner le surnom de chacun.

Corrigé Tony Parker : TP ; Thierry Dusautoir : Titi

PROLONGEMENT ›› Demander aux élèves s'ils connaissent d'autres surnoms de sportifs.

4 Former des groupes de deux et demander aux élèves de classer les personnalités de la page par catégories : livres, sport, musique, mode.

Mise en commun Demander à des élèves volontaires de proposer leur classement. La classe valide ou corrige. Il est possible de demander à la classe d'ajouter à ce classement les pseudos des personnalités listés dans l'activité 1.

Corrigé Livres : Zep, Molière, Hergé. ; Sport : Tipi, Titi ; Musique : Stromae ; Mode : Coco Chanel.

PROLONGEMENT » Demander aux élèves d'imaginer qu'ils deviendront célèbres un jour. Ils choisissent une catégorie de l'activité 4 et s'inventent un pseudo d'artiste. La classe vote pour le pseudo le plus original ou le plus crédible !

ENSEMBLE POUR...

créer un profil pour un jeu vidéo

MÉTHODO

Cette tâche finale invite les élèves à réinvestir tout ce qu'ils ont appris dans l'étape. Étant entrés dans l'apprentissage avec la perspective annoncée de réaliser cette tâche, ils trouveront ici la justification des efforts fournis. Voilà pourquoi il est essentiel de réserver un temps suffisant pour la faire réaliser en classe et de prendre des dispositions pour qu'elle le soit dans les meilleures conditions possibles. Il est important que le travail réalisé par les élèves soit valorisé afin qu'ils constatent que tout ce qu'ils ont appris a servi à produire quelque chose dont ils sont fiers !

Avant que les élèves travaillent en autonomie, proposer une lecture collective des différentes étapes de réalisation de la tâche afin qu'ils comprennent bien ce qu'ils vont devoir réaliser. Leur donner des conseils et les guider pour qu'ils travaillent le plus possible en interaction.

1 Former des groupes de deux. Chacun trouve pour l'autre un pseudo original pour Internet, en lien avec son prénom. Les deux élèves s'échangent leurs idées et les valident.

2 Chaque élève complète maintenant pour son/sa camarade la fiche d'inscription pour créer son profil pour un jeu vidéo. Insister sur le fait qu'ils doivent interagir pour cela en se posant des questions du type : « Ton adresse mail, qu'est-ce que c'est ? Ton mot de passe, qu'est-ce que c'est ? ».

3 Individuellement, chaque élève écrit un message simple pour répondre au message de bienvenue. Afin de maintenir l'interaction lors de la réalisation de cette étape, demander aux élèves de se co-corriger en se montrant leurs messages.

4 Mise en commun Chaque élève présente devant la classe son profil et son message. Il est possible de leur suggérer de présenter le profil et le message de leur camarade et que leur camarade présente le leur.

Co-évaluation LA CLASSE DONNE SON AVIS SUR...

MÉTHODO

Inviter les élèves à évaluer le travail de chacun mobilise leur attention, les motive pour écouter les présentations de leurs camarades et pour améliorer leur propre performance. Nous conseillons de leur distribuer une grille d'évaluation sur le modèle ci-dessous, dont les critères leur seront expliqués au préalable. La mention de ces critères en amont de la réalisation de la tâche donne à toute la classe l'information sur ce qui va être évalué et permet aux groupes de se préparer à faire au mieux. Distribuer une grille par groupe afin que cette co-évaluation soit toujours collective et non individuelle. Cela permet d'éviter tout jugement personnel et d'éventuels « règlements de compte ». Il est important de préparer les élèves spectateurs à proposer une évaluation positive de leurs camarades et de leur expliquer qu'il ne s'agit en aucun cas de sanctionner ou de critiquer. Leur faire remarquer qu'il s'agit d'attribuer des « plus » à leurs camarades et pas des « moins », et dans tous les cas de les encourager. Nous conseillons de ne pas procéder à une autre évaluation que cette co-évaluation proposée pour la tâche finale. Les élèves se sentiront valorisés qu'on leur confie exclusivement ce rôle.

Donne ton avis...	+++	++	+
Le pseudo est...			
original			
amusant			
Le message est...			
bien écrit			
original			
Pour présenter, mes camarades...			
prononcent bien			
sont clairs			

Avant les présentations de chaque groupe, distribuer une grille par groupe. Expliquer aux élèves les différents critères à évaluer pour chaque présentation. Pendant ou après la présentation de chaque groupe, les inviter à cocher la case correspondante pour chaque critère. Ils peuvent utiliser la même grille pour évaluer plusieurs groupes en cochant avec des couleurs différentes pour chaque groupe. Après chaque présentation, mettre en commun les évaluations.

Afin d'éviter que cette mise en commun soit trop longue et ne génère de l'indiscipline, lire les critères un à un et demander à un porte-parole de chaque groupe de lever la main s'il a mis un, deux ou trois « + ». Compter le total et le reporter sur une grille vierge. Chaque groupe peut ainsi repartir avec sa grille d'évaluation globale de la classe.

+ VIDÉO SÉQUENCE 1

→ Fiches d'exploitation sur enseigner.tv5monde.com

Entraînement

pages 20 et 21

Entraînons-nous

MÉTHODO

Cette série d'activités est à faire faire en petits groupes. L'interaction et l'aspect ludique mis en œuvre dans ces activités ont pour but de faire vivre aux élèves une « **expérience active** » de jeu ou d'échange qui agit positivement sur la mémoire. Ne pas hésiter à accepter que les élèves bougent, se déplacent, manipulent du matériel afin de rendre les activités les plus efficaces possibles.

1 ▸ L'identité et les personnes

Laisser un peu de temps aux binômes pour rechercher les informations demandées dans les documents.

Mise en commun Interroger des élèves volontaires.

VARIANTE LUDIQUE » Proposer aux binômes de faire cette activité le plus rapidement possible. Le premier groupe qui a trouvé toutes les informations demandées gagne.

Corrigé un prénom de fille : Inès – un prénom de garçon : Nathan – un nom de famille : Dubois – un surnom : Maxou/Juju – un pseudo : maxou1er

2 ▸ Le verbe *s'appeler*

Former des groupes de trois ou quatre. Chacun à son tour, un élève choisit un pronom personnel et le dit aux autres, qui tentent de donner le plus rapidement possible la forme verbale du verbe « s'appeler » correspondante. Laisser les élèves se co-corriger. Ils peuvent attribuer un point à chaque élève ayant répondu correctement le premier et compter les points à la fin du jeu pour déterminer le/la gagnant(e).

Corrigé je m'appelle, tu t'appelles, il/elle s'appelle ; nous nous appelons ; vous vous appelez ; ils/elles s'appellent

3 ▸ *Qu'est-ce que c'est ?*

Former des groupes de deux. Indiquer aux élèves que chacun d'entre eux doit essayer de trouver le plus rapidement possible, et avant son/sa camarade, le maximum de réponses. Bien insister sur le fait qu'ils doivent formuler des phrases comme dans l'exemple. Leur donner un « top » de départ pour qu'ils commencent tous en même temps. Les élèves notent au fur et à mesure le nombre de réponses qu'ils ont données en premier.

Mise en commun Reprendre avec les élèves les réponses qu'ils ont trouvées et les noter au tableau si besoin.
Laisser les élèves vérifier entre eux s'ils ont formulé les phrases correctement et déterminer qui a gagné en fonction du nombre de réponses données correctement par chacun et en premier.

Corrigé **a** C'est un animal. ; **b** Ce sont des amis. ; **c** Ce sont des livres. ; **d** Ce sont des photos. ; **e** C'est une adresse mail. ; **f** C'est un jeu vidéo.

4 ▸ Les articles indéfinis

MÉTHODO

Dans cette activité, il peut être intéressant de demander aux élèves de fabriquer des étiquettes avec les mots donnés, ce qui pourra faciliter le processus de mémorisation.

Chacun à son tour, un élève tire au sort une étiquette. L'autre dit l'article indéfini correspondant. Ils continuent jusqu'à épuisement des étiquettes.
Leur proposer de remettre les étiquettes en jeu en les mélangeant et de continuer le jeu jusqu'à ce qu'ils ne fassent aucune erreur.

Corrigé des dessins ; des personnages ; des garçons ; un prénom ; une fille ; un animal

Entraîne-toi

MÉTHODO

Les activités de cette rubrique peuvent être réalisées en classe ou à la maison. Il est recommandé de faire systématiquement une mise en commun de chaque activité selon deux modalités possibles :
- demander à des volontaires de proposer leurs réponses à l'oral ;
- ou faire écrire les réponses au tableau par des élèves volontaires.

5 (28) ▸ Phonétique. L'alphabet

Mise en commun Faire réécouter chaque item de manière fractionnée pour vérification.

Corrigé **1** A ; **2** E ; **3** I ; **4** U ; **5** G ; **6** É

6 (29) ▸ Saluer et prendre congé

Mise en commun Proposer une deuxième écoute fractionnée.

Corrigé Bonjour ! : **b** et **c** – Au revoir ! : **a** et **d**

7 ▸ Le verbe *s'appeler*

Les élèves réemploient le verbe « s'appeler » et travaillent sur l'emploi des pronoms personnels. À partir des phrases données, ils doivent déduire quel pronom personnel sujet utiliser avant de conjuguer le verbe.

Corrigé **a** Tu t'appelles Julie ? ; **b** Ils s'appellent Valentin et Romain. ; **c** Nous nous appelons Lucien et Lila. ; **d** Elle s'appelle Emma. ; **e** Vous vous appelez Alexis et Lola ?

8 ▸ Se présenter et présenter quelqu'un

Les débuts de répliques proposées dans les bulles aident les élèves à trouver le début de chaque phrase.

Corrigé **a** Moi, c'est Léa. ; **b** Et toi, comment tu t'appelles ? ; **c** Je vous présente un ami.

9 ▸ Les articles indéfinis

Cette activité est à faire à l'oral ; la proposer de préférence en classe. Laisser un peu de temps aux élèves pour chercher les réponses individuellement.

VARIANTE COLLECTIVE » Nommer un des mots de la liste dans le désordre. Les élèves doivent répondre en levant la main droite s'il s'agit du masculin ou la main gauche s'il s'agit du féminin. Il est possible de continuer le jeu en donnant d'autres mots connus des élèves qui ne sont pas dans la liste.

Corrigé **a** masculin (un nom) ; **b** masculin (un surnom) ; **c** féminin (une amie) ; **d** masculin (un jeu vidéo) ; **e** féminin (une adresse)

10 (30) ▸ Phonétique. La liaison avec les articles indéfinis

Il est préférable de faire réaliser cette activité en classe à l'oral. Faire écouter aux élèves l'enregistrement en fractionnant entre chaque item. Ils disent s'ils entendent la liaison [z] entre l'article et le nom. Il est possible de leur demander de repérer s'ils entendent la liaison [n] entre l'article et le nom dans une des phrases (dans la phrase d). Leur faire réécouter l'enregistrement si nécessaire pour cette réponse.

VARIANTE » Demander aux élèves d'essayer de dire quelles phrases sont concernées par la liaison avant de leur faire écouter l'enregistrement. L'écoute sert alors de vérification.

Corrigé On fait la liaison [z] dans les phrases **b** et **e**.

11 ▸ Le verbe *être*

Demander aux élèves d'écrire les phrases complètes sur leur cahier. Les inviter ensuite à essayer de retrouver la conjugaison du verbe « être » de mémoire. Puis leur dire de s'autocorriger en vérifiant sur leur cahier ou leur livre.

Mise en commun Demander à des élèves volontaires de venir écrire les phrases complètes au tableau.

Corrigé **a** Nous sommes amis. ; **b** Je suis un personnage de jeu vidéo. ; **c** Mon ami est un animal. ; **d** Vous êtes super !

Évaluation

page 22

1 (31-32) Écouter

OBJECTIFS ÉVALUÉS
Comprendre une conversation simple
Comprendre des prénoms

Demander aux élèves de lire les questions avant de faire écouter l'enregistrement. Faire écouter une première fois et laisser aux élèves quelques minutes pour répondre sur une feuille séparée. Proposer une deuxième écoute. Les élèves vérifient leurs réponses.

BARÈME item a : 1 point ; item b : 2 points ; item c : 1 point ; item d : 1 point.

Corrigé **a** 3 ; **b** Sarah et Élodie ; **c** 2 ; **d** 1. Vrai ; 2. Vrai

2 Parler

OBJECTIFS ÉVALUÉS
Saluer
Dire son nom, son prénom et les épeler
Dire son adresse mail
Demander des informations personnelles

Pour cette évaluation d'expression orale, il peut être plus facile de faire venir les élèves par deux à un endroit dédié de la classe. Proposer au reste de la classe de réaliser une activité en autonomie pendant ce temps. Aider les élèves à comprendre la consigne et leur demander de choisir un rôle. Un élève écrit et pose des questions (rôle a), l'autre répond (rôle b). Puis inverser les rôles.

BARÈME

Utilisation correcte des formules pour saluer	1 point
Formulation des questions (pour le rôle a)	1 point
Utilisation correcte des formules pour se présenter (rôle b)	1 point
Épeler correctement son prénom et son nom (rôle b)	1 point
Dire correctement son adresse mail (rôle b)	1 point

Exemple de conversation
Élève a : Bonjour, comment tu t'appelles ?
Élève b : Bonjour ! Je m'appelle/mon prénom, c'est Lina.
Élève a : L-I-N-A ?
Élève b : Oui, et mon nom, c'est Alano : A-L-A-N-O.
Élève a : Tu es une fille ?
Élève b : Oui.
Élève a : Une adresse mail ?
Élève b : Oui, c'est linalano arobase hotmail point com.

3 Écrire

OBJECTIF ÉVALUÉ
Présenter quelqu'un

Les élèves peuvent s'inspirer des commentaires donnés dans le document pour présenter à leur tour un(e)/des ami(e)(s). Leur laisser dix ou quinze minutes pour écrire leur texte d'abord au brouillon, puis pour le recopier sur une feuille séparée.

BARÈME

Utilisation correcte d'une formule pour saluer	1 point
Utilisation correcte d'une formule pour présenter quelqu'un	2 points
Utilisation correcte du verbe « s'appeler »	1 point
Orthographe	1 point

Exemple de production
Coucou ! / Salut ! / Bonjour !

Je te/vous présente / Voici un(e)/des ami(e)(s). Il(s)/Elle(s) s'appelle(nt) Tom / Sarah / Tom et Sarah !

Ce sont des amis de classe ! / C'est un(e) ami(e) de classe !

4 Lire

OBJECTIF ÉVALUÉ
Comprendre des informations sur un site Internet

Laisser les élèves lire le document en autonomie et répondre aux questions. Leur conseiller de relire plusieurs fois le document pour vérifier leurs réponses.

BARÈME item a : 1 point ; item b : 4 points (2 points pour le 2)

Corrigé **a** 1 – **b** 1. lila.noury@hotmail.fr ; 2. *Au choix parmi :* Lilanou, coockie12, coucouCmoi, fifrelin ; 3. https://resoeleves.fr

ÉTAPE 2

Fans de musique

Objectifs pragmatiques
– Échanger sur les préférences musicales
– Parler des goûts et des activités
– Poser des questions personnelles
Tâche finale → faire un portrait musical

CONTENUS

Communication	Grammaire	Lexique	Phonétique	Culture
Exprimer ses préférences Parler de ses goûts Demander et dire l'âge Poser une question fermée	Les verbes en *-er* Les articles définis La négation (1) Le verbe *avoir* La question intonative et la question avec *est-ce que*	La musique Les nombres de 11 à 69 Les activités Les goûts Les instruments de musique Les objets de technologie	Le son [ɑ̃] La question intonative	La musique française, star internationale **Discipline non linguistique** Musique : les instruments de musique

COMPÉTENCES CLÉS

Compétence numérique	Identifier des objets de technologie : activité 5 p. 29
Compétence apprendre à apprendre	Créer une carte mentale pour apprendre les conjugaisons : Cahier d'activités p. 18 Se familiariser avec la méthode inductive pour découvrir un point de langue : activités 1 p. 26 ; 5 p. 27 ; 2 p. 28 ; 6 p. 29
Compétences sociales et civiques	Participer à un forum : activité 7 p. 27
Esprit d'initiative et d'entreprise	Se regrouper en fonction de points communs : activités 2 p. 26 et 4 p. 28 Se poser des questions par deux : activités 7 p. 29 ; 3 p. 32 Faire un portrait musical : « Ensemble pour… » p. 31
Sensibilité et expression culturelles	Chanter : activité 4 p. 25 Échanger sur ses préférences musicales : activité 7 p. 25 ; 3 p. 27 Reconnaître des instruments de musique : Mon cours de musique p. 26 ; activité 9 p. 33 Découvrir des artistes et groupes de musique français : p. 30 et 31

Ouverture

page 23

Faire observer la page et le titre de l'étape. Faire formuler des hypothèses sur la thématique : la musique.

Activité 1

Faire lire la consigne aux élèves et leur demander de trouver les photos. Ils peuvent montrer sur leur livre ou grâce au manuel numérique les photos correspondantes.

Corrigé a photo dans le deuxième médaillon ; **b** photo dans le premier médaillon ; **c** photo dans le troisième médaillon ; **d** photo dans le deuxième médaillon et photo de fond (guitare)

Activité 2

Faire lire la consigne et expliquer la signification de « francophones ». Cette activité peut être proposée individuellement : chaque élève fait sa propre liste puis compare avec celle d'un autre élève avant la mise en commun en groupe classe. Ou elle peut être faite en sous-groupes : les élèves se réunissent par trois ou quatre et font une liste commune, puis mettent en commun en groupe classe. En prolongement, on peut leur demander quelle(s) chanson(s) de ces artistes ils connaissent et d'en chanter un extrait si possible.

Noter les mots clés suivants dans un coin du tableau : « groupe de musique », « chanteur », « instrument de musique », « chanson ». Ils serviront pour aborder la leçon 1 de l'étape.

Contrat d'apprentissage

Lire les trois objectifs pragmatiques annoncés et en expliquer le sens aux élèves, si besoin par des exemples en langue maternelle. Par exemple : « Nous allons apprendre à échanger sur nos préférences musicales = préférer un style de musique, avoir un chanteur préféré ; à parler de nos goûts et de nos activités = dire ce qu'on aime/n'aime pas, ce qu'on fait comme activité en relation avec la musique ; à poser des questions personnelles = demander l'âge ». Laisser les élèves réagir ou poser des questions sur ce qu'ils ont ou n'ont pas compris. Annoncer ensuite la tâche finale : « Cela va nous servir à faire un portrait musical. » Leur poser des questions pour s'assurer de la compréhension de ce qu'il s'agit de réaliser : « Vous savez ce qu'est un portrait ? », « À votre avis, qu'est-ce que c'est un portrait musical ? », etc.

LEÇON 1 Échangeons sur nos préférences musicales

pages 24 et 25

1 (33) **Comprendre un test sur les préférences musicales**

Avant de faire l'activité, faire observer et identifier le document (1) : c'est un test sur Internet pour savoir quel style musical on préfère. Faire identifier les trois parties du test : A il faut choisir un style de musique à travers des exemples d'artistes représentatifs, B il faut écouter quatre extraits musicaux et choisir celui qu'on préfère, C il faut choisir un vêtement/accessoire caractéristique d'un style musical. Laisser les élèves répondre à l'item A du test.

Puis faire écouter l'enregistrement des quatre extraits musicaux pour que les élèves répondent à l'item B.

Enfin, laisser les élèves faire l'item C et déterminer leur profil musical.

Mise en commun Les élèves présentent chacun à leur tour le résultat de leur test à la classe.

VARIANTE LUDIQUE » Pour la mise en commun, on peut afficher quatre pancartes dans la classe (« rock », « rap », « électro » et « pop ») et demander aux élèves de se placer sous celle qui correspond au résultat de leur test.

INFOS

M (Matthieu Chedid), né en 1971, est un auteur-compositeur-interprète de rock français.

Shaka Ponk est un groupe de rock français créé en 2004. Les textes de leurs chansons sont surtout en anglais et en espagnol.

Nirvana est un groupe de rock américain mythique, actif de 1987 à 1994.

Stromae (Paul Van Haver), né en 1985, est un auteur-compositeur-interprète et producteur belge de musique électronique.

David Guetta, né en 1967, est un DJ, remixeur et producteur de musique français.

Daft Punk est un groupe français de musique électronique internationalement connu, actif depuis 1993. Il fait partie du mouvement de musique électronique baptisé « french touch ».

Sexion d'Assaut est un groupe de rap français formé en 2002.

Eminem (Marshall Bruce Mathers III), né en 1972, est un auteur-compositeur-interprète de rap américain.

Kendrick Lamar, né en 1987, est un rappeur américain.

Shy'm (Tamara Marthe), née en 1985, et Tal (Tal Benyerzi), née en 1989, sont des chanteuses de pop françaises.

Beyoncé, née en 1981, est une chanteuse de pop américaine.

Rihanna (Robyn Rihanna Fenty), née en 1988, est une chanteuse de pop barbadienne.

SYSTÉMATISATION » n° 5 p. 32

2 Comprendre les informations données dans un sondage

Faire d'abord identifier le document (2) : c'est un sondage (identifiable notamment grâce aux symboles « % ») qui donne des informations sur les adolescents français et la musique. Faire remarquer aux élèves qu'ils peuvent s'appuyer sur les mots qu'ils connaissent pour associer les informations et les dessins : « musique », « Internet », « instrument de musique », « chanson », « groupe ». Les laisser faire l'activité individuellement.

Mise en commun Des élèves volontaires donnent leurs réponses. Les autres valident ou corrigent.

Corrigé **a** jouent dans un groupe ; **b** jouent d'un instrument de musique ; **c** téléchargent de la musique sur Internet ; **d** préfèrent les chansons françaises

3 (34) Comprendre les données chiffrées d'un sondage et découvrir les nombres de 11 à 69

Faire écouter l'enregistrement une première fois : les élèves suivent sur leur livre les nombres en chiffres et en lettres de la liste de Vocabulaire. Faire remarquer qu'entre 11 et 19, il y a des nombres composés d'un seul mot (« onze », « douze »...) et d'autres composés de deux mots reliés par un tiret (« dix-sept », « dix-huit »...). Leur faire également remarquer que les dizaines sont composées d'un seul mot (« vingt », « trente »...) puis de mots composés avec « et » pour le « un » (« vingt et un », « trente et un »...) ou avec un tiret pour les autres (« vingt-deux », « vingt-neuf »...).
Il est possible de proposer une deuxième écoute fractionnée pour faire répéter chaque nombre aux élèves. Demander ensuite à des élèves volontaires de lire ces chiffres et corriger la prononciation si nécessaire.
Laisser les élèves associer individuellement les nombres en lettres proposés dans les étiquettes et ceux en chiffre dans le sondage.

Mise en commun Demander à des élèves volontaires de donner les réponses et les écrire au tableau. Les autres valident ou corrigent.

Corrigé onze → 11, quarante-deux → 42, quarante → 40, vingt-deux → 22

SYSTÉMATISATION » n° 2 p. 32 et 6 p. 33

4 (35) Mémoriser et prononcer les nombres jusqu'à 69

MÉTHODO

Cette activité a pour but d'aider les élèves à mémoriser les nombres qu'ils viennent d'apprendre de manière ludique en les chantant sur le même rythme que celui proposé dans l'enregistrement de 10 à 29. Pour que les élèves se sentent à l'aise pour réaliser cette activité, il est préférable qu'ils soient debout et forment une chorale dont l'enseignant sera le chef de chœur.

On peut proposer cette activité en plusieurs étapes. D'abord faire écouter une première fois et identifier la première partie de l'enregistrement : une chanson style rock avec les chiffres de 10 à 29.
Ensuite, annoncer aux élèves qu'ils vont chanter la suite de 30 à 69. On peut, dans un premier temps, diviser la classe en quatre groupes : celui qui chantera de 30 à 39, celui qui chantera de 40 à 49, celui qui chantera de 50 à 59 et celui qui chantera de 60 à 69. Laisser un moment à chaque groupe pour s'entraîner et répéter.
Quand les élèves sont prêts, leur demander de se lever pour former une chorale. Passer l'enregistrement et indiquer à chaque groupe le moment où il doit chanter. À la fin, proposer des corrections si besoin et répéter l'activité encore une fois.
Proposer ensuite aux élèves de chanter de 30 à 69 tous ensemble.

5 S'entraîner à utiliser les nombres

Faire lire la consigne aux élèves et diviser la classe en petits groupes. Au sein de chaque groupe, les élèves comptent le nombre d'élèves qui font les activités proposées dans le tableau. Pendant que la classe travaille, reproduire la grille de l'enquête au tableau pour la mise en commun.

Mise en commun Interroger chaque groupe et noter dans la grille reproduite au tableau les réponses de chaque groupe sous forme d'addition (exemple : « Je télécharge de la musique 3 + 4 + 2 + 4 »). Puis demander à des volontaires de faire le calcul et de donner le résultat à noter au tableau (exemple : « = 13 »).

VARIANTE » On peut, à la fin de l'activité, demander aux élèves de calculer les pourcentages (mais attention, veiller à ce que les résultats ne dépassent pas 69 !). Par exemple, dans une classe de 20 élèves, si 13 téléchargent de la musique, cela correspond à 65 % (13/20 = 0,65 → 0,65 x 100 = 65).

6 36-37 Comprendre un dialogue et repérer des informations sur un site Internet

Faire écouter l'enregistrement et poser quelques questions de compréhension globale : « Qui parle ? Comment ils s'appellent ? (noter les prénoms au tableau) De quoi ils parlent ? »
Puis faire observer et identifier le document ③ : c'est le site Internet Ados Musique qui présente le classement des 5 chanteurs et chanteuses préférés des ados.
Demander aux élèves de faire l'activité et proposer une deuxième écoute pendant laquelle ils pourront vérifier et/ou compléter leurs réponses.

Mise en commun Interroger des élèves volontaires et noter les réponses au tableau à côté des prénoms. Proposer une troisième écoute fractionnée pour vérifier les réponses. En profiter pour faire relever comment chaque ado donne l'information pour qu'ils puissent repérer les expressions « c'est mon groupe préféré », « mon chanteur préféré, c'est », et « je suis fan de ».

Corrigé Fred : Sexion d'Assaut ; Thomas : Maître Gims ; Marie : Tal ; Kamal : Stromae

INFOS

Maître Gims (Gandhi Djuna) est un rappeur congolais. Il fait une carrière solo mais chante aussi dans le groupe Sexion d'Assaut. Ses textes sont en français.

M. Pokora (Matthieu Tota) est un chanteur de pop français révélé par une émission de télé-réalité.

38 VOCABULAIRE

Il est conseillé d'inviter les élèves à lire et écouter les listes de vocabulaire « La musique » et « Exprimer ses préférences ». Demander ensuite à quelques élèves de lire ces deux listes et corriger la prononciation, si besoin.

SYSTÉMATISATION » n° 1 p. 32

7 Échanger sur ses préférences musicales

Faire lire la consigne et constituer des binômes. Pendant que les élèves échangent, passer parmi les groupes pour s'assurer que les expressions sont correctement utilisées.

Mise en commun Demander à quelques élèves volontaires de donner leur réponse à la classe.

39 VIRELANGUE

Avec ce virelangue, les élèves vont s'entraîner à prononcer la voyelle nasale [ɑ̃]. Leur expliquer qu'elle se prononce en faisant passer l'air par la bouche mais aussi par le nez. Avant de faire écouter et répéter le virelangue, les guider pour prononcer cette voyelle : leur faire prononcer dans un premier temps le son [a], avec la bouche grande ouverte, en rond. Leur expliquer que, pour prononcer [ɑ̃], la bouche a presque la même position mais un peu moins ouverte et l'air doit passer aussi par le nez. On peut proposer aux élèves de passer de [a] à [ɑ̃] et de poser un doigt de chaque côté de leur nez. Lorsqu'ils prononcent [ɑ̃] le nez vibre, alors que pour le [a] il ne vibre pas.
Faire écouter et lire en même temps le virelangue.
Laisser les élèves s'entraîner à le répéter individuellement et de plus en plus vite. Les inciter à soigner la prononciation du son [ɑ̃].

Mise en commun Demander à des élèves volontaires de répéter le plus rapidement possible le virelangue devant la classe. On peut proposer à plusieurs élèves de le dire ensemble, en harmonisant leur rythme.

SYSTÉMATISATION » n° 7 p. 33

LEÇON 2

Parlons de nos goûts et de nos activités

pages 26 et 27

1 (40-41) Comprendre un dialogue et découvrir les verbes en *-er* pour parler des activités

Faire écouter une première fois l'enregistrement et poser quelques questions de compréhension globale : « Qui parle ? De quoi ils parlent ? » Faire identifier l'album photo de Greg.

Laisser les élèves lire la consigne et faire écouter l'enregistrement une deuxième fois. Ils associent les prénoms et les photos individuellement, puis comparent leurs réponses par deux.

Mise en commun Interroger des élèves volontaires et noter les réponses au tableau. Leur demander de les justifier avec des éléments entendus et/ou lus dans le document. Proposer une troisième écoute si nécessaire.

Corrigé **Photo a** Emma, Louise, Chloé et Katia → elles dansent/elles dansent bien ;
Photo b Tom → il joue du piano/tu joues du piano ? ;
Photo c Clara → elle chante/elle chante quoi ? ;
Photo d Greg → j'écoute la radio/Cool la radio ! ;
Photo e Lise → elle joue de la guitare/Super guitare !

(42) TABLEAU DE GRAMMAIRE

Les verbes en *-ER*

Avant de regarder de tableau de grammaire des verbes en *-er*, faire observer les phrases écrites au tableau.

Demander aux élèves de repérer les mots qui indiquent les activités des ados et les souligner. Les amener à dire que ce sont des verbes. Les inviter ensuite à regarder dans l'encadré Vocabulaire la liste de verbes pour parler des activités et faire écouter l'enregistrement. Leur demander quelle est la terminaison de tous ces verbes à l'infinitif et noter « Les verbes en *-er* » au tableau au-dessus des phrases. Puis leur faire repérer les terminaisons des verbes en *-er* pour je, tu, il/elle, elles et les entourer.
Une fois ce repérage effectué, les élèves peuvent lire et écouter le tableau. Leur faire repérer les deux formes qu'ils ne connaissent pas encore (nous et vous). Insister sur la prononciation identique des verbes pour je, tu, il/elle et ils/elles et sur les particularités pour les verbes qui commencent par une voyelle (élision du « e » de je et liaison avec nous, vous, ils/elles).
Demander à quelques élèves de lire les verbes conjugués.

SYSTÉMATISATION ≫ n° 4 et 8 p. 32-33

2 S'entraîner à utiliser les verbes en *-er*

MÉTHODO
Pour cette activité, les élèves doivent être debout et se déplacer dans la classe pour échanger sur leurs activités et former des groupes. Lorsque deux élèves constatent qu'ils font la même activité, ils restent ensemble pour aller interroger d'autres élèves et ainsi de suite.

Faire lire la consigne et les exemples proposés. Préciser aux élèves qu'ils doivent choisir une seule activité, celle qu'ils font le plus.
Puis laisser les élèves se déplacer et s'interroger. Circuler parmi eux pour veiller à la bonne prononciation des verbes.

Mise en commun Chaque groupe précise l'activité qui les a réunis (exemple : « Nous chantons »).

(43) Mon COURS de MUSIQUE

Cette activité permet aux élèves d'identifier des instruments de musique en associant des sons et des photos et de découvrir leur nom en français. Elle permet aussi de fixer la règle des articles définis qu'ils utilisent intuitivement depuis l'étape 0.
Faire observer et nommer en langue maternelle chaque instrument pour s'assurer qu'ils sont bien identifiés.
Faire lire la consigne et écouter l'enregistrement. Les élèves notent les réponses individuellement sur leur cahier. On peut proposer d'exemplifier l'activité en écoutant d'abord le premier instrument et en notant la réponse des élèves au tableau (1 la batterie : b).

Mise en commun Noter les réponses d'élèves volontaires au tableau. Proposer une autre écoute de l'enregistrement si besoin.

Corrigé **1** la batterie : b ; **2** le piano : d ; **3** le saxophone : c ; **4** la flûte : a ; **5** l'accordéon : f ; **6** le violon : e.

(44) TABLEAU DE GRAMMAIRE

Les articles définis

Avant de regarder le tableau de grammaire, faire observer les noms des instruments écrits au tableau.

Demander aux élèves comment s'appellent les petits mots placés avant les noms. Écrire « les articles » au tableau au-dessus des instruments.

>>>

>>>

Leur demander quels articles ils connaissent déjà (les articles indéfinis, vus dans l'étape 1). Leur expliquer qu'ici il s'agit d'une autre sorte d'articles appelés « définis » et l'écrire au tableau à la suite de « les articles ».
Leur faire repérer les articles féminins et masculins et les entourer selon le code couleur choisi dans l'étape 1 (voir p. 41), par exemple bleu pour le féminin et rouge pour le masculin. Attirer leur attention sur le « l' » pour « accordéon » et leur demander de l'expliquer. Leur demander de trouver l'article pluriel (comme ils connaissent « des », ils pourront facilement deviner).
Faire lire et écouter le tableau de grammaire. Insister sur le « l' » utilisé avec tous les noms qui commencent par une voyelle, masculin ou féminin, ainsi que sur la liaison avec « les ». Faire remarquer que, pour dire de quel instrument on joue, on utilise « jouer + de » : quand le nom est féminin « jouer de la flûte », quand le nom commence par une voyelle « jouer de l'accordéon » et quand le nom est masculin « jouer du violon » (« du » étant la contraction de « de + le »).

SYSTÉMATISATION » n° 9 p. 33

3 S'entraîner à utiliser les articles définis

Cette activité peut être faite en groupe classe : les élèves répondent à la question individuellement chacun leur tour.

4 Comprendre des échanges sur un forum sur les goûts musicaux

Avant de proposer cette activité de compréhension globale, faire identifier le document : c'est un forum sur Ados Musique. Faire lire la consigne et laisser aux élèves le temps de lire les échanges et de faire l'activité.

Mise en commun Interroger un élève volontaire et noter la réponse au tableau.

Corrigé **c** Les goûts musicaux.

5 Comprendre des informations précises sur un document écrit et découvrir des verbes pour parler des goûts et la négation

MÉTHODO
Cette activité permet une compréhension finalisée du document. Attirer l'attention des élèves sur les émoticônes présentes dans le document, qui peuvent les aider à trouver les réponses.

Lire la consigne et laisser les élèves travailler individuellement. Puis leur proposer de comparer leurs réponses par deux. Pendant que les élèves travaillent, écrire les quatre items au tableau.

Mise en commun Interroger des élèves volontaires et leur demander de justifier leurs réponses. Noter les informations au tableau. Laisser les autres valider ou corriger.

Corrigé **a** Faux : « Je ne déteste pas mais je n'aime pas les chansons en français » ; **b** Faux : « J'adore la pop française » ; **c** Faux : « Je préfère l'électro » ; **d** Vrai : « J'adore le rap »

45 TABLEAU DE COMMUNICATION

Pour exprimer la négation

Avant de faire lire le tableau de communication, faire observer les phrases écrites au tableau.

Demander aux élèves de trouver les verbes qui expriment les goûts et les entourer. Puis dessiner les émoticônes suivantes au tableau : ☺, ☺☺, ☹, ☹☹. Demander aux élèves de les associer aux verbes entourés.
Enfin, souligner les phrases affirmatives d'une couleur et les phrases négatives d'une autre couleur puis demander aux élèves de trouver la différence entre les phrases.
Faire lire et écouter le tableau de communication. Attirer l'attention des élèves sur les deux parties de la négation « ne… pas » qui se trouvent de chaque côté du verbe ainsi que sur l'élision du « e » de « ne » devant un verbe qui commence par une voyelle.

SYSTÉMATISATION » n° 10 p. 33

6 S'entraîner à utiliser les verbes pour exprimer les goûts et la négation

Lire la consigne et former des binômes. Attirer l'attention des élèves sur l'exemple : sur le tee-shirt est écrit « pop » avec une émoticône qui exprime un goût, ce qui entraîne la phrase de réponse : « Elle n'aime pas la pop ».

Mise en commun Noter les réponses d'élèves volontaires au tableau. Les autres valident ou corrigent.

Corrigé **a** Il aime le rock ; **b** Il déteste le rap ; **c** Elle n'aime pas les chansons en français ; **d** Elle adore l'électro.

7 Action ! Écrire un message pour parler de ses activités et de ses goûts musicaux

Lire la consigne et bien préciser aux élèves qu'il s'agit d'écrire un message sur le forum de l'activité 4. Leur demander de choisir un pseudo et de dessiner un avatar (ils peuvent réutiliser ceux de l'étape 1). Les inviter à réutiliser les verbes en *-er*, les articles définis, la négation et le vocabulaire de la leçon.
Pendant cette phase de travail en autonomie, passer parmi les groupes pour guider et corriger si nécessaire.

Préparer une grande affiche et inscrire le nom du forum (Ados Musique) et la question « Quels sont tes activités et tes goûts musicaux ? » en haut de la page. Mettre l'affiche au tableau.

Mise en commun Ramasser les messages et les redistribuer en veillant à ne pas confier son message à celui ou celle qui l'a écrit. Demander aux élèves de lire le message et d'essayer de deviner qui en est l'auteur. Chaque élève colle ensuite son message sur l'affiche, pour reconstituer le « grand forum de la classe ».

Pendant la phase de production individuelle, demander aux élèves d'écrire leur message sur une feuille et non dans leur cahier en vue de le coller sur l'affiche.

46 **VOCABULAIRE**

Voir les conseils p. 36.

LEÇON 3 Posons des questions personnelles

pages 28 et 29

1 Comprendre une interview écrite

Avant de faire l'activité, faire identifier le document : c'est une interview de Maître Gims dans un magazine, le/la journaliste lui pose quatre questions.
Faire lire la consigne et laisser les élèves lire le document individuellement.

Mise en commun Interroger un élève volontaire.

Corrigé C'est un chanteur.

2 Repérer des informations dans une interview, découvrir le verbe « avoir » et comment demander et dire l'âge

Lire la consigne et laisser les élèves repérer individuellement les informations pour dire si les items sont vrais ou faux. Leur demander ensuite de comparer leurs réponses par deux. Pendant que les élèves travaillent, noter les cinq items au tableau.

Mise en commun Interroger des élèves volontaires en leur demandant de se justifier et noter leurs réponses au tableau. Elles vont servir pour faire découvrir aux élèves le verbe « avoir ».

Corrigé **a** Vrai : « C'est mon pseudo » ; **b** Faux : « J'ai 30 ans » ; **c** Faux : « J'aime aussi la pop » ; **d** Vrai : « Je chante avec des amis dans le groupe Sexion d'Assaut » ; **e** Vrai : « Nous avons un disque d'or »

INFOS

Le disque d'or, créé en 1973, est une récompense remise à un artiste ou à un groupe quand son album s'est vendu à plus de 50 000 exemplaires ou qu'un single s'est vendu à plus de 75 000 exemplaires.

47 **TABLEAU DE GRAMMAIRE**

Le verbe *avoir*

Avant de faire lire le tableau, demander aux élèves d'observer les phrases écrites au tableau et d'identifier les verbes qu'ils connaissent et le verbe qu'ils ne connaissent pas.

Entourer toutes les occurrences du verbe « avoir » lorsque les élèves les citent. Leur demander de retrouver dans l'interview une autre forme de ce nouveau verbe : « tu as ». À ce stade, les élèves ont déjà découvert une partie de la conjugaison du verbe « avoir ».
Leur faire écouter le tableau de conjugaison et compléter les formes verbales manquantes au tableau : « vous avez » et « ils/elles ont ». Faire répéter aux élèves la conjugaison de manière individuelle ou collective et leur faire repérer les formes verbales qui se prononcent de la même manière (« as » et « a ») ainsi que les liaisons.

SYSTÉMATISATION » n° 11 p. 33

48 **TABLEAU DE COMMUNICATION**

Pour demander / dire l'âge

Avant de faire observer le tableau de communication, revenir aux phrases écrites au tableau. Demander aux élèves de repérer la phrase qui donne l'âge de Maître Gims. Puis leur demander de retrouver dans l'interview la question pour demander l'âge.
Insister sur l'utilisation du verbe « avoir » pour demander et dire l'âge et faire comparer avec la langue maternelle.
Faire lire et écouter le tableau de communication. Leur faire répéter les phrases pour une bonne prononciation.

SYSTÉMATISATION » n° 12 p. 33

3 S'entraîner à dire l'âge et à utiliser le verbe « avoir »

Faire lire la consigne et bien faire repérer que, sur les photos, il y a une ou plusieurs personne(s) ainsi que l'âge dans les bulles.

Mise en commun Laisser répondre des élèves volontaires. Veiller à la bonne prononciation du « j' » et de la liaison avec « nous ».

Corrigé **a** nous avons 11 ans ; **b** j'ai 13 ans ; **c** j'ai 15 ans ; **d** nous avons 17 ans

4 Se regrouper selon l'âge

Pour cette activité, les élèves doivent se promener librement dans la classe pour échanger leur âge. Passer parmi les élèves pour s'assurer que les formes sont correctement utilisées. Une fois que les groupes sont formés, un élève volontaire dit l'âge de son groupe en utilisant « nous avons ».

PROLONGEMENT » À la fin de l'activité, on peut interroger un groupe en indiquant un autre groupe (« Ils ont quel âge ? ») afin de leur faire utiliser « ils ont » dans leur réponse.

5 (49-50) Comprendre un dialogue et repérer des informations

Avant de faire lire la consigne, faire écouter l'enregistrement et poser quelques questions de compréhension globale : « Qui parle ? Elles parlent de quoi ? »

Mise en commun Faire l'activité en groupe classe en interrogeant des élèves volontaires. Proposer une autre écoute si besoin.

Corrigé **a** un lecteur MP3 ; **c** un casque ; **d** un ordinateur

6 (49-50) Découvrir la question fermée avec ou sans « est-ce que »

Lire la consigne et faire à nouveau écouter l'enregistrement de manière fractionnée pour que les élèves aient le temps de noter les réponses. Leur proposer de comparer leurs notes par deux.

Mise en commun Noter les questions et les réponses d'élèves volontaires au tableau. Les autres valident ou corrigent.

Corrigé **a** Oui ; **b** Oui ; **c** Non

(51) TABLEAU DE COMMUNICATION

Pour poser une question

Avant de faire observer le tableau de communication, demander aux élèves de regarder les phrases notées au tableau et de dire quelles sont les réponses possibles à ces questions (« oui » et « non »). Expliquer qu'il s'agit de questions fermées car on répond par « oui » ou par « non », alors que les questions ouvertes ont beaucoup de réponses possibles. Leur demander ensuite d'observer les questions et de dire comment on pose une question fermée.
Faire lire et écouter le tableau de communication. Insister sur les deux manières de poser une question fermée : la phrase ressemble à une phrase affirmative avec ou sans « est-ce que ».
Leur faire répéter les phrases pour une bonne prononciation.

SYSTÉMATISATION » n° 3 et 14 p. 32-33

(52) PHONÉTIQUE

La question intonative

Avant de faire l'activité, demander aux élèves comment on sait à l'oral que la phrase sans « est-ce que » est une question et pas une affirmation. Afin de vérifier leurs hypothèses, proposer l'activité de phonétique.
Lire la consigne et bien indiquer le sens des flèches en faisant un mouvement descendant puis un mouvement montant avec la main. Faire écouter l'enregistrement.

Mise en commun Interroger des élèves volontaires et noter les réponses au tableau.

Corrigé **a** 2 ; **b** 1

Écrire les deux phrases au tableau. Dessiner une flèche montante sous la phrase a et une flèche descendante sous la phrase b. Demander à des élèves de prononcer les deux phrases en veillant au respect de l'intonation. Les inciter à accompagner la prononciation d'un mouvement de la main.

SYSTÉMATISATION » n° 13 p. 33

7 S'entraîner à se poser des questions fermées personnelles

Lire la consigne et former des binômes. Attirer l'attention des élèves sur l'exemple donné et bien leur expliquer qu'ils doivent, pour chaque objet choisi, poser deux questions : une question intonative et une question avec « est-ce que ».
Pendant que les élèves échangent, passer parmi les groupes pour veiller à la prononciation.

Mise en commun Interroger quelques binômes et corriger la prononciation si nécessaire.

Corrigé a Tu as un casque ? / Est-ce que tu as un casque ? ; **b** Tu as une flûte ? / Est-ce que tu as une flûte ? ; **c** Tu as un téléphone ? / Est-ce que tu as un téléphone ? ; **d** Tu as une radio ? / Est-ce que tu as une radio ? ; **e** Tu as des CD ? / Est-ce que tu as des CD ? ; **f** Tu as un ordinateur ? / Est-ce que tu as un ordinateur ? ; **g** Tu as une guitare ? / Est-ce que tu as une guitare ?

8 Action! **Écrire un message pour poser des questions personnelles**

Lire la consigne et proposer aux élèves de se réunir par deux en fonction du chanteur ou de la chanteuse qu'ils préfèrent.
Demander à chaque élève de dire qui est son chanteur ou sa chanteuse préféré(e) et écrire les noms au tableau.
Une fois que la liste est constituée, lire le nom des artistes et, pour chacun, demander à la classe qui veut lui écrire un message. Constituer les binômes à partir des réponses des élèves.
Les inviter à poser des questions sur l'âge, ainsi que des questions fermées avec ou sans « est-ce que » sur les goûts, les activités. Laisser chaque binôme écrire son message.
Pendant cette phase de travail en autonomie, passer parmi les groupes pour guider et corriger si nécessaire.

Mise en commun Afficher les messages dans la classe. Proposer aux élèves de circuler pour les lire et de noter les questions les plus intéressantes. À la fin, la classe peut voter pour les trois questions les plus intéressantes.

53 **VOCABULAIRE**

Voir les conseils p. 36.

CULTURES

pages 30 et 31

Erratum : Une erreur s'est glissée dans l'édition 01 du manuel. Dans le sous-titre de la page, il faut lire « Ils sont français. » et non « Ils sont français ou francophones ».

INFOS

Phoenix est un groupe de rock français actif depuis 1999. C'est l'un des groupes français les plus populaires dans le monde.

Zaz (Isabelle Geffroy), née en 1980, est une chanteuse et auteure-compositrice-interprète française, mêlant les styles : variété française, folk et soul.

David Guetta et **Daft Punk** : voir leçon 1 p. 50.

1 Former des petits groupes de trois ou quatre. Leur faire lire la consigne. Leur préciser qu'il peut s'agir d'artistes du monde entier.

Mise en commun Demander aux groupes de dire leur liste et les écrire au tableau.

2 Demander aux élèves de regarder le document du livre et de dire de quoi il s'agit (c'est un article sur des chanteurs et groupes français célèbres dans le monde). Leur laisser ensuite quelques minutes pour lire le document. Leur demander s'ils connaissent ces artistes. Puis leur demander quels genres d'informations il y a sur les artistes.
Passer à la réalisation de l'activité 2. Faire lire la première partie (les deux premières phrases) de la consigne. Les élèves doivent d'abord essayer individuellement de retrouver le nom des célébrités (ils en connaissent certainement quelques-unes).
Leur faire lire ensuite la deuxième partie de la consigne et les indices pour vérifier leurs réponses, toujours individuellement.

Mise en commun Demander à des élèves volontaires de proposer leurs réponses en les justifiant. La classe valide ou corrige.

Corrigé **a** Zaz (C'est une chanteuse.) ; **b** Daft Punk (C'est un groupe. Ils sont deux.) ; **c** David Guetta (C'est un DJ.) ; **d** Phoenix (C'est un groupe. Ils sont quatre.)

3 Attirer l'attention des élèves sur l'encadré orange où se trouvent les titres de chansons. Leur demander s'ils les connaissent.
Faire lire la consigne et les indices proposés. Laisser les élèves travailler individuellement.

Corrigé Zaz : *Gamine* ; Daft Punk : *Get Lucky* ; Phoenix : *Entertainment* ; David Guetta : *Lovers on the sun*

PROLONGEMENT » Demander aux élèves s'ils connaissent d'autres chansons de ces artistes.

4 Faire lire la consigne et laisser les élèves rechercher les informations individuellement.

Mise en commun Demander à des élèves volontaires de proposer leurs réponses. La classe valide ou corrige.

Corrigé **a** David Guetta, Daft Punk ; **b** Zaz, Laurent et Christian du groupe Phoenix

5 Former des groupes de trois ou quatre. Demander à chaque groupe de choisir un artiste cité dans l'activité 1 (la liste est écrite au tableau). Faire lire la consigne et leur laisser quelques minutes pour travailler. Ils peuvent chercher des informations sur Internet s'ils ont cet outil à disposition, sinon leur demander de faire les recherches à la maison pour la séance suivante.

Mise en commun Chaque groupe désigne un porte-parole pour présenter l'artiste choisi à la classe.

ENSEMBLE POUR...

faire un portrait musical

1 Après la lecture collective des étapes de réalisation de la tâche, former des petits groupes de trois ou quatre. Demander aux élèves d'écrire environ 5 ou 6 questions.

2 Former des binômes avec des élèves de groupes différents. Chacun pose ses questions à l'autre et note les réponses.

3 Les élèves font l'activité individuellement sur une feuille et non sur leur cahier.

VARIANTE LUDIQUE » Les élèves peuvent découper les dessins qui représentent les réponses et réaliser un véritable portrait comme proposé dans l'exemple. Dans ce cas, les questions peuvent être notées sur une autre feuille ou autour du portrait.

4 Chaque élève affiche le portrait qu'il a réalisé dans la classe. Laisser les élèves circuler librement pour les découvrir.

Mise en commun En groupe classe, désigner les portraits les uns après les autres et, pour chacun, demander à un élève volontaire (qui n'est ni l'auteur du portrait, ni l'élève représenté) de le présenter et de deviner de qui il s'agit. Celui qui a fait le portrait valide la réponse ou corrige.

Co-évaluation LA CLASSE DONNE SON AVIS SUR...

Avant l'étape 4 de la tâche, reformer les groupes de l'étape 1 et distribuer une copie de la grille ci-dessous par groupe. Expliquer aux élèves les différents critères à évaluer pour chaque portrait.
En regardant la présentation de chaque portrait, les élèves cochent la case correspondante pour chaque critère. Puis mettre en commun les évaluations. Voir les conseils p. 44.

Donne ton avis...	+++	++	+
Les questions sont...			
bien formulées			
variées			
Le dessin est...			
représentatif des réponses			
original			

VIDÉO SÉQUENCE 2

→ Fiches d'exploitation sur enseigner.tv5monde.com

Entraînement

pages 32 et 33

Entraînons-nous

1 Exprimer ses préférences

Cette activité de questions/réponses est à faire en autonomie par les élèves. Elle ne nécessite pas d'intervention du professeur ni de correction collective. Inciter les élèves à formuler leurs phrases comme dans les exemples. Passer parmi les groupes pour vérifier le bon déroulement de l'activité.

Corrigé **a** Mon chanteur préféré, c'est Stromae. / Je suis fan de Stromae. / Je préfère Stromae. Ma chanteuse préférée, c'est Tal. / Je suis fan de Tal. / Je préfère Tal. Mon groupe préféré, c'est Daft Punk. / Je suis fan de Daft Punf. / Je préfère Daft Punk.
b Mon chanteur préféré, c'est M Pokora. / Je suis fan de M Pokora. / Je préfère M Pokora. Ma chanteuse préférée, c'est Zaz. / Je suis fan de Zaz. / Je préfère Zaz. Mon groupe préféré, c'est Sexion d'Assaut. / Je suis fan de Sexion d'Assaut. / Je préfère Sexion d'Assaut.

2 ▸ Les nombres de 11 à 69

Les élèves disent un nombre à tour de rôle et l'autre l'écrit en toutes lettres.

La mise en commun avec la classe n'est pas nécessaire pour cette activité. Les élèves peuvent vérifier leurs réponses à l'aide de la liste de vocabulaire de la leçon 1 p. 25.

Corrigé douze – seize – vingt-deux – vingt-huit – trente et un – trente-sept – quarante-cinq – cinquante et un – cinquante-quatre – cinquante-neuf – soixante et un – soixante-six

3 ▸ Poser une question

Inciter les élèves à poser des questions fermées et à utiliser la question avec et sans « est-ce que ». Passer parmi les groupes pour vérifier le bon déroulement de l'activité.

Mise en commun Lire chaque étiquette et demander aux élèves qui l'a choisie. Parmi eux, demander à un volontaire de dire les deux questions qu'il a posées à son camarade.

Corrigé Est-ce que tu télécharges de la musique sur Internet ? / Tu télécharges de la musique sur Internet ? ; Est-ce que tu écoutes la radio ? / Tu écoutes la radio ? ; Est-ce que tu aimes la guitare ? / Tu aimes la guitare ? ; Est-ce que tu joues du piano ? / Tu joues du piano ? ; Est-ce que tu chantes des chansons ? / Tu chantes des chansons ?

4 ▸ Les verbes en *-ER*

Pour cette activité, il faut prévoir un dé par groupe et un pion par élève. Chaque élève jette le dé et fait avancer son pion. Ils conjuguent alors le verbe à la personne indiquée. Quand un élève tombe sur la case « Rejouez », il jette à nouveau le dé et avance son pion. La case « Retournez case 1 » oblige l'élève à recommencer le jeu depuis le début. Le premier qui arrive à la case « Gagné » a gagné !

Il n'est pas nécessaire de faire une mise en commun, les élèves peuvent vérifier leurs réponses grâce au tableau de grammaire de la leçon 2 p. 26. Passer parmi les groupes pour vérifier le bon déroulement de l'activité et la prononciation.

Corrigé **1** je danse ; **2** vous détestez ; **3** nous écoutons ; **4** tu joues ; **5** tu préfères ; **6** elles adorent ; **7** nous jouons ; **8** j'adore ; **9** il aime ; **10** nous détestons ; **11** j'écoute ; **12** ils écoutent ; **13** tu danses ; **14** vous chantez ; **15** elles jouent ; **16** ils aiment ; **17** elle chante ; **18** elles dansent

Entraîne-toi

5 ▸ La musique

Mise en commun Un élève volontaire vient au tableau et écrit les réponses sous la dictée d'autres élèves.

Corrigé **a** un groupe ; **b** une chanteuse ; **c** un instrument de musique ; **d** un chanteur

6 ▸ Les nombres de 11 à 69

Mise en commun Trois élèves volontaires viennent au tableau et écrivent (en les prononçant), chacun leur tour, trois nombres.

Corrigé trente et un ; trente-trois ; trente-cinq ; soixante et un ; soixante-trois ; soixante-cinq ; quarante et un ; quarante-trois ; quarante-cinq

7 (54) ▸ Phonétique. Le son [ɑ̃]

Cette activité est à faire de préférence en classe. Passer l'enregistrement plusieurs fois si nécessaire.

PROLONGEMENT » Écrire la phrase au tableau et la faire lire par des élèves volontaires. Corriger la prononciation.

Corrigé 4 fois. Je ch<u>an</u>te d<u>an</u>s un groupe d'adolesc<u>en</u>ts et je joue de cinq instrum<u>en</u>ts.

8 (55) ▸ Les verbes en *-ER*

Cette activité est axée sur la prononciation des verbes en *-er*. Ne pas hésiter à rappeler aux élèves que la prononciation est identique pour certaines personnes et que c'est pour cela qu'il y a parfois plusieurs possibilités.

Mise en commun Inciter les élèves à prononcer le verbe conjugué après avoir donné la ou les personnes de la réponse.

Corrigé **a** ils, elle, ils ; **b** nous ; **c** tu, il, ils ; **d** vous ; **e** je, il, tu

9 ▸ Les articles définis

Mise en commun Demander à un ou des élèves volontaires d'écrire leurs réponses au tableau.

PROLONGEMENT » Demander aux élèves de retrouver l'instrument avec lequel on peut utiliser « l' » (l'accordéon).

Corrigé la batterie ; les guitares ; le saxophone ; la flûte ; le violon

10 ▸ Exprimer la négation

Mise en commun Demander à un ou des élève(s) volontaire(s) d'écrire leurs réponses au tableau.

PROLONGEMENT » Demander à quelques élèves volontaires de regarder à nouveau les dessins et dire ce qu'eux-mêmes ne font pas.

Corrigé **a** Elles n'écoutent pas la radio/la musique. ; **b** Ils ne jouent pas dans un groupe. ; **c** Il ne danse pas.

11 ▸ Le verbe *avoir*

Mise en commun Demander à un ou des élèves volontaires d'écrire leurs réponses au tableau.

Corrigé J'ai un lecteur MP3. Tu as un téléphone. Il a une guitare. Nous avons un ordinateur. Vous avez 12 ans. Elles ont 11 ans.

12 ▸ Dire l'âge

Mise en commun Elle peut se faire à l'oral en interrogeant des élèves volontaires.

Corrigé *Exemple de réponses possibles :* Ils ont 43 ans. Il a 38 ans. Elle a 52 ans. Il a 11 ans. Elle a 20 ans. Ils ont 68 ans.

13 56 ▸ Phonétique. Poser une question

Demander aux élèves de dessiner une grille comme celle ci-après sur leur cahier (ou la photocopier et la distribuer) et de cocher la case correcte.

	Question	Réponse
a		
b		
c		
d		
e		
f		

Mise en commun Dessiner cette grille au tableau. Cocher les cases en interrogeant des élèves volontaires et en réécoutant l'enregistrement de manière fractionnée.

PROLONGEMENT » On peut proposer une autre écoute fractionnée de l'enregistrement et demander à des élèves de répéter les phrases en veillant à l'intonation.

Corrigé **a** question ; **b** question ; **c** réponse ; **d** réponse ; **e** question ; **f** réponse

14 56 ▸ Poser une question

Mise en commun Elle peut se faire à l'oral en interrogeant des élèves volontaires.

Corrigé **a** Est-ce que tu as un lecteur MP3 ? ; **b** Est-ce qu'ils aiment la musique électro ? ; **e** Est-ce qu'elle joue de la batterie ?

Évaluation

page 22

1 57-58 Écouter

OBJECTIFS ÉVALUÉS
Comprendre une conversation simple
Comprendre des questions personnelles et les réponses

Demander aux élèves de lire la consigne et les items avant de faire écouter l'enregistrement. Faire écouter une première fois et laisser aux élèves quelques minutes pour répondre sur une feuille séparée. Proposer une deuxième écoute. Les élèves vérifient leurs réponses.

BARÈME 1 point par item

Corrigé **1** faux ; **2** faux ; **3** vrai ; **4** faux ; **5** vrai

2 Parler

OBJECTIFS ÉVALUÉS
Poser des questions
Donner des informations personnelles

Pour cette évaluation d'expression orale, il peut être plus facile de faire venir les élèves par deux à un endroit dédié de la classe. Proposer au reste de la classe de réaliser une activité en autonomie pendant ce temps. Aider les élèves à comprendre la consigne et leur demander de choisir un personnage. Leur préciser qu'ils doivent organiser leur dialogue de façon à ce que chacun pose des questions.

BARÈME

Formulation des questions	1 point
Intonation correcte pour la question intonative et les affirmations	1 point
Utilisation correcte des expressions de goûts et/ou des préférences	1 point
Conjugaison et prononciation des verbes en *-er*	1 point
Utilisation correcte des articles définis	1 point

Exemple de dialogue

Élève a : Je m'appelle Camille, et toi ?
Élève b : Je m'appelle Alex et j'ai 11 ans. Et toi, tu as quel âge ?
Élève a : J'ai 13 ans. Est-ce que tu aimes la musique ?
Élève b : J'adore la musique ! Mon style préféré, c'est l'électro. Et toi, tu aimes la musique ?
Élève a : Oui et je suis fan de rap. Tu joues d'un instrument ?
Élève b : Oui, je joue du violon. Et toi, est-ce que tu joues d'un instrument ?
Élève a : Oui, je joue de la batterie.

3 Lire

OBJECTIF ÉVALUÉ
Comprendre des informations sur un forum

Laisser les élèves lire le document en autonomie et répondre aux questions. Leur conseiller de relire plusieurs fois le document pour vérifier leurs réponses.

BARÈME **a** 1 point ; **b** 2 points ; **c** 1 point ; **d** 1 point

Corrigé **a** 1 ; **b** 2 et 3 ; **c** 4 ; **d** 2

4 Écrire

OBJECTIF ÉVALUÉ
Parler des préférences et des goûts

Bien préciser aux élèves qu'il s'agit d'écrire un message sur le forum de l'activité 3 et donc de répondre à la question « Comment écoutez-vous de la musique ? ». Leur laisser dix ou quinze minutes pour écrire leur texte d'abord au brouillon, puis pour le recopier sur une feuille séparée.

BARÈME

Utilisation correcte des expressions de goûts et des préférences	2 points
Utilisation correcte du vocabulaire des objets	1 point
Utilisation correcte de la négation	1 point
Orthographe	1 point

Exemple de production

Je préfère écouter la musique sur mon ordinateur et j'adore la radio. Je n'aime pas écouter la musique sur un lecteur MP3 et je déteste les casques.

1 (59) Compréhension de l'oral (10 points)

Demander aux élèves d'ouvrir leur livre à la page 35 ; lire la consigne de l'exercice, expliquer la tâche à réaliser et laisser une minute aux élèves pour regarder les dessins. S'assurer que tout le monde est prêt et passer deux fois l'enregistrement. Laisser aux élèves deux minutes pour compléter leurs réponses.

Corrigé Dessin a : dialogue 5 *(2 points)* – Dessin b : dialogue 3 *(2 points)* – Dessin c : dialogue 2 *(2 points)* – Dessin d : dialogue 1 *(2 points)* – Dessin e : dialogue 4 *(2 points)*

2 Compréhension des écrits (10 points)

Faire lire la consigne, l'e-mail puis les questions ; s'assurer que tout le monde a compris. Préciser aux élèves qu'il faut écrire la bonne réponse ou l'entourer (dans les QCM) puis leur laisser 5 minutes pour répondre.

Corrigé **1** Emma *(2 points)* – **2** 13 ans *(2 points)* – **3** a. Le rap *(2 points)* – **4** Le samedi *(2 points)* – **5** Photo c *(2 points)*

3 Production écrite (20 points)

Exercice 1 : Faire lire la consigne et s'assurer de sa compréhension. Laisser 5 minutes aux élèves pour réaliser la tâche demandée.

Guide pour l'évaluation de l'exercice 1 : Les transcriptions phonétiques sont acceptées : si l'orthographe lexicale est défaillante mais que le mot reste compréhensible phonétiquement, on attribuera le nombre de points.

Items	Éléments pour la correction	Nombre de points
Nom	1 point si l'élève a écrit un nom.	1 point
Prénom	1 point si l'élève a écrit un prénom.	1 point
Âge	2 points si l'âge est cohérent, s'il est écrit en chiffres (même si « ans » n'est pas présent) ou en toutes lettres en français.	2 points
Adresse mail	2 points si l'élève a écrit une adresse électronique.	2 points
Style de musique préféré	2 points si l'élève a écrit un style de musique, un nom de chanteur(euse) ou de groupe de musique. Toute réponse cohérente est acceptée.	2 points
Instrument préféré	2 points si l'élève a écrit le nom d'un instrument. Ne pas pénaliser l'élève s'il a écrit plus d'un instrument et ne prendre en considération que les réponses estimées correctes.	2 points

Exercice 2 : Faire lire la consigne et s'assurer de sa compréhension. Expliquer comment compter les mots: un mot est un ensemble de signes placé entre deux espaces. « C'est-à-dire » = 1 mot ; « parce que » = 2 mots; « il y a » = 3 mots ; « j'ai 12 ans » : 3 mots. Laisser 10 à 15 minutes aux élèves pour réaliser la tâche demandée.

Guide pour l'évaluation de l'exercice 2 :

Respect de la consigne – L'élève a bien écrit un message à Emma pour se présenter. (1 point) – L'élève a écrit au minimum 40 mots. (1 point)	2 points
Correction sociolinguistique – L'élève a utilisé les formes élémentaires de l'accueil et de la prise de congé. (1 point) – L'élève a bien employé le tutoiement pour s'adresser à Emma. (1 point)	2 points
Capacité à informer et/ou à décrire – L'élève s'est présenté à Emma (2 points) et il a répondu à ses questions (2 points).	4 points
Lexique/orthographe lexicale – L'élève a su employer le lexique et il a su l'orthographier correctement.	1 point
Morphosyntaxe/orthographe grammaticale – L'élève a su utiliser correctement les formes grammaticales pour s'exprimer sur le sujet.	1 point

4 Production orale (10 points)

Exercice 1 : Faire lire la consigne et s'assurer de sa compréhension ; laisser 5 minutes aux élèves pour faire un brouillon avec les informations. Demander à chaque élève de réaliser la production orale (ou faire venir au tableau chaque élève). Selon le nombre d'élèves, tous ne seront pas évalués mais pourront l'être ultérieurement. Si les conditions matérielles le permettent, l'élève pourra aussi s'enregistrer et fournir à l'enseignant sa production orale.
Guide pour l'évaluation de l'exercice 1 : L'élève peut se présenter comme demandé dans la consigne (2 points pour la partie a ; 1 point pour chaque partie b à d).

Exercice 2 : Faire lire la consigne ; donner un exemple de réalisation de la tâche avec le premier mot. Demander aux élèves de choisir individuellement 5 mots parmi les 8 restants et d'écrire une question par mot choisi ; laisser 5 minutes aux élèves pour réaliser la tâche par écrit.
Guide pour l'évaluation de l'exercice 2 : L'élève peut poser des questions simples à partir de 5 mots de l'exercice (1 point par question correctement posée).

Pour l'ensemble des deux exercices, l'enseignant s'assurera que l'élève a bien acquis les compétences lexicales et morphosyntaxiques vues dans les étapes correspondantes. Il veillera aussi à ce que l'élève prononce de manière compréhensible le répertoire d'expressions vues dans les étapes correspondantes.

ÉTAPE 3

Nous sommes tous frères !

Objectifs pragmatiques
- Échanger sur ses différences
- Présenter sa famille
- Parler de sa nationalité

Tâche finale → présenter la classe à des collégiens français

CONTENUS

Communication	Grammaire	Lexique	Phonétique	Culture
Parler des liens familiaux Parler de sa famille	Les adjectifs possessifs La négation (2) L'accord des adjectifs Les adjectifs de nationalité Les pronoms toniques Le pronom *on* = *nous*	Les langues La famille Les lieux La description (1) Les nationalités Les couleurs	Le son [ɛ̃] La discrimination du masculin et du féminin des adjectifs de nationalité	Les Français et les langues étrangères **Discipline non linguistique** Enseignement civique et moral : Le respect de la différence

COMPÉTENCES CLÉS

Compétence numérique	Savoir utiliser un ordinateur pour présenter sa classe p. 45
Compétence apprendre à apprendre	Apprendre à être attentif pour bien utiliser la grammaire : cahier d'activités p. 26 Se familiariser avec la méthode inductive pour découvrir un point de langue : activités 2 p. 40 ; 4 p. 41 ; 5 et 6 p. 43
Compétences sociales et civiques	Respecter la différence : Mon cours d'ECM p. 43
Esprit d'initiative et d'entreprise	Parler de sa famille / Présenter une personne de sa famille : activités 5 et 7 p. 41 Créer une page d'album de famille d'une personne célèbre : activité 8 p. 41 Écrire un témoignage : activité 7 p. 43 Présenter la classe à des collégiens français : « Ensemble pour… » p. 45
Sensibilité et expression culturelles	Créer une page d'album de famille d'une personne célèbre : activité 8 p. 41

Ouverture

page 37

Activité 1

Faire observer la page. Puis faire lire la consigne aux élèves. Ils peuvent deviner le sens des mots « famille » et « arbre généalogique » grâce à leur transparence dans leur langue ou dans une autre langue qu'ils connaissent. Les aider à comprendre le mot « drapeaux », si nécessaire, en faisant un dessin au tableau par exemple. Les inviter à montrer sur leur livre ou sur le manuel numérique les photos correspondant à chaque item.

Corrigé **a** photo du bas ; **b** photo du haut ; **c** photo de droite

Activité 2

Demander aux élèves de dessiner le drapeau du pays où ils habitent sur une feuille de papier. Inviter ceux qui ont des origines étrangères à dessiner plusieurs drapeaux et à venir les présenter à la classe en expliquant à quel(s) pays ils correspondent. Les aider à formuler leur(s) nationalité(s) en français.

Ramasser toutes les feuilles de papier avec les drapeaux dessinés et les coller sur une affiche. Les élèves y écrivent les noms des pays correspondants. L'affiche pourra servir pour la leçon 3.

Contrat d'apprentissage

Lire les trois objectifs pragmatiques annoncés et en expliquer le sens aux élèves par des exemples en langue maternelle. Les laisser réagir ou poser des questions sur ce qu'ils ont ou n'ont pas compris. Annoncer ensuite la tâche finale : « Cela va nous servir à présenter notre classe à des collégiens français. »

LEÇON 1 Échangeons sur nos différences

pages 38 et 39

1 Reconnaître des langues courantes

Faire observer le document (1) et repérer de quoi il s'agit : la couverture d'un magazine qui présente les 5 langues les plus parlées dans le monde. Expliquer si besoin l'expression « top 5 » (= classement des cinq premiers). Laisser ensuite quelques minutes aux élèves pour retrouver les noms des 5 langues présentées à l'aide des étiquettes.

Mise en commun Des élèves volontaires proposent leurs réponses. Les aider à bien prononcer les noms des langues.

PROLONGEMENT » Inviter les élèves à nommer des pays dans lesquels on parle ces langues et les situer si possible sur un planisphère. Puis demander si, dans la classe, certains savent parler l'une des cinq langues présentées. Les inviter à prononcer le mot « bonjour » dans cette langue.

Pendant que les élèves réfléchissent individuellement à l'activité, écrire sur un côté du tableau le nom des 5 langues sous forme de liste. Elle sera complétée au fil de la leçon et consultable facilement par les élèves pour la suite des activités.

Corrigé **a** l'espagnol ; **b** l'anglais ; **c** le chinois (mandarin) ; **d** le hindi ; **e** le français

2 (60-61) Comprendre un court dialogue sur le classement des langues

Proposer une première écoute de l'enregistrement. Demander aux élèves de repérer qui parle et de quoi. Ils vont facilement comprendre que des ados parlent des 5 langues repérées précédemment sur le document (1). Faire lire la consigne de l'activité et écouter une deuxième fois. Laisser les élèves classer les 5 langues de la première à la cinquième sur leur cahier.

Mise en commun Demander à des élèves volontaires de proposer leur classement. Proposer une troisième écoute fractionnée pour vérification. Écrire les numéros correspondant au classement devant chaque langue écrite au tableau lors de l'activité 1.

VARIANTE » Avant d'écouter l'enregistrement, demander aux élèves, par petits groupes, de faire des hypothèses sur le classement des 5 langues les plus parlées dans le monde. Puis après l'écoute, leur faire comparer leurs hypothèses avec le classement donné dans le dialogue.

Corrigé Langue n°1 = le chinois (mandarin) ; langue n°2 = l'anglais ; langue n°3 = l'espagnol ; langue n° 4 = le hindi ; langue n°5 = le français.

3 Dire quelle(s) langue(s) on parle

Demander aux élèves de prendre la parole librement pour dire quelle(s) langue(s) ils parlent. Les inciter à formuler des phrases comme dans l'exemple. S'il est possible de leur laisser quelques minutes pour s'entretenir par deux avant qu'ils s'expriment, ils peuvent chacun présenter la ou les langues parlées par leur camarade. Les aider à formuler les noms des langues en français et les écrire au tableau à la suite de la liste des cinq langues les plus parlées dans le monde.

PROLONGEMENT » Au début de l'activité, demander aux élèves d'être très attentifs et de bien se souvenir des langues parlées par les uns et les autres. Puis former des groupes de trois ou quatre et poser des questions sur les informations échangées lors de l'activité : « Qui parle arabe/espagnol/anglais/chinois ? Qui parle deux/trois langues ? », etc. Expliquer aux élèves qu'ils ne doivent pas répondre pour eux-mêmes mais en nommant leurs camarades de classe : « Lina parle arabe ! » ; « Thomas parle trois langues ! » et inviter les groupes à se concerter avant de répondre. Attribuer un point par bonne réponse au groupe qui a répondu en premier. Compter ensuite les points de tous les groupes pour déterminer le gagnant.

4 Comprendre une page de programme télé

MÉTHODO

Pour cette activité, les élèves peuvent travailler en autonomie afin de s'habituer à développer leur compétence de compréhension écrite sans aide. Les inviter à s'appuyer sur les indices visuels pour comprendre le document et à faire appel à leur esprit de déduction pour saisir le sens des mots transparents ou repérer les informations évidentes. Par ailleurs, ce document permet de faire découvrir aux élèves le vocabulaire de la famille. Les inviter à se référer à la liste de vocabulaire correspondante et au Dico visuel p. 116 pour vérifier le sens de certains mots.

Laisser quelques minutes aux élèves pour lire le document (2) et les items donnés dans l'activité. Les laisser éventuellement comparer leurs réponses par deux avant la mise en commun.

Mise en commun Des élèves volontaires donnent leurs réponses à la classe. Les inviter à les justifier en montrant ou nommant les informations qui correspondent sur le document (2).

Corrigé Réponses correctes : **a** (Ce sont les personnages de la série télé *Fais pas ci Fais pas ça.*) et **c** (Christophe Lepic a deux sœurs : Charlotte et Soline.)

Pour s'assurer que tous les élèves ont bien compris les mots de la famille évoqués dans le document et l'activité, écrire au tableau les mots de la rubrique « la famille » de la liste de vocabulaire sous forme d'un petit arbre généalogique. Au-dessus : « les parents » = « le père » + « la mère » et au-dessous, reliés par une flèche aux parents : « les enfants » = « le fils » – « le frère »/« la fille » – « la sœur ». Faire éventuellement écouter ces mots pour aider à la prononciation. Choisir deux couleurs pour différencier les personnes féminines (mère, fille, sœur) des personnes masculines (père, fils, frère). Ou bien, regarder avec les élèves l'arbre généalogique du Dico visuel page 116.

5 Faire deviner des personnages

MÉTHODO

Les élèves vont s'entraîner à parler des liens familiaux selon l'exemple donné. Il peut être utile de les préparer à la formulation correcte des phrases en leur posant au préalable la question répondant à la phrase de l'exemple : « Qui est la sœur de Salomé ? » Écrire au tableau cette question ainsi que la réponse. Entourer en couleur les prépositions « de » pour les mettre en évidence. Faire lire et éventuellement écouter les autres exemples de phrases donnés dans la rubrique « parler des liens familiaux » de la liste de vocabulaire et insister pour que les élèves utilisent bien cette structure lors de la réalisation de l'activité.

Former des groupes de deux. Tour à tour, les élèves font deviner à leur camarade un ou plusieurs membres d'une des deux familles du document (2) sur le modèle de l'exemple.

Mise en commun Demander à des élèves volontaires de proposer une ou plusieurs de leurs devinettes aux autres groupes. Le premier groupe qui trouve la bonne réponse gagne !

SYSTÉMATISATION » n° 5 p. 46-47

6 Repérer des informations sur une affiche

Laisser quelques minutes à la classe pour observer le document (3). Les inviter à nommer ce qu'ils voient : des photos d'enfants/d'adolescents. Leur faire lire la consigne de l'activité et les textes du document. Grâce au titre, leur faire préciser que ce sont des élèves d'une même classe. Leur laisser quelques minutes pour répondre à la question individuellement.

Mise en commun Demander à des élèves volontaires de proposer leur réponse. L'écrire éventuellement au tableau.

Corrigé La différence entre les élèves : ils parlent des langues différentes en famille.

7 Comprendre les détails d'une affiche

Faire lire la consigne et vérifier que les élèves comprennent bien les expressions « à l'école » et « à la maison » à l'aide des dessins proposés. Tracer au tableau deux colonnes intitulées « à l'école » et « à la maison ». Inviter les élèves à les recopier sur leur cahier. Leur laisser quelques minutes pour compléter ces deux colonnes avec les noms des langues données dans le document.

Mise en commun Demander à des élèves volontaires de venir compléter les colonnes au tableau avec leurs réponses. Les inviter à faire des phrases pour les préciser : « Song parle coréen à la maison. » Vérifier la prononciation des noms des langues.

Corrigé À l'école : français (tous) ; À la maison : coréen (Song) ; italien, roumain (Lisa) ; arabe (Younes) ; français (Marion / Lisa, Younes)

Recopier les nouvelles langues découvertes dans cette activité à la suite de celles écrites au tableau depuis le début de la leçon. Les élèves ont ainsi une vision globale de toutes les langues nommées lors de la séance.

SYSTÉMATISATION » n° 1 p. 46

8 Parler de ses différences

MÉTHODO

Cette activité permet de reprendre en production le vocabulaire vu dans la leçon. Avant de la faire réaliser, il peut être utile de proposer une écoute globale de la liste de vocabulaire de la page 39 afin que les élèves se remémorent tous les mots appris ainsi que leur prononciation.

Former des groupes de deux. Les élèves doivent essayer de trouver un maximum de différences entre eux en ce qui concerne leur famille et les langues qu'ils parlent. Leur laisser quelques minutes pour discuter ensemble et repérer puis formuler ces différences. Les inviter à formuler au moins trois ou quatre différences. Leur indiquer qu'ils peuvent s'aider des exemples donnés pour la formulation. Ils peuvent écrire les phrases sur leur cahier si cela peut les aider.

Mise en commun Les binômes prennent tour à tour la parole devant la classe pour parler de leurs différences.

Afin de motiver l'écoute des élèves spectateurs lors de la prise de parole des binômes et de rendre cette restitution plus active, il peut être intéressant d'utiliser une balle « passeuse de parole ». Libérer un espace dans la classe et demander aux élèves de se lever et de former un cercle. Si les élèves sont trop nombreux, faire un cercle d'une dizaine d'élèves dans un premier temps et renouveler l'opération avec d'autres élèves ensuite. L'élève qui reçoit la balle énonce une différence qu'il/elle a constatée lors de la préparation avec son/sa camarade. Puis il/elle lance la balle à un autre élève du cercle qui prend la parole et ainsi de suite.

62 VOCABULAIRE

Faire écouter la liste de vocabulaire à la fin de la leçon si cela n'a pas déjà été fait avant l'activité 8 ou lors des activités précédentes. Voir les conseils page 36.

63 VIRELANGUE

Le son [ɛ̃] comme dans *roumain*

MÉTHODO

Avec ce virelangue, les élèves vont s'entraîner à prononcer une deuxième voyelle nasale, le [ɛ̃]. Leur rappeler qu'ils connaissent déjà la voyelle nasale [ɑ̃], vue dans l'étape 2, et qu'elle se prononce en faisant passer l'air par le nez. Avant de faire écouter et répéter le virelangue, il peut être intéressant de leur faire différencier les deux voyelles nasales [ɑ̃] et [ɛ̃].

Leur faire répéter dans un premier temps le son [ɑ] et le son [e] pour qu'ils observent la différence d'ouverture de bouche de ces deux voyelles. Pour le son [ɑ], la bouche est grande ouverte, en rond. Pour le son [e], la bouche est étirée sur les côtés. Prononcer ensuite les deux voyelles nasales [ɑ̃] et [ɛ̃]. La même ouverture de bouche est à observer pour les sons [ɑ] et [ɑ̃] (bouche grande ouverte) et pour les sons [e] et [ɛ̃] (bouche étirée). Mais, pour les deux voyelles nasales, l'air sort par le nez et non par la bouche lorsque le son est prononcé.
Demander aux élèves de s'entraîner à prononcer plusieurs fois de suite [ɑ]–[ɑ̃] puis [e]–[ɛ̃] et enfin [ɑ̃]–[ɛ̃].
Faire écouter et lire en même temps le virelangue. Laisser les élèves s'entraîner à le répéter individuellement et de plus en plus vite. Les inciter à soigner la prononciation du son [ɛ̃].

Mise en commun Demander à des élèves volontaires de répéter le plus rapidement possible le virelangue devant la classe. Plusieurs élèves peuvent éventuellement le dire ensemble, en harmonisant leur rythme.

SYSTÉMATISATION » n° 6 p. 47

Présentons notre famille

pages 40 et 41

1 Comprendre un arbre généalogique

Inviter les élèves à observer le document et les laisser réagir librement sur ce qu'ils voient. Ils peuvent utiliser les mots qu'ils connaissent pour répondre en français : « un arbre généalogique », « une famille », « des photos », « des parents », « des enfants », « un fils », « une fille », etc. Puis leur faire lire la consigne et leur laisser quelques minutes pour répondre à la question.

Mise en commun Demander à des élèves volontaires de proposer leurs réponses. Les inciter à formuler leurs phases comme dans l'exemple et les écrire au tableau.

Corrigé Paul est le père de Flore, Claire est la mère de Flore. / Paul et Claire sont les parents de Flore. ; Valentin est le frère de Flore.

PROLONGEMENT » Afin de préparer l'activité suivante, il peut être intéressant d'attirer l'attention des élèves sur l'origine d'une partie de la famille de Flore: La Martinique. Leur demander s'ils connaissent ce lieu et les aider à le situer sur un planisphère. Insister sur le fait que la France est également constituée de territoires, de régions et de départements qui ne sont pas situés sur le continent européen. Leur faire éventuellement comparer cette situation avec celle de leur pays: « Est-ce que notre pays est composé de plusieurs territoires ? » Puis leur demander de dire quels membres de la famille de Flore sont de la Martinique afin qu'ils découvrent également le nouveau vocabulaire de la famille : « Les grands-parents, l'oncle, la tante et la cousine de Flore sont de la Martinique. »

INFOS

La Martinique est une île située dans la mer des Caraïbes ; elle est proche de l'Amérique centrale. Elle fait partie des Antilles françaises. Il s'agit d'une collectivité territoriale de la République française ou d'un DROM (Département et Région d'Outre-Mer). Le français est la langue officielle mais une grande partie de la population s'exprime aussi en créole.

2 (64-65) Comprendre un court dialogue et découvrir les adjectifs possessifs

Préciser aux élèves que le dialogue est lié à l'album photos de l'activité 1. Passer une première fois l'enregistrement avant de leur faire lire la consigne et de leur demander de dire qui parle, avec qui et de quoi. Ils vont facilement reconnaître Flore et comprendre qu'elle montre et commente l'arbre généalogique de son album photos (= document de l'activité 1) à un ami. L'activité permet également de faire découvrir aux élèves les adjectifs possessifs. Le support de l'écrit est présent par l'intermédiaire de bulles de texte pour les aider à comprendre et à repérer plus facilement ce point de langue.
Faire lire aux élèves les bulles de couleurs. Leur expliquer qu'elles contiennent des erreurs et qu'ils vont devoir les corriger. Faire écouter une deuxième fois le dialogue et laisser les élèves corriger les phrases sur leur cahier pendant l'écoute. Faire écouter une troisième fois si nécessaire.

Mise en commun Demander à des élèves volontaires de donner leurs réponses. Proposer une écoute fractionnée en version lente pour validation. Écrire au tableau les phrases corrigées en entier, elles serviront pour la découverte des adjectifs possessifs.

Corrigé **a** Ils sont français ? ; **b** Tes grands-parents habitent à la Martinique ? ; **c** Oui, et mon oncle et ma tante aussi. Avec leur fille. ; **d** Mais j'ai une super cousine ! ; **e** Non, mais j'adore mon frère !

(66) TABLEAU DE GRAMMAIRE

Les adjectifs possessifs

Avant de regarder le tableau des adjectifs possessifs, il est important d'essayer d'en faire comprendre aux élèves la signification et l'emploi par l'observation. Leur demander de reprendre l'album photo de l'activité 1 et attirer leur attention sur les expressions suivantes : « Mes grands-parents de la Martinique », « Mon oncle et ma tante de la Martinique » et « Ma super cousine ». Les écrire au tableau.

Pour aider les élèves à comprendre la différence entre « mon », « ma » et « mes », les entourer de trois couleurs différentes dans les expressions de l'activité 1. Expliquer aux élèves qu'on les utilise pour désigner ce qui appartient à la personne «je», ici, Flore. Dessiner une flèche qui relie chacun de ces quatre adjectifs possessifs au nom qui le suit : entre «mes» et «grands-parents», entre «mon» et «oncle» et entre «ma» et «tante» et «ma» et «cousine». Souligner les quatre noms de la même couleur que l'adjectif possessif correspondant. Les élèves vont ainsi facilement comprendre que, devant un nom masculin singulier, on utilise « mon », devant un nom féminin singulier, on utilise « ma » et devant un nom pluriel, on utilise « mes ».

Inviter ensuite les élèves à regarder les phrases b, c et e écrites au tableau lors de l'activité 2. Leur demander de repérer d'autres adjectifs possessifs

>>>

>>>

(« tes » et « leur ») et d'essayer d'expliquer leur signification et leur emploi. « Tes » désigne ce qui appartient à la personne « tu », il est suivi d'un nom pluriel. « Leur » désigne ce qui appartient aux personnes « ils » ou « elles », il est suivi d'un nom singulier. Utiliser le même code couleur que précédemment pour entourer, souligner et relier par des flèches les adjectifs possessifs et les noms qui les suivent. Une fois ce repérage effectué, les élèves peuvent lire et écouter le tableau des adjectifs possessifs. Leur faire repérer ceux qu'ils ne connaissent pas encore. Leur faire remarquer qu'il y a trois adjectifs possessifs différents pour les personnes du singulier et seulement deux pour les personnes du pluriel. Faire observer l'exception : l'utilisation de « mon », « ton » et « son » devant un nom féminin qui commence par une voyelle (ou un *h* dans certains cas).

Pour la présentation de ce point de langue au tableau et dans les cahiers des élèves, utiliser le même code couleur que lors de l'explication, en différenciant les adjectifs possessifs masculin singulier, féminin singulier, singulier et pluriel et en les reliant par des flèches aux noms qui les suivent.

SYSTÉMATISATION » n° 2 et 7 p. 46-47

3 S'entraîner à utiliser les adjectifs possessifs « son », « sa », « ses » et « leur(s) »

Former des groupes de deux. Chaque élève prépare deux questions à poser à son/sa camarade sur la famille de Flore. Les inviter à se conformer au modèle de question donné dans l'exemple afin qu'il soit possible pour l'élève qui répond d'utiliser un adjectif possessif.

Mise en commun Chacun à leur tour, les élèves de chaque groupe posent aux autres groupes une question parmi celles qu'ils ont posées à leur camarade. Le groupe qui répond correctement en premier gagne un point !

Corrigé *Exemples de questions/réponses :* Est-ce que Marie est la sœur de Flore ? / Non, c'est sa cousine. ; Est-ce que Léontine et Jacques sont les parents de Claire et Mathieu ? / Oui, ce sont leurs parents. ; Est-ce que Cécile et la mère de Flore ? / Non, c'est sa tante.

4 (64-65) Approfondir la compréhension orale et repérer la négation « pas de »

Faire lire la consigne et les propositions de réponses aux élèves puis réécouter l'enregistrement de l'activité 2. Indiquer aux élèves qu'ils doivent surtout se concentrer sur la fin du dialogue pour repérer ce que Flore n'a pas. Leur laisser quelques minutes après l'écoute pour choisir leurs réponses.

Mise en commun Demander à des élèves volontaires de proposer leurs réponses. Faire écouter une dernière fois la fin du dialogue pour vérification et écrire au tableau les phrases complètes de réponses. Demander aux élèves d'observer la négation dans ces deux phrases et de dire ce qu'ils remarquent de particulier. Ils ont vu la négation « ne/n'... pas + le/la/l'/les » dans l'étape précédente et vont donc facilement repérer que « pas » est suivi de « de » ou « d' » dans ces phrases.

Corrigé **b** Flore n'a pas de sœur. ; **f** Flore n'a pas de cousin.

(67) TABLEAU DE COMMUNICATION

Pour exprimer la négation

Grâce à l'activité précédente, les élèves ont découvert qu'il existe deux manières de formuler la négation : avec « ne/n'... pas + article défini » ou avec « ne/n'... pas de/d' ». Faire écouter et lire les phrases du tableau. Laisser quelques minutes aux élèves pour réfléchir à la question suivante : « Dans quel(s) cas on utilise "pas de/d'" dans une phrase négative ? ». Pour les aider, écrire au tableau un exemple de ce type : « J'aime le rap. → Je n'aime pas le rap. » et leur demander de comparer ces phrases avec celles du tableau. Ils vont facilement remarquer que c'est l'article indéfini (« un », « une », « des ») ou l'expression de la quantité (« deux », etc.) devant le nom de la phrase affirmative qui se transforme en « de » ou « d' » (devant une voyelle) à la forme négative.

Reprendre au tableau et faire noter dans les cahiers deux couples de phrases : « J'aime le rap. → Je n'aime pas le rap. » et « J'ai un/deux/des frère(s). → Je n'ai pas de frère. » Pour mettre en évidence la différence d'emploi, entourer ou souligner d'une couleur l'article défini et la négation « pas + article défini » et d'une autre les articles indéfinis ou l'expression de quantité et la négation « pas de ». Les couleurs aideront les élèves à visualiser plus rapidement les différences.

SYSTÉMATISATION » n° 8 p. 47

5 S'entraîner à utiliser la négation « pas de » et à réemployer le vocabulaire de la famille

Former des groupes de deux. Les élèves doivent parler ensemble de la composition de leur famille. Les inviter à formuler des phrases sur le modèle proposé afin qu'ils réutilisent la négation avec « pas de » autant que possible. Leur laisser quelques minutes pour discuter librement et passer parmi les groupes pour vérifier le bon déroulement de l'activité.

Mise en commun Demander à des élèves volontaires de présenter la famille de leur camarade à partir des informations qu'ils ont retenues. Veiller à la formulation des phrases sur ce modèle : « Tom a deux frères, il n'a pas de sœur. Il a deux oncles et deux tantes. Il n'a pas de cousin. »

PROLONGEMENT » Afin de proposer une activité ludique et en mouvement pour le réemploi de ce point de langue, demander aux élèves de trouver dans la classe deux camarades qui ont une ressemblance avec eux-mêmes : pas de frère, pas de sœur, pas de cousin, pas de cousine ou pas d'oncle, de tante, etc. Les laisser se déplacer dans un espace libéré de la classe pour interroger leur camarades : « Je n'ai pas de frère, et toi ? ». Les premiers élèves à avoir constitué un groupe de trois avec une ressemblance commune gagnent !

6 Comprendre une autre page d'album photo et découvrir l'accord des adjectifs

Avant de faire lire la consigne, laisser quelques minutes aux élèves pour observer le document. Leur demander de dire de quoi il s'agit et de s'exprimer sur ce qu'ils voient. Ils vont reconnaître une autre page de l'album photo de Flore et repérer que cette page est consacrée à sa cousine Marie.
Faire lire la consigne et le texte individuellement. Aider éventuellement les élèves à bien comprendre la question posée en leur précisant qu'ils doivent faire la description de Marie. Leur laisser quelques minutes pour trouver les informations nécessaires dans le document.

Mise en commun Demander à des élèves volontaires de proposer leurs réponses. Écrire au tableau les phrases : « Marie est belle. » / « Elle est drôle. » / « Elle est grande. » et éventuellement « Elle est importante pour Flore. » Souligner ou entourer les adjectifs et s'assurer que les élèves ont bien compris leur signification. Leur expliquer qu'il s'agit d'adjectifs qualificatifs et qu'ils servent à donner une information sur un nom (ici une personne).

Corrigé Marie est belle, drôle, grande, (importante pour Flore).

68 **TABLEAU DE GRAMMAIRE**

L'accord des adjectifs

Faire écouter et lire en même temps le tableau. Demander aux élèves combien de formes différentes ils remarquent pour chaque adjectif (quatre ou deux). Cette question a pour but de leur faire repérer par eux-mêmes que les adjectifs s'accordent en genre (masculin ou féminin) et en nombre (singulier ou pluriel) avec le nom auquel ils se rapportent. Leur faire repérer la marque principale du féminin (le « e ») et celle du pluriel (le « s »). Leur demander de trouver une exception : « beau » a un féminin différent, « belle ». Il prend un « x » et non un « s » au masculin pluriel. Faire également remarquer que les adjectifs qui se terminent par un « e » au masculin, comme « drôle », ne changent pas au féminin.

Passer une deuxième fois l'enregistrement du tableau et demander aux élèves de bien écouter la prononciation des adjectifs au masculin, au féminin et au pluriel. Insister sur le fait qu'on ne prononce pas les consonnes finales pour les adjectifs au masculin singulier ni les « s » ou les « x » au pluriel.

Pour aider les élèves à visualiser rapidement les changements au féminin et au pluriel des adjectifs, écrire d'une couleur les « e » finaux du féminin (ou les formes irrégulières) et d'une autre couleur les « s » ou les « x » du pluriel au tableau. Conserver ce code couleur pendant les quelques leçons qui suivent celle-ci.
Pour aller plus loin, demander aux élèves de chercher d'autres adjectifs dans le document de l'activité 6 et les inviter à les classer dans le tableau de grammaire. Ils peuvent ensuite déduire et compléter leurs autres formes en fonction de ce qu'ils ont observé précédemment. Faire la même chose au tableau en respectant le code couleur utilisé juste avant. Le tableau de l'accord des adjectifs sera donc complété avec les formes suivantes :
« nouveau / nouvelle / nouveaux / nouvelles » ; « petit / petite / petits / petites » ; « différent / différente / différents / différentes ».

SYSTÉMATISATION » n° 9 p. 47

7 S'entraîner à réutiliser les adjectifs et à les accorder

Faire lire la consigne aux élèves et leur laisser quelques minutes pour écrire individuellement un petit texte présentant un membre de leur famille. Insister pour qu'ils utilisent le maximum d'adjectifs vus précédemment et qu'ils fassent attention à bien les accorder. Le texte de chacun doit être court, composé de trois ou quatre phrases maximum.

Mise en commun Proposer aux élèves de se co-corriger par groupe de deux. Ils peuvent ensuite présenter le membre de leur famille à la classe.

VARIANTE » Pour une mise en commun un peu plus ludique, ramasser les textes des élèves pour les corriger et leur demander d'apporter, pour la séance suivante, une photo du membre de leur famille qu'ils ont présenté. Lors de cette prochaine séance, demander aux élèves de venir accrocher leur photo au tableau. Distribuer les textes corrigés aux élèves et leur demander de les lire chacun à leur tour devant leurs camarades. La classe essaie de retrouver la photo correspondante au tableau.

8 Action ! Créer un page d'album de famille d'une personne célèbre et la présenter

MÉTHODO

Cette activité requiert un peu de matériel et de manipulation. Demander aux élèves, lors de la séance précédente, d'apporter des photos de personnalités de leur choix et également des magazines qu'ils peuvent découper. En apporter aussi pour eux pour qu'ils aient un maximum de choix. Leur faire prévoir de la colle, des ciseaux, des feutres et une grande feuille de papier à dessin.

Pour ce type d'activité créative, il est important d'inciter les élèves à faire une création dont ils soient fiers même si elle est fabriquée avec les moyens qu'ils ont à leur disposition. La mise en œuvre des aptitudes artistiques de certains et l'activité manuelle participent à l'ancrage dans la durée des contenus linguistiques réutilisés lors de l'activité.

Demander à la classe de mettre en commun les magazines et les photos qu'ils ont apportés pour que cela puisse profiter à tout le monde. Former des petits groupes de quatre ou cinq et leur faire lire la consigne. Ils peuvent venir choisir parmi les photos mises en commun la personnalité qu'ils préfèrent ainsi que des magazines pour créer leur page d'album. Leur expliquer qu'ils vont créer un album de famille fictif, avec de fausses photos et en inventant la famille de la célébrité choisie. Ils pourront ainsi laisser libre court à leur imagination, ce qui rendra le résultat plus amusant.
Leur laisser du temps pour réaliser leur page d'album composée de photos et de textes explicatifs. Leur indiquer qu'ils peuvent, par exemple, faire un arbre généalogique indiquant les liens entre les membres de la famille et ajouter des petites phrases qui décrivent les personnes.
Passer parmi les groupes pour aider les élèves et corriger les textes. Prévoir de réserver quelques minutes en fin de cours pour la mise en commun.

Mise en commun Une fois leur page d'album réalisée, les élèves viennent l'accrocher dans la classe. Libérer un espace sur un mur pour cela. Chaque groupe vient ensuite regarder les créations des autres et vote pour celle qu'il préfère (mais pas pour la sienne). Lors du vote, demander aux groupes d'expliquer les raisons de leur choix : c'est original, beau, drôle, etc.

69 VOCABULAIRE

Voir p. 36 de ce guide.

LEÇON 3 Parlons de notre nationalité

pages 42 et 43

1 (70) Comprendre de courtes interventions orales et découvrir des adjectifs de nationalité

Avant de lire la consigne, faire observer le document. Demander aux élèves de s'exprimer sur ce qu'ils voient. Les inciter à nommer le type de document : un site Internet pour se faire des amis dans le monde. Expliquer si nécessaire que « copains » est synonyme de « amis ». Leur poser la question : « Quelle est la différence entre les ados en photo ? » afin qu'ils repèrent bien qu'ils ont des nationalités différentes. Ils peuvent nommer ces nationalités ; dans ce cas, les aider pour la prononciation. Ils n'auront pas de problème de compréhension car les adjectifs de nationalité sont transparents dans beaucoup de langues.
Puis faire lire la consigne et demander aux élèves de déduire le sens du mot « correspondants ». Ils vont facilement deviner que les correspondants sont des « copains du monde », des amis d'une autre nationalité avec qui on échange par écrit notamment. Leur demander s'ils ont eux-mêmes un(e) ou des correspondant(es) d'une autre nationalité.

Faire écouter une première fois l'enregistrement. Leur demander d'écrire sur leur cahier les prénoms des ados qui parlent et la ou les nationalités de leur(s) correspondant(es). Puis leur laisser quelques minutes pour associer les correspondants entre eux à l'aide du document de leur livre. Proposer une deuxième écoute si nécessaire.

Mise en commun Demander à des élèves volontaires de donner leurs réponses. Faire réécouter de manière fractionnée pour vérification et écrire les phrases de réponse au tableau. Entourer ou souligner les adjectifs de nationalité pour les mettre en évidence.

Corrigé **a** Aiko a un correspondant chinois, c'est Lei. **b** Chryssa a une correspondante russe, c'est Ania. **c** Markus a un correspondant ivoirien, c'est Kamil et une correspondante mexicaine, c'est Maia.

TABLEAU DE GRAMMAIRE

71

Les adjectifs de nationalité

MÉTHODO

Grâce à l'activité précédente, les élèves ont découvert quelques adjectifs de nationalité. Ils vont les retrouver dans ce tableau qui met en évidence les principales terminaisons de ces adjectifs et leurs transformations au féminin et au pluriel. Ce tableau pourra servir de « modèle » aux élèves pour accorder d'autres adjectifs de nationalité.

Faire écouter et lire le tableau en même temps. Les élèves peuvent s'entraîner à répéter les adjectifs au masculin et au féminin afin de préparer l'activité de phonétique qui suit.

Pour copier au tableau et faire recopier les adjectifs dans les cahiers, choisir deux couleurs pour noter les terminaisons du masculin et du féminin. Ajouter un « s » entre parenthèses à côté de chaque forme pour signifier le pluriel (sauf pour « chinois » et « japonais »).

SYSTÉMATISATION » n° 3 et 10 p. 46-47

PHONÉTIQUE

72

La prononciation des adjectifs de nationalité

Faire écouter une deuxième fois les adjectifs du tableau et demander aux élèves de se concentrer sur leur prononciation au masculin et au féminin. Pendant l'écoute, les inviter à lever la main quand ils entendent une différence de prononciation.

Corrigé On entend une différence de prononciation pour : mexicain / mexicaine ; chinois / chinoise ; japonais / japonaise ; ivoirien / ivoirienne ; allemand / allemande.

SYSTÉMATISATION » n° 11 p. 47

2 Parler de sa/ses nationalité(s), de ses origines

Avant de faire lire la consigne aux élèves, leur rappeler qu'ils ont déjà dessiné les drapeaux de leurs origines et évoqué les langues qu'ils parlent lors du travail sur la page d'ouverture. Ils vont maintenant devoir utiliser les adjectifs de nationalité.

Puis leur donner trois modèles de phrases qu'ils peuvent produire : « Je suis italien. » / « Je suis d'origine italienne (par mes parents, par mon grand-père). » / « Mon grand-père est italien. »

Indiquer aux élèves qui n'auraient pas d'origine étrangère qu'ils peuvent également participer en proposant différents types de réponses. Par exemple, si la classe a lieu en Espagne : « Je suis espagnol. » / « Mes parents sont espagnols. » / « Toute ma famille est d'origine espagnole. »

Leur laisser quelques minutes pour réfléchir et formuler dans leur tête les adjectifs de nationalité qu'ils vont utiliser pour répondre.

Mise en commun Il est possible de laisser les élèves prendre la parole librement ou de choisir de leur passer la parole d'une manière plus cadrée. Pour cette deuxième option, il peut être pratique et amusant d'utiliser une balle « passeuse de parole ». Dans ce cas, suivre les conseils donnés pour l'activité 8 de la leçon 1 p. 64.

3 Découvrir les couleurs et décrire des drapeaux

Inviter d'abord les élèves à regarder la palette de couleurs du Dico visuel de la page 116 et leur faire écouter les noms des couleurs à partir de la liste de vocabulaire page 43.

Ensuite, leur demander éventuellement de dire quelle(s) est/sont leur(s) couleur(s) préférée(s) afin qu'ils s'entraînent à les prononcer.

Pendant l'activité, les élèves peuvent écrire, sur le modèle donné, une phrase pour chaque drapeau sur leur cahier.

VARIANTE » Pour que l'activité ne soit pas trop longue, il est possible de répartir les différents drapeaux entre différents groupes d'élèves. Chaque groupe décrit un ou deux drapeaux qui lui est ou sont désigné(s).

Mise en commun Demander à des élèves volontaires de venir écrire au tableau la description des couleurs d'un drapeau.

Corrigé Le drapeau ivoirien est orange, blanc et vert. Le drapeau mexicain est vert, blanc et rouge. Le drapeau allemand est noir, rouge et jaune. Le drapeau grec est bleu et blanc. Le drapeau russe est blanc, bleu et rouge. Le drapeau japonais est rouge et blanc. Le drapeau chinois est rouge et jaune.

SYSTÉMATISATION » n°4 p. 46

4 Décrire le drapeau de son pays

Cette activité prolonge la précédente. Il est possible de la faire à l'oral, en interrogeant des volontaires à partir des drapeaux dessinés précédemment.

PROLONGEMENT » Pour continuer ou complexifier cette activité, réutiliser les drapeaux dessinés par les élèves et affichés dans la classe lors de l'activité 2, page 37. Demander aux élèves de se remémorer à quelle nationalité correspond chaque drapeau. Ils peuvent s'aider du tableau des nationalités pour les formuler en français s'ils ne les ont pas vues dans les activités précédentes. Écrire ces nationalités au tableau, dans le même ordre que les drapeaux dessinés sur l'affiche. Former des groupes de trois ou quatre et leur demander de choisir un drapeau. Leur laisser quelques minutes pour décrire ses couleurs. Puis inviter un porte-parole de chaque groupe à donner la description de son drapeau.

Les autres groupes devinent de quel drapeau il s'agit et formulent des phrases selon ce modèle : « C'est le drapeau italien ! »

5 Comprendre des témoignages et découvrir les pronoms toniques

MÉTHODO

Cette activité doit se faire en deux temps : une première phase de compréhension globale et une deuxième phase de compréhension ayant pour but le repérage des pronoms toniques. Bien marquer ces deux étapes pour laisser le temps aux élèves de s'entraîner à la compréhension écrite.

Avant de faire lire le texte aux élèves, leur demander de dire de quel type de document il s'agit. Ils vont facilement reconnaître une autre page du site Internet de Copains du monde, découvert précédemment. Attirer leur attention sur le mot « témoignages » et leur en expliquer le sens si besoin : « Je fais un témoignage quand je parle de moi, de mon expérience ». Leur faire repérer le nom des deux ados qui témoignent : Romane et Antonin. Les inviter à faire des hypothèses sur le contenu des témoignages.

Puis leur demander de lire le texte et de vérifier leurs hypothèses : Romane et Antonin parlent de leur(s) correspondant(s). Répondre ensemble à la consigne a.
Faire lire la consigne b et laisser quelques minutes aux élèves pour relire le document et y répondre.

Mise en commun Demander à des élèves volontaires de proposer leurs réponses. Pour la consigne b, les inciter à se justifier en citant les phrases du texte afin de faire repérer les pronoms toniques. Écrire ces phrases au tableau et souligner les pronoms toniques « elle » et « eux ». Demander aux élèves de dire à quelles personnes ils correspondent : « Elle », c'est la correspondante mexicaine de Romane et « eux », ce sont les correspondants de Romain.

Corrigé **a** Romane a une correspondante mexicaine. Antonin a un correspondant chinois et un correspondant turc. ; **b** Romane : « Avec elle, je parle espagnol ». Antonin : « Je parle anglais avec eux ».

73 TABLEAU DE GRAMMAIRE

Les pronoms toniques

MÉTHODO

Les élèves ont découvert deux pronoms toniques grâce à l'activité précédente. Pour les aider à en comprendre la signification et l'emploi, il peut être intéressant de les leur faire comparer aux pronoms personnels sujets. Leur laisser un peu de temps pour réfléchir à cette question : « Quels autres pronoms connaissez-vous ? » Les aider à nommer les pronoms personnels « je », « tu », « il », « elle », « nous », « vous », « ils », « elles » et à se rappeler que les pronoms personnels sujets s'utilisent systématiquement devant un verbe.

Faire lire et écouter le tableau des pronoms toniques. Inviter les élèves à les comparer avec les pronoms personnels sujets et à trouver les correspondances de personnes (« je »/« moi », « tu »/« toi », etc.).
Leur demander de retrouver tous les pronoms toniques présents dans le document de l'activité 5 et d'observer leur place dans les phrases (« avec elle », « de nous », « moi », « avec eux », « pour eux », « pour moi »). Ce repérage a pour but de leur faire remarquer que les pronoms toniques s'utilisent soit après une préposition (« avec », « de/d' » et « pour », par exemple dans le texte), soit seuls, ni précédés d'une préposition, ni suivis d'un verbe. Leur rappeler éventuellement qu'ils ont déjà vu et utilisé les pronoms « moi » et « toi » dans l'étape 1, dans des formules pour se présenter : « Je m'appelle X, et toi ? » ; « Moi, c'est Y. »

Pour la présentation de ce point de langue au tableau, écrire les pronoms toniques et les pronoms personnels sujets en deux colonnes en prenant soin de bien mettre sur la même ligne les pronoms correspondants (par exemple « je » et « moi » / « tu » et « toi », etc.). Ajouter « + verbe » à droite dans la colonne des pronoms personnels et « + préposition » à gauche dans celle des pronoms toniques. Les élèves auront ainsi une vision globale des deux types de pronoms et auront moins tendance à les confondre. Souligner ou mettre en couleur les pronoms « moi », « toi », « lui » et « eux » pour mettre en évidence le fait qu'ils sont différents des pronoms personnels correspondants.

SYSTÉMATISATION >> n° 12 p. 47

6 Approfondir la compréhension et découvrir le pronom « on »

Laisser quelques minutes aux élèves pour relire les témoignages de l'activité 5 et répondre à la question.

Mise en commun Demander à des volontaires de citer les phrases du texte pour répondre et écrire ces phrases au tableau. Souligner le pronom « on » dans chacune d'elles.

Corrigé Romane : « On parle de nos différences, de nos familles. ». Antonin : « On parle de la vie, de l'école, de la maison… »

74 TABLEAU DE GRAMMAIRE

Le pronom *on*

Demander aux élèves d'observer les phrases de réponses écrites au tableau lors de l'activité précédente. Les inviter à faire des hypothèses sur la signification du pronom « on ». Ils vont facilement

>>>

>>>

comprendre que « on » renvoie à Romane et sa correspondante ou à Antonin et ses correspondants et qu'il signifie « nous ». Leur expliquer qu'en français, on utilise plus couramment le pronom « on » à l'oral pour parler de « nous ». Bien faire remarquer que même si ces deux pronoms ont la même signification, la forme du verbe qui les suit est différente : le pronom « on » est en effet considéré comme une troisième personne du singulier et non comme une première personne du pluriel.

Écrire au tableau quelques exemples à partir des phrases du document de l'activité 5 pour bien faire comprendre la correspondance entre « on » et « nous » et souligner de deux couleurs différentes les terminaisons des formes verbales : « On parl**e** de nos différences = Nous parl**ons** de nos différences. » ; « On échang**e** des photos de nous. = Nous échang**eons** des photos de nous. » ; « On parl**e** de la vie = Nous parl**ons** de la vie. »

SYSTÉMATISATION » n° 13 p. 47

7 Action! Écrire un témoignage pour parler de ses correspondants

MÉTHODO

Il peut être intéressant de réaliser cette activité en deux temps, avec une phase de production individuelle suivie d'une phase de mise en commun interactive. Cette dernière phase motivera les élèves à écouter leurs camarades lire leur production.

Guider les élèves dans la compréhension de la consigne : ils doivent choisir un ou deux correspondants parmi les ados de l'activité 1 et écrire un témoignage sur le modèle de ceux de l'activité 5.
Les inviter à réutiliser les adjectifs de nationalité, les pronoms toniques et le pronom « on » dans leur texte. Pendant cette phase de travail en autonomie, passer dans les rangs pour guider et corriger si nécessaire.

Mise en commun Demander tour à tour aux élèves de venir au tableau et de lire leur témoignage. Inviter les élèves auditeurs à bien écouter car des questions vont leur être posées une fois le témoignage lu. Utiliser une balle pour poser les questions : la lancer à un élève au hasard dans la classe et poser une question. Si l'élève y répond correctement, il marque un point. S'il ne répond pas correctement, la balle est lancée à un autre élève. Veiller à lancer la balle à des élèves différents à chaque séance de questions pour faire participer tout le monde. Les questions posées peuvent être les suivantes : « Comment s'appelle(nt) son/ses correspondant(s) ? Quelle(s) langue(s) il/elle parle avec son ou ses correspondant(s) ? De quoi ils parlent ensemble ? »
Les élèves qui ont marqué des points font le total. On élit l'auditeur le plus attentif de la classe.

Mon COURS d'ECM

Cette activité étant indépendante (quoique en lien avec la thématique), elle peut être réalisée à différents moments de la leçon ou à la fin, avant ou après la micro-tâche « Action ! ».
Faire lire la consigne et aider les élèves à comprendre les mots « respect » et « différence ». Leur faire lire les bulles de texte et leur laisser quelques minutes pour retrouver les attitudes qui respectent la différence.

Mise en commun Demander à des volontaires de proposer leurs réponses. Reprendre avec eux les différentes attitudes présentées dans chaque bulle pour repérer de quel type de différence on parle. Dans la bulle a, on parle de la différence culturelle, dans la b, de la différence d'origine ou de nationalité, dans la c, de la différence de sexe et, dans la d, de la différence de langue. Prendre éventuellement quelques minutes pour discuter avec la classe de ces 4 types de différences et parler des expériences de chacun à ce sujet.

Corrigé Le respect de la différence = a et d.

75 VOCABULAIRE

Voir les conseils p. 36 de ce guide.

CULTURES

pages 44 et 45

INFOS

L'apprentissage des langues est obligatoire à l'école en France. Les élèves apprennent une première langue vivante dès l'école primaire (= LV1 : en général l'anglais) et continuent obligatoirement cette langue au collège et au lycée. Ils choisissent également au minimum une autre langue (= LV2 ; en général, l'espagnol, l'allemand, l'italien ou le chinois) au collège qu'ils peuvent continuer à apprendre jusqu'en fin de lycée.
Une grande partie du **français** a pour origine le latin (80 % des mots). Le français a également beaucoup emprunté au grec depuis l'époque de la Renaissance pour les mots savants ou les néologismes, notamment. Le vocabulaire s'est également enrichi au fil de l'Histoire de mots empruntés à d'autres langues. Ces mots ont voyagé avec le commerce et les échanges, se sont transformés et ont été adoptés en français. Voilà pourquoi on retrouve des mots italiens, allemands, espagnols, arabes, etc. et surtout anglais en français.

1 Faire lire la question et laisser les élèves s'exprimer librement pour y répondre. Ils auront peut-être des avis et des données différents sur les langues étrangères étudiées à l'école dans leur pays si, par exemple, l'apprentissage des langues n'est pas le même selon les régions ou les collèges.
Puis, afin de préparer la lecture du document, leur demander de faire des hypothèses sur les langues étrangères qu'apprennent les collégiens français.

2 Demander aux élèves d'observer le document et de dire de quoi il s'agit : un article sur les Français et les langues étrangères.
Leur laisser quelques minutes pour lire les informations sur le document et répondre aux questions. Ils peuvent alors comparer les informations données dans l'article avec les hypothèses qu'ils ont faites précédemment sur les langues apprises par les collégiens français.

Corrigé **a** Les adolescents français étudient deux langues étrangères à l'école : la LV1 et la LV2. ;
b Ils ne sont pas très bons en langues étrangères : seulement 14 % parlent bien la LV1 et 11 % parlent bien la LV2. ; **c** Oui : 13 % du vocabulaire français est d'origine étrangère.

3 Attirer l'attention des élèves sur les 6 mots d'origine étrangère donnés dans l'article (en bas à droite). Leur demander de faire des hypothèses sur leur origine. Puis leur faire vérifier leurs hypothèses grâce aux indices.

Corrigé le chocolat : origine espagnole (e) ;
un chiffre : origine arabe (a) ; un groupe : origine italienne (f) ; un bus : origine anglaise (b) ;
un avatar : vient du sanskrit (d) ; un accordéon : origine allemande (c)

PROLONGEMENT » Demander aux élèves s'ils connaissent d'autres mots d'origine étrangère utilisés en français. Leur laisser quelques minutes pour réfléchir et chercher éventuellement dans leur livre. Ils vont facilement trouver des mots d'origine anglaise comme « mail », « rap », « rock », « pop », « sandwich », etc.

4 Former des groupes de trois ou quatre et demander aux élèves de faire une liste de mots d'origine étrangère utilisés dans leur langue. Leur laisser quelques minutes pour cela. Ils peuvent chercher dans des dictionnaires ou sur Internet s'ils ont ces outils à disposition.

Mise en commun Désigner un porte-parole pour présenter la liste de mots de chaque groupe. Il les écrit au tableau. Les porte-parole des autres groupes viennent y ajouter les autres mots qu'ils ont trouvés.

VARIANTE » Demander aux élèves de chercher s'il existe des mots empruntés au français dans leur langue. En faire une liste spécifique et l'afficher dans la classe.

ENSEMBLE POUR...

présenter la classe à des collégiens français

1 Après la lecture collective des étapes de réalisation de la tâche, former des petits groupes de trois ou quatre. Inviter les élèves à écrire la présentation de leur classe sur une feuille (et non sur leur cahier). Ils peuvent suivre le modèle proposé en exemple.

2 Puis, individuellement, chaque élève écrit un petit texte pour se présenter sur une autre feuille. Il dit son prénom, sa nationalité ou ses origines, les langues qu'il parle et explique éventuellement ce qu'il aime ou n'aime pas. Chaque membre du groupe lit chaque texte et tous se co-corrigent. Passer parmi les groupes pour aider ou guider.

3 Les groupes viennent présenter leur travail devant la classe. Les autres utilisent leur grille pour évaluer les présentations.

4 Après avoir écouté tous les textes de présentation générale, chaque élève vote pour celui qu'il/elle préfère (mais pas le sien). Celui qui remporte le plus de suffrages est choisi.
Puis, la classe décide ensemble comment elle va se présenter à des collégiens français. En fonction des moyens à disposition, les élèves peuvent réaliser par exemple une affiche avec leurs photos et leurs textes

ou une vidéo dans laquelle un élève présente la classe et chaque élève se présente individuellement…

Co-évaluation LA CLASSE DONNE SON AVIS SUR…

Avant l'étape 3 de la tâche, distribuer une copie de la grille ci-après par groupe. Expliquer aux élèves les différents critères à évaluer pour chaque présentation.
Pendant ou après la présentation de chaque groupe, les élèves cochent la case correspondante pour chaque critère. Ils peuvent utiliser la même grille pour évaluer plusieurs groupes en cochant avec des couleurs différentes pour chaque groupe.
Après chaque présentation, mettre en commun les évaluations. Voir les conseils p. 44. (cf. co-évaluation de l'étape 1).

Donne ton avis…	+++	++	+
Le texte de présentation générale de la classe est…			
bien écrit			
original			
Les textes individuels sont…			
bien écrits			
originaux			

VIDÉO SÉQUENCE 3

→ Fiches d'exploitation sur enseigner.tv5monde.com

Entraînement

pages 46 et 47

Entraînons-nous

1 ▸ Les langues du monde

Demander aux élèves d'écrire individuellement leurs réponses sur leur cahier et le premier qui a fini dit : « Stop ». Ils comparent ensuite leurs réponses. Celui qui a trouvé le plus de noms de langues corrects gagne.
La mise en commun avec la classe n'est pas nécessaire pour cette activité. Les élèves peuvent vérifier leurs réponses à l'aide de la liste de vocabulaire de la leçon 1 p. 39.

Corrigé ang → l'anglais ; esp → l'espagnol ; ara → l'arabe ; ita → l'italien ; chi → le chinois

2 ▸ La famille (2) / Les adjectifs possessifs

Cette activité de questions/réponses est à faire en autonomie par les élèves. Elle ne nécessite pas d'intervention du professeur ni de correction collective.
Les inciter à formuler leurs phrases comme dans les exemples afin qu'ils puissent réemployer les adjectifs possessifs. Passer parmi les groupes pour vérifier le bon déroulement de l'activité.

3 ▸ Les adjectifs de nationalité

Pour cette activité, les élèves vont devoir bouger. Libérer un espace dans la classe pour cela. Avant de les faire se lever, faire lire la consigne et les exemples aux élèves et leur demander de choisir une nationalité dans la liste.
Puis, les laisser se déplacer librement et échanger avec leurs camarades pour retrouver ceux qui ont choisi la même nationalité qu'eux. Lorsqu'ils ont interrogé tous leurs camarades, ils doivent former des petits groupes par nationalité.

VARIANTE » Pour corser l'activité, utiliser un sablier ou un chronomètre pour que les élèves réalisent l'activité en un temps limité. Afin que toutes les nationalités soient représentées par le même nombre d'élèves, désigner sa nationalité à chaque élève (en lui distribuant un petit papier, par exemple). Le groupe qui réussit à regrouper le plus de camarades de la même nationalité dans le temps imparti gagne.

4 ▸ Les couleurs

MÉTHODO

Cette activité est autocorrective car les élèves ne peuvent deviner un drapeau que si ses couleurs ont été correctement décrites. Elle ne nécessite donc pas de mise en commun.

Former des groupes de deux. Les élèves peuvent faire deviner plusieurs drapeaux chacun pour faire durer l'activité un peu plus longtemps.

Corrigé **a** Le drapeau est bleu et jaune. ;
b Le drapeau est rouge, blanc, vert, noir, jaune et bleu. ;
c Le drapeau est vert, jaune, noir et bleu. ;
d le drapeau est vert, jaune, bleu et blanc. ;
e Le drapeau est orange, blanc, vert et bleu. ;
f Le drapeau est rouge et vert.

Entraîne-toi

5 ▸ La famille (1)

Mise en commun Demander aux élèves de justifier les réponses fausses.

Corrigé **a** Faux, il a trois fils : Étienne, Hugo et Jules. ; **b** Vrai. ; **c** Faux, il a deux sœurs : Camille et Clémence. ; **d** Faux, Catherine est la mère d'Hugo, Jules et Étienne. ; **e** Vrai. ; **f** Vrai.

6 ▸ Phonétique. Le son [ɛ̃]

Cette activité est à faire à l'oral. La proposer de préférence en classe. Prononcer le mot « copain » en insistant sur le son [ɛ̃] pour donner aux élèves le son de référence pour faire l'exercice. Les laisser ensuite s'entraîner à dire les mots à voix haute.

Mise en commun Des élèves volontaires prononcent chaque mot avant de donner leur réponse. Corriger si nécessaire.

Corrigé a ; c ; d ; f

PROLONGEMENT » Constituer une liste d'autres mots contenant ou non le son [ɛ̃] et les lire à la classe. Les élèves lèvent la main quand ils entendent ce son.

7 ▸ Les adjectifs possessifs

MÉTHODO

Pour aider les élèves avec ce point de grammaire difficile, leur conseiller de recopier les phrases sur leur cahier avant de faire l'exercice. Leur dire d'entourer la personne concernée par l'appartenance (par exemple : « Sophie » pour la phrase a, « ma sœur et moi » pour la phrase b, etc.). Puis, leur dire de souligner les mots qui vont déterminer le genre et le nombre de l'adjectif possessif de trois couleurs différentes (une pour le masculin singulier, une pour le féminin singulier, une pour le pluriel). Par exemple : dans la phrase a., « la grand-mère » sera souligné de la couleur du féminin singulier ; dans la phrase b., « l'album photo » sera souligné de la couleur du masculin singulier, etc. Une fois ces éléments repérés, ils pourront plus facilement effectuer la transformation avec l'adjectif possessif.

Corrigé **a** C'est sa grand-mère. ; **b** C'est notre album photo. ; **c** C'est leur famille. ; **d** Ce sont ses vidéos. ; **e** C'est son amie. ; **f** Ce sont leurs parents.

8 ▸ Exprimer la négation

Rappeler aux élèves de bien faire attention à choisir « pas de » devant une consonne ou « pas d' » devant une voyelle.

Corrigé **a** Non, elle n'a pas d'amie française. ; **b** Non, nous n'avons pas de photos de famille. ; **c** Non, je n'ai pas de cousine. ; **d** Non, elle ne regarde pas de vidéo de ses parents. ; **e** Non, Léo n'a pas d'oncle à la Martinique.

9 ▸ L'accord des adjectifs

Corrigé **a** petites ; **b** différentes ; **c** grand ; **d** belle ; **e** importants ; **f** différentes

10 ▸ Les adjectifs de nationalité

Demander aux élèves d'écrire les phrases de réponses sur leur cahier afin qu'ils s'entraînent à bien orthographier les adjectifs.

Mise en commun Faire une correction orale et écrire les réponses au tableau. Lorsque les élèves lisent leurs réponses, bien vérifier la prononciation au féminin et au pluriel.

Corrigé **a** Ma mère est allemande, nous sommes allemands. ; **b** Ma mère est sénégalaise, nous sommes sénégalais. ; **c** Ma mère est espagnole, nous sommes espagnols. ; **d** Ma mère est chinoise, nous sommes chinois. ; **e** Ma mère est russe, nous sommes russes. ; **f** Ma mère est tunisienne, nous sommes tunisiens.

11 (76) ▸ Phonétique. Les adjectifs de nationalité

Si cette activité est réalisée en classe à l'oral, faire écouter aux élèves l'enregistrement en l'arrêtant entre chaque item. Leur demander de lever la main droite s'ils entendent le féminin, la main gauche s'ils entendent le masculin et les deux mains s'ils entendent le masculin ou le féminin.

Corrigé **a** féminin ; **b** les deux ; **c** féminin ; **d** masculin ; **e** féminin

12 ▸ Les pronoms toniques

Demander aux élèves d'écrire des phrases complètes sur leur cahier à partir des éléments associés.

Corrigé Eux, ils sont cousins. ; Vous, vous avez un correspondant ? ; Elles, elles sont sœurs. ; Moi, j'ai un grand-père italien. ; Toi, tu es coréen ? ; Lui, il parle anglais.

13 ▸ Le pronom *on*

Demander aux élèves d'écrire les phrases complètes sur leur cahier et de bien faire attention à la forme verbale utilisée.

Corrigé **a** On est espagnols. ; **b** Nous parlons français. ; **c** Nous aimons les langues. ; **d** Nous habitons à la Martinique. ; **e** On adore notre petit frère.

Évaluation

page 48

1 77-78 Écouter

OBJECTIFS ÉVALUÉS
Comprendre une conversation simple
Comprendre des nationalités et des langues

Demander aux élèves de lire les questions avant de faire écouter l'enregistrement. Faire écouter une première fois et laisser aux élèves quelques minutes pour répondre sur une feuille séparée. Proposer une deuxième écoute. Les élèves vérifient leurs réponses.

BARÈME item a : 1 point ; item b : 2 points ; item c : 2 points

Corrigé **a** 3 ; **b** 4 / 5 ; **c** 1 / 2.

2 Parler

OBJECTIF ÉVALUÉ
Parler de sa famille

Pour cette évaluation d'expression orale, il peut être plus facile de faire venir les élèves par deux à un endroit dédié de la classe. Proposer au reste de la classe de réaliser une activité en autonomie pendant ce temps.
Aider les élèves à comprendre la consigne et leur laisser quelques minutes pour préparer 5 questions à poser à leur camarade sur sa famille. Un des deux élèves pose ses questions et l'autre répond. Puis inverser les rôles.

BARÈME

Formulation correcte des 5 questions (se focaliser en particulier sur l'utilisation correcte du vocabulaire de la famille, des adjectifs possessifs et de la négation avec « pas de »)	2,5 points (0,5 point par question)
Formulation correcte des 5 réponses (se focaliser en particulier sur l'utilisation correcte du vocabulaire de la famille, des adjectifs possessifs et de la négation avec « pas de »)	2,5 points (0,5 point par question)

Exemple de questions / réponses
Élève a : Comment s'appellent tes grands-parents ?
Élève b : Mon grand-père s'appelle Tom et ma grand-mère s'appelle Lisa.
Élève a : Tu as des frères et des sœurs ?
Élève b : J'ai deux frères, mais je n'ai pas de sœur.
Élève a : Tu as des oncles et des tantes ?
Élève b : Oui. Ma mère a deux sœurs et mon père a un frère.
Etc.

3 Lire

OBJECTIF ÉVALUÉ
Comprendre un mail sur la présentation d'un correspondant

Laisser les élèves lire le document en autonomie et répondre aux questions. Leur conseiller de relire plusieurs fois le document pour vérifier leurs réponses. Les inviter à écrire des phrases complètes pour répondre.

BARÈME item a : 1 point ; item b : 1 point ; item c : 2 points ; item d : 1 point

Corrigé **a** Pablo est le correspondant de Thomas. ;
b Vrai. Pablo a deux petites sœurs et un grand frère. ;
c Thomas parle français avec les parents de Pablo. Thomas parle espagnol avec les amis de Pablo. ;
d Thomas et Pablo écoutent de la musique espagnole. Ils jouent à des jeux vidéo.

4 Écrire

OBJECTIFS ÉVALUÉS
Écrire un mail
Présenter la famille de son correspondant

Les élèves doivent relire le mail de l'activité 3 et répondre à la question de Thomas : « Et vous, ça va la vie chez vos correspondants ? ». Leur laisser une quinzaine de minutes pour écrire leur texte d'abord au brouillon, puis pour le recopier sur une feuille séparée.

BARÈME

Utilisation correcte des formules pour saluer / prendre congé dans un mail	0,5 point
Utilisation correcte du vocabulaire de la famille	1 point
Utilisation correcte des adjectifs de nationalité	1 point
Utilisation correcte des adjectifs possessifs	1 point
Utilisation correcte du pronom « on »	1 point
Orthographe	0,5 point

Bougeons !

ÉTAPE 4

Objectifs pragmatiques
– Parler de sport
– Échanger sur ses activités sportives
– Décrire des personnes
Tâche finale → organiser une journée du Sport au collège

CONTENUS

Communication	Grammaire	Lexique	Phonétique	Culture
Exprimer la fréquence Poser des questions Décrire physiquement	Le verbe *faire* *Faire* et *jouer* + article La question *qu'est-ce que* (+ révision de *est-ce que*) *C'est* ou *il/elle est*	Les sports Le corps Les actions (sauter, marcher…) La description physique (2) Les sportifs/sportives	Le son [R] La prononciation du verbe *faire*	Le sport, c'est aussi dans la rue ! **Discipline non linguistique** Éducation physique et sportive : Le matériel sportif

COMPÉTENCES CLÉS

Compétence numérique	Savoir créer une affiche p. 57
Compétence apprendre à apprendre	Apprendre à s'auto-évaluer : Cahier d'activités p. 34 Se familiariser avec la méthode inductive pour découvrir un point de langue : activités 1 p. 52 ; 4 et 5 p. 53 ; 5 et 6 p. 55
Compétences sociales et civiques	Respecter des règles du jeu : activités 1, 2, 3 et 5 p. 58
Esprit d'initiative et d'entreprise	Mimer une activité : activité 2 p. 52 Poser des questions pour faire un sondage : activité 7 p. 53 Décrire un sportif et le faire deviner : activité 8 p. 55 Organiser une journée du Sport au collège : « Ensemble pour… » p. 57
Sensibilité et expression culturelles	Créer une affiche : activité 4 p. 57 et « Ensemble pour… » p. 57

Ouverture

page 49

Activité 1

Faire observer la page. Inviter les élèves à faire des hypothèses sur le thème de l'étape. Les aider à formuler le mot « sport » si besoin.
Puis faire lire la consigne et demander aux élèves de montrer sur leur livre ou sur le manuel numérique les photos correspondant aux mots. Ils vont facilement comprendre ces deux mots, transparents dans beaucoup de langues.

Corrigé **a** deuxième médaillon à gauche ; **b** grande photo centrale

Activité 2

Inviter les élèves à lire le titre de l'étape « Bougeons ! » puis la consigne. Les aider à comprendre les items, si nécessaire, et leur indiquer qu'ils doivent en choisir deux. Demander à des volontaires de donner leurs réponses.

PROLONGEMENT » Il est possible de demander aux élèves de nommer les autres sports représentés sur les photos : le basket, le BMX et le tennis.

Corrigé **c, d**

Noter les mots clés suivants dans un coin du tableau : « le sport », « faire du sport », « jouer au ballon » et, dans une colonne spéciale, les noms de sports : « le hip-hop », « le tennis », « le basket », « le BMX ». Ils serviront pour aborder les leçons suivantes.

Contrat d'apprentissage

Lire les trois objectifs pragmatiques annoncés et en expliquer le sens aux élèves par des exemples en langue maternelle. Par exemple : « Nous allons apprendre à parler de sport ; à échanger sur nos activités sportives (= dire quel sport on pratique) ; à décrire des personnes (= dire si on est grand, petit, etc.). » Laisser les élèves réagir ou poser des questions sur ce qu'ils ont ou n'ont pas compris. Annoncer ensuite la tâche finale : « Cela va nous servir à organiser une journée de Sport au collège. » Leur poser des questions pour s'assurer de la compréhension de ce qu'il s'agit de réaliser : « Une journée du Sport, qu'est-ce que c'est ? », etc.

LEÇON 1 Parlons de sport

pages 50 et 51

1 Comprendre un quiz sur le sport

MÉTHODO

Ce quiz a pour objectif de présenter aux élèves quelques éléments de la culture sportive française. Même s'ils ne connaissent pas les réponses, le but n'est pas de les mettre face à leur ignorance. C'est plutôt de les faire réfléchir, émettre des hypothèses sur ce que peut-être le sport national en France, à quelle fréquence les élèves français pratiquent le sport au collège ou leur faire connaître des noms de grands sportifs français. Cette activité peut également être l'occasion d'une réflexion interculturelle sur ce thème en donnant aux élèves l'occasion de comparer ces références culturelles à celles de leur pays.

Avant de faire l'activité, faire observer le document (1) et repérer de quoi il s'agit : un quiz. S'assurer que les élèves comprennent ce que c'est : un petit questionnaire avec plusieurs choix de réponses.
Faire lire la consigne et former des groupes de deux. Inviter les élèves à cacher les réponses au bas du document avant de lire les questions et d'y répondre. Leur laisser quelques minutes et les aider pour la compréhension de certains mots, si nécessaire. Ils vont découvrir, par exemple, les mots « football », « natation », « heure » et « sportif ».
Puis les inviter à lire les réponses écrites à l'envers sur le document et à les comparer avec leurs hypothèses.

Mise en commun Relire ou faire relire par des volontaires les questions une à une.

PROLONGEMENT » Demander aux élèves d'écrire le même quiz mais pour leur propre pays. Les inviter à donner aussi les réponses.

INFOS

Le football est le sport le plus populaire en France et celui dont la pratique est la plus répandue. La Fédération française de football compte environ 18 000 clubs de football et deux millions de licenciés.

Au collège, les élèves suivent obligatoirement des cours d'éducation physique et sportive (quatre heures par semaine). Ils s'initient à la pratique de différents sports. Certains élèves peuvent suivre une « Section Sportive Scolaire » avec des heures complémentaires dédiées à la pratique d'un sport.

Tony Parker est un joueur international français de basket. Il est le premier joueur français à avoir été champion de NBA.

Alexandre Lacazette est un joueur international français de football. Il fait partie de l'Olympique lyonnais. Il a été le meilleur buteur de ligue 1 en 2014-2015.

David Beckham est un ancien joueur international britannique de football. Il a fini sa carrière au Paris-Saint-Germain pendant la saison 2012-2013.

Écrire au tableau les noms des sports découverts à la suite de ceux écrits lors des activités de la page d'ouverture : « le football », « la natation ». La liste sera complétée au fil de la leçon.

2 Comprendre les informations principales sur une affiche

Faire observer le document (2) et inviter les élèves à nommer le type de document. Il s'agit d'une affiche qui présente une « Journée du Sport ». Aider la classe à se remémorer la signification du mot « journée » et à faire le lien entre ce document et la tâche qu'ils vont devoir réaliser à la fin de l'étape 4 (organiser une journée du Sport au collège).
Leur faire lire la consigne et inviter des volontaires à donner la réponse.

Corrigé Le samedi 23 mars, c'est la journée du Sport.

3 (79) Comprendre une annonce et des noms de sports

MÉTHODO

Cette activité de compréhension orale fonctionne en lien avec le document (2) observé lors de l'activité précédente. Il s'agit de reconnaître à l'oral des noms de sports qui sont, pour la plupart, transparents dans beaucoup de langues. Si les élèves ne reconnaissent pas certains noms de sport moins évidents à deviner, ils pourront se reposer sur ceux qu'ils ont compris et donc procéder par élimination. Proposer cette activité à l'oral dans un premier temps afin que les élèves se rendent compte par eux-mêmes qu'ils ont la possibilité de comprendre ces noms de sports sans les avoir appris. Le passage à l'écrit viendra dans un deuxième temps.

Avant de lire la consigne, proposer aux élèves une première écoute et leur demander de dire ce qu'ils ont globalement compris. Ils vont reconnaître facilement qu'il s'agit d'une annonce présentant la journée du Sport, avec la date et le programme.
Faire lire la consigne et, pour préparer la deuxième écoute, inviter les élèves à bien observer sur l'affiche les six sports qui sont représentés en dessin ou en photo. Faire écouter une deuxième fois et laisser quelques minutes aux élèves pour reconnaître les noms de sports qu'ils entendent et les associer aux images de l'affiche. Les inviter ensuite à vérifier leurs réponses en consultant la liste de vocabulaire p. 51 et, si nécessaire, le Dico visuel p. 116.

Mise en commun Inviter des élèves volontaires à nommer les sports de l'affiche comme ils les ont entendus. Faire réécouter de manière fractionnée pour corriger la prononciation. Puis, écrire les réponses au tableau.

Corrigé **a** la danse hip-hop ; **b** le tennis ; **c** le rugby ; **d** le football ; **e** l'escrime ; **f** l'équitation

4 (79) Approfondir la compréhension et comprendre d'autres noms de sports

Cette activité prolonge la précédente. Demander aux élèves d'observer les photos de l'activité et leur préciser que certains des sports représentés ne sont pas annoncés dans l'enregistrement. Faire ensuite réécouter l'enregistrement et leur demander de noter sur leur cahier les autres noms de sports qui n'ont pas été repérés précédemment sur l'affiche. Ils peuvent encore s'aider de la liste de vocabulaire p. 51 pour cela. Puis, ils choisissent les photos correspondantes.

Mise en commun Inviter un premier élève volontaire à nommer le premier sport entendu non représenté sur l'affiche. Puis lui demander de choisir la photo correspondante. Faire de même avec les trois autres noms de sport.

PROLONGEMENT» Demander aux élèves quelle photo ne correspond pas à un sport annoncé dans l'enregistrement (photo e). Les inviter à nommer ce sport (le volley).

Corrigé Photos concernées : **a** la natation ; **b** le judo ; **c** le basket ; **d** la pétanque

Compléter la liste commencée précédemment en écrivant au tableau tous les noms de sports découverts dans les activités 3 et 4 afin de donner aux élèves une vue d'ensemble. Faire écouter les mots de la rubrique « les sports » de l'encadré de vocabulaire pour bien fixer la prononciation.

SYSTÉMATISATION» n° 1 et 6 p. 58

5 Réemployer les noms de sports à l'oral

Demander aux élèves de réfléchir individuellement à la question posée.

Mise en commun Interroger tous les élèves chacun à leur tour.

VARIANTE» Il est possible de faire la mise en commun à l'aide d'une balle afin de motiver les élèves à l'écoute. Libérer un espace dans la classe et se mettre en cercle. Lancer la balle à un élève qui dit quel(s) sport(s) il choisit. Il relance la balle à un autre élève qui donne sa réponse et ainsi de suite.

6 Comprendre le sens global d'un article

Laisser quelques minutes aux élèves pour observer et lire le document (3) individuellement. Leur préciser qu'ils doivent simplement en comprendre le sens global, sans poser de questions sur le lexique. Les aider à repérer le type de document dont il s'agit : un article.
Faire lire la consigne et leur demander de choisir la bonne réponse.

Mise en commun Demander à un élève volontaire de proposer sa réponse. La classe valide ou corrige.

Corrigé b

7 Approfondir la compréhension et découvrir le vocabulaire des parties du corps

Faire lire la consigne. Les élèves peuvent éventuellement s'aider du Dico visuel p. 117 pour faire l'activité. Leur laisser du temps pour relire le document (2) et faire l'activité en autonomie.

Mise en commun Demander à des volontaires de proposer leurs réponses et de les justifier en citant le texte.

Corrigé **a** Exercice 3 : « Pour muscler les bras et le dos ! » et exercice 4 : « C'est bon pour tout le corps. » ; **b** Exercice 2 : « Parfait pour muscler le ventre ! » et exercice 4 : « C'est bon pour tout le corps. » ; **c** Exercice 3 : « Pour muscler les bras et le dos ! » et exercice 4 : « C'est bon pour tout le corps. » ; **d** Exercice 4 : « C'est bon pour tout le corps et pour le cœur ! » ; **e** Exercice 1 : « Excellent pour les jambes ! »

Lors de la correction de l'activité, écrire au tableau sous forme de liste chaque partie du corps au moment où elle est nommée. Puis demander aux élèves de trouver dans le texte d'autres parties du corps qu'ils n'ont pas encore citées (« la tête », « les mains » et « les pieds ») et les ajouter à la liste au tableau. Il est possible de faire écouter la rubrique « le corps » de l'encadré de vocabulaire p. 51 pour fixer la prononciation.

SYSTÉMATISATION» n° 2 et 7 p. 58

8 Réemployer le vocabulaire des sports et du corps à l'oral

Avant de faire lire la consigne, demander aux élèves de chercher dans le texte trois moyens d'exprimer qu'un exercice muscle une partie du corps : « c'est bon / excellent / parfait pour… ».
Lire la consigne ensemble et expliquer aux élèves qu'ils vont devoir réutiliser ces trois expressions dans de courts échanges comme ceux proposés en exemple.
Former des groupes de deux et laisser les élèves faire l'activité en autonomie. Veiller à ce qu'ils proposent chacun plusieurs noms de sports et inversent les rôles.
Passer dans les rangs pour guider ou aider si nécessaire.

Mise en commun Chacun à leur tour, des groupes volontaires donnent le nom d'un sport et disent quelle(s) partie(s) du corps il muscle.

VARIANTE LUDIQUE» Il est possible de proposer cette mise en commun sur le modèle d'un jeu télévisé. Libérer un espace dans la classe et faire se lever quatre élèves. Un élève joue le rôle de l'animateur et les autres sont les candidats. Donner à chaque candidat une clochette, un sifflet ou tout autre objet qui lui permette de se manifester lorsqu'il veut donner sa réponse.
Lorsque l'animateur annonce un nom de sport, les candidats se manifestent le plus rapidement possible pour répondre. Ils disent quelle(s) partie(s) du corps il muscle. Le premier candidat qui a répondu avec une phrase correcte marque un point. Si un candidat formule une réponse incorrecte, les autres peuvent proposer leur réponse. Continuer le jeu avec deux ou trois sports puis changer de groupe. Les élèves spectateurs valident ou non les réponses données par les candidats.

80 VOCABULAIRE

Voir les conseils p. 36.

81 VIRELANGUE

S'entraîner à prononcer le son [R]

Faire écouter et lire le virelangue. Préciser aux élèves qu'en français, on n'utilise pas la langue pour la prononciation de ce son et que tout se passe dans la gorge.
Leur demander de poser leurs doigts sur leur gorge pour sentir leurs cordes vocales vibrer et les inviter à prononcer individuellement plusieurs [R] à la suite pour s'entraîner. Passer dans les rangs pour les guider.
Puis les laisser répéter plusieurs fois le virelangue, d'abord en l'écoutant en même temps, puis en s'entraînant individuellement et de plus en plus vite.

Mise en commun Demander à des volontaires de venir dire, devant la classe, le virelangue le plus vite possible. La classe élit l'élève le plus rapide.

SYSTÉMATISATION» n° 8 p. 58

LEÇON 2

Échangeons sur nos activités sportives

pages 52 et 53

1 Découvrir et utiliser les verbes *faire* et *jouer* + article

MÉTHODO

Pour cette activité, les élèves vont devoir faire appel à leur esprit de déduction. Ils doivent produire des phrases à partir d'un verbe qu'ils ne connaissent pas encore en se référant aux tableaux de conjugaison et de grammaire donnés. Il est important de les laisser faire l'activité en autonomie et sans leur faire écouter ou lire les tableaux avant. Le but est qu'ils s'entraînent à déduire eux-mêmes la structure des phrases à construire par l'observation. Nous proposons de faire faire cette activité par deux afin que les élèves s'entraident et émettent des hypothèses ensemble, qu'ils puissent discuter de ce qu'ils observent et comprennent.

Inviter les élèves à lire la consigne et former des groupes de deux. Leur rappeler qu'ils ont rencontré le verbe « faire » lors de l'activité 2 de la page d'ouverture avec les expressions « faire des mouvements / faire du sport » afin qu'ils comprennent la signification de la question. Bien leur expliquer qu'ils vont devoir s'aider des deux tableaux de langue pour faire l'activité.
Attirer leur attention sur l'exemple et leur demander d'écrire sur leur cahier des phrases de réponses sur ce modèle. Passer dans les rangs pour vérifier le bon déroulement de l'activité.

Mise en commun Demander à des élèves volontaires de proposer leurs réponses et de venir écrire leurs phrases au tableau. Les corriger ou faire corriger par la classe, si nécessaire. Inciter les élèves à dire ce qu'ils ont remarqué de spécial lors de l'utilisation des verbes « faire » et « jouer » afin d'attirer leur attention sur les articles.

Corrigé **1.** Mathieu et ses copains font de la danse hip-hop. ; **2.** Rose fait de l'équitation. ; **3.** Eliot et son père font du/jouent au football./Eliot fait du/joue au football avec son père. ; **4.** Anna et Julie font du roller./Anna fait du roller avec Julie.

Une fois toutes les phrases de réponses écrites au tableau, souligner les différentes formes du verbe « faire » d'une couleur ou celles du verbe « jouer » d'une autre couleur. Entourer les articles « du », « de la », « de l' » et « au », « à la » de la même couleur que les verbes correspondants.

82 TABLEAU DE GRAMMAIRE

Le verbe *faire*

Avant de faire écouter la conjugaison du verbe « faire », demander aux élèves de se rappeler quelles autres conjugaisons de verbes ils connaissent : « s'appeler », « être », « avoir » et les verbes en *-er*. Leur indiquer éventuellement que le verbe « faire » est un verbe du troisième groupe.
Faire écouter et lire en même temps la conjugaison.

SYSTÉMATISATION » n° 9 p. 58

82 PHONÉTIQUE

La prononciation du verbe *faire*

Faire écouter une deuxième fois la conjugaison. Demander aux élèves de se concentrer sur la prononciation des différentes formes verbales pour qu'ils puissent répondre à la question 2.
Demander à un volontaire de dire sa réponse.

Corrigé **2.** Les trois premières personnes du singulier ont une prononciation identique.

83 TABLEAU DE GRAMMAIRE

***Faire* et *jouer* + article**

Faire écouter et lire le tableau. Demander aux élèves de dire ce qu'ils ont observé et compris concernant l'utilisation des articles après les verbes « faire » et « jouer » lors de l'activité 1.
Leur demander de dire dans quels cas on utilise « du », « de la », « de l' » ou « au », « à la » : « de la » et « à la » sont suivis d'un nom féminin singulier, « du » et « au » d'un nom masculin singulier et « de l' » d'un nom singulier commençant par une voyelle. Leur faire noter que l'article « au » est la contraction de « à + le ». Bien faire comprendre aux élèves qu'on utilise « faire du, de la, de l' » avec tous les noms de sport et « jouer au, à la » avec les sports qui se pratiquent en équipe ou à deux adversaires comme le tennis, le football, le basket, le volley, la pétanque, le rugby, etc. Bien leur faire noter également que, pour les sports de combat, on utilise le verbe « faire »: faire du judo, de l'escrime, etc.

Au tableau et sur les cahiers des élèves, utiliser le même code couleur que pour le corrigé des phrases de l'activité 1 pour souligner les différentes

>>>

>>>

formes du verbe « faire » ou du verbe « jouer » et pour entourer les articles « du », « de la », « de l' » et « au », « à la ».

SYSTÉMATISATION >> n° 3 et 11 p. 58-59

2 Réemployer les verbes « jouer » et « faire » + article

Former des groupes de deux. Demander aux élèves de choisir un nom de sport et de décider comment ils pourraient le mimer ensemble.
Une fois tous les groupes prêts, ils viennent, chacun à leur tour, mimer leur sport devant la classe. Les autres groupes essaient de deviner le plus rapidement possible de quel sport il s'agit.

Mon COURS d'EPS

Cette rubrique peut être proposée à différents moments de la leçon, de préférence après l'activité 2 ou après la micro-tâche « Action ». Inviter les élèves à faire des hypothèses sur ce que peut-être un cours d'EPS. Ils vont facilement deviner qu'il s'agit d'un cours de sport grâce aux photos qu'ils voient dans la rubrique et par déduction par rapport à la thématique traitée dans cette étape.

1 Leur faire lire la consigne de l'activité 1 et les laisser trouver, en autonomie, à quel sport correspondent les équipements sur les photos. Ils peuvent s'aider de la liste de vocabulaire p. 53, notamment pour trouver le mot « vélo » qu'ils n'auront pas vu avant.

Mise en commun Des élèves volontaires proposent leurs réponses en formulant des phrases complètes comme dans l'exemple. Les aider à prononcer correctement les équipements et à bien faire attention aux verbes et aux articles utilisés pour formuler leurs réponses.

2 Laisser les élèves s'exprimer librement sur les sports qu'ils pratiquent en cours d'EPS. Les inciter à utiliser les verbes « faire » ou « jouer » et à bien faire attention aux articles pour formuler des phrases correctes.

Corrigé Avec une raquette, je joue au tennis. ; Avec un ballon, je joue au/fais du football. ; Avec un casque, je fais du vélo. ; Avec un panier, je joue au/fais du basket. ; Avec une balle, je joue au/fais du tennis. ; Avec des boules, je joue à la pétanque. ; Avec des skis, je fais du ski.

3 (84) Comprendre un sondage et repérer qui parle

Le dialogue à écouter dans cette activité est en lien avec les documents de l'activité 1. Les ados qui interviennent dans l'enregistrement sont ceux qui ont écrit les messages des téléphones.
Avant la lecture de la consigne, faire écouter une première fois l'enregistrement pour faire repérer de quoi il s'agit. Aider les élèves à formuler cette réponse : « C'est un sondage sur les activités sportives de la semaine ».
Puis leur expliquer qu'ils vont devoir retrouver sur les téléphones de l'activité 1 le prénom de chaque ado qui répond au sondage. Faire écouter une deuxième fois. Si nécessaire, pour les aider, fractionner l'écoute entre chaque intervention pour leur laisser le temps de répondre.

Mise en commun Demander à des volontaires de proposer leurs réponses et faire réécouter de manière fractionnée pour vérifier. Écrire les réponses au tableau et les réserver pour l'activité suivante.

Corrigé **a** Eliot ; **b** Rose ; **c** Mathieu ; **d** Anna

4 (84) Approfondir la compréhension et découvrir comment exprimer la fréquence

Faire lire la consigne et les étiquettes. Lors de la réécoute, les élèves vont devoir concentrer leur attention sur deux choses : les activités des ados et leur fréquence. Leur indiquer que les étiquettes vont les aider à formuler ces réponses.
Passer l'enregistrement. Il est possible de ne faire écouter que les différentes interventions a, b, c et d et de manière fractionnée si c'est plus facile pour les élèves. Les inviter à écrire leurs réponses sur leur cahier à la suite de celles de l'activité 3, sous forme de phrases complètes.

Mise en commun Demander à des volontaires de proposer leurs réponses et les écrire au tableau. Entourer les expressions de fréquence pour les mettre en évidence. Leur demander de faire des hypothèses sur ce qu'elles expriment en les guidant avec des questions : « À votre avis, " le mercredi ", signifie " un mercredi ", " une fois " ? Ou " en général ", " tous les mercredis " ? » Ils vont facilement comprendre que « le mercredi » et « tous les mercredis » expriment une fréquence régulière.

Corrigé Eliot fait du foot tous les samedis et du roller le dimanche. Rose fait de l'équitation tous les week-ends et marche tous les jours. Mathieu fait du hip-hop le mercredi et du vélo tous les jours. Anna fait du roller tous les jours (après l'école) et du tennis le vendredi.

(85) TABLEAU DE COMMUNICATION

Pour exprimer la fréquence

Faire lire et écouter en même temps le tableau. Bien faire remarquer que les expressions avec « le + jour de la semaine » et « tous les + jours de la semaine »

>>>

>>>

sont équivalentes. S'assurer qu'ils ont bien compris la signification de « tous les jours ».
Par ailleurs, il est important de faire comparer aux élèves les deux types de constructions suivantes : « Je fais du foot samedi » et « Je fais du foot le samedi ». Dans le premier cas, on parle précisément du samedi de la semaine en cours. On ne parle donc pas de fréquence régulière, mais d'une fois unique, contrairement à la deuxième phrase.
Bien insister que le fait que l'article « le » devant un jour de la semaine est donc ce qui permet d'exprimer la fréquence.

Pour la présentation de ce point de langue au tableau, faire deux colonnes : une avec les expressions de la fréquence d'une couleur : « Le samedi = Tous les samedis » et une autre avec l'expression d'une action à réalisation unique : « Samedi ».

SYSTÉMATISATION » n° 4 et 10 p. 58-59

5 (84) Finaliser la compréhension et découvrir la question « qu'est-ce que »

MÉTHODO
Pour cette activité, les bulles de questions et de réponses servent de support aux élèves pour repérer la question avec « qu'est-ce que » et la différencier de la question avec « est-ce que ». Ces bulles ne reprennent pas les répliques de l'enregistrement, mais c'est à partir des informations données dans l'enregistrement que les élèves peuvent les associer entre elles. Il est donc possible de faire cette activité de deux manières différentes, comme décrit ci-dessous.

Faire réécouter l'enregistrement et demander aux élèves de bien mémoriser toutes les informations. Puis leur faire lire la consigne et les bulles, et leur demander d'associer les questions et les réponses.

VARIANTE » Faire lire les bulles et demander aux élèves d'essayer d'associer les questions et les réponses en se fiant à ce qu'ils ont retenu de l'enregistrement. Puis procéder à l'écoute pour vérification.

Mise en commun Demander à des volontaires de proposer leurs réponses et vérifier éventuellement avec une dernière écoute fractionnée. Écrire au tableau les questions et les réponses correspondantes à côté.
Puis inviter les élèves à observer les questions et à repérer leurs différences. Ils vont remarquer une question construite avec « qu'est-ce que » et deux questions construites avec « est-ce que ». Leur demander d'essayer de comprendre la différence de signification entre ces deux questions en observant les réponses correspondantes. Ils vont facilement remarquer que la question avec « qu'est-ce que » est une question ouverte qui implique une réponse complète sur l'objet de l'action : « Nous faisons du roller → Vous faites quoi ? = Qu'est-ce que vous faites ? ». La question avec « est-ce que » est une question fermée qui implique une réponse par « oui » ou « non » (ou éventuellement « je ne sais pas »). Leur rappeler qu'ils ont déjà vu les questions avec « est-ce que » dans l'étape 2 et les inviter à se souvenir qu'elles sont identiques aux questions intonatives sans le mot interrogatif « est-ce que ».

Corrigé a 3 ; b 1 ; c 2

(86) TABLEAU DE COMMUNICATION

Pour poser des questions

Faire lire et écouter en même temps le tableau. Les élèves vont pouvoir vérifier ce qu'ils ont compris lors de la mise en commun de l'activité 5. Il est important de bien insister sur la différence de sens entre ces deux questions qui se ressemblent pourtant par leur construction.

Pour la présentation de ce point de langue au tableau, faire deux colonnes pour séparer un exemple de question avec « qu'est-ce que » et la réponse correspondante et un exemple de question avec « est-ce que » et les deux réponses correspondantes (une avec « oui », une avec « non »). Utiliser éventuellement une couleur différente pour chaque colonne afin de faciliter le repérage visuel de ces différences.

SYSTÉMATISATION » n° 12 p. 59

6 S'entraîner à répondre à des questions avec « qu'est-ce que » et « est-ce que »

Faire lire la consigne et former des groupes de deux. Les élèves lisent les deux questions proposées dans les bulles. Ils vont reconnaître les questions posées dans le sondage de l'enregistrement précédemment écouté. Leur laisser quelques minutes pour se poser mutuellement ces deux questions et y répondre chacun à leur tour. Les inviter à se co-corriger.

Mise en commun Inviter un(e) volontaire à venir devant la classe. Il/Elle choisit une des deux questions et un élève dans la classe à qui la poser. L'élève interrogé répond puis vient à son tour poser une des deux questions à un autre élève de la classe qui répond. Continuer ainsi avec tous les élèves, si possible, ou une partie des élèves de la classe, s'ils sont trop nombreux.

VARIANTE » Il est possible de faire faire cette mise en commun sous forme de mini-dialogues en situation. Demander à quatre élèves de groupes différents de venir devant la classe. Après avoir désigné l'élève qui pose les questions, expliquer aux quatre élèves qu'ils vont devoir jouer la situation sur le modèle de l'enregistrement qu'ils ont écouté : l'élève qui pose les questions réalise un sondage pour sa classe, il interroge des collégiens à la sortie de l'école.

7 Action! Faire un sondage et réemployer les contenus de la leçon

Faire lire la consigne et former des petits groupes de quatre ou cinq. Leur laisser quelques minutes pour lire les questions dans les étiquettes et pour en imaginer deux autres. Insister pour que les questions soient formulées avec « est-ce que » ou « qu'est-ce que ».
Mettre en commun toutes les questions imaginées par les groupes. Les corriger et les écrire au tableau. Ne retenir que celles qui sont cohérentes. Copier aussi les quatre questions proposées sur les étiquettes. Les élèves peuvent recopier toutes ces questions sur une feuille commune pour leur groupe. Il s'agit du support de leur sondage.
À nouveau en petits groupes, les élèves se posent les questions du sondage et y répondent. Insister pour qu'il y ait une interaction entre eux : un élève pose les questions aux autres qui y répondent, un autre écrit les réponses sur une feuille commune.

Mise en commun Chaque groupe désigne un porte-parole qui donne les réponses de son groupe. Les écrire au tableau. Si les mêmes réponses reviennent plusieurs fois à chaque groupe interrogé, mettre des bâtons à côté des réponses déjà écrites : « tennis II / football IIII / oui II / non III, etc. ».

Puis mettre en évidence, en les entourant, les réponses les plus représentatives du groupe classe et faire ensemble une synthèse : « Les élèves de la classe préfèrent le football, ils font du sport avec leur famille, etc. ».

VARIANTE EN MOUVEMENT » Si les élèves ne sont pas trop nombreux, il est possible de leur répartir les questions à poser par petits groupes de deux (deux questions par groupe, par exemple). Ils se déplacent dans la classe, vont interroger tous les autres élèves et notent leurs réponses. Lors de la mise en commun, chaque groupe donne les réponses de toute la classe à ses questions.

87 VOCABULAIRE

Voir les conseils p. 36.

LEÇON 3 Décrivons des personnes

pages 54 et 55

1 Réfléchir à des noms de sportifs célèbres

MÉTHODO

Cette activité a deux objectifs. Elle invite d'abord les élèves à s'exprimer sur ce qu'ils connaissent avant de découvrir les informations culturelles présentes dans la leçon. Elle a donc une portée interculturelle. Par ailleurs, elle permet de préparer la micro-tâche « Action » qu'ils réaliseront à la fin de cette leçon.

Demander aux élèves de donner le maximum de noms de sportifs célèbres dans leur pays. Préciser que ces sportifs ne doivent pas forcément être de leur nationalité. Les inviter à varier les sports représentés. Écrire la liste dans un coin du tableau et la réserver pour l'activité 8.

VARIANTE » Il est possible de demander aux élèves de réfléchir à ces noms de sportifs par petits groupes avant de mettre en commun avec la classe et de faire un concours pour trouver celui qui donne le plus de noms.

2 88 Comprendre le thème d'une courte conversation avec support visuel

MÉTHODO

Il s'agit d'une activité de compréhension finalisée qui procède de la démarche inductive pour la découverte du point de langue suivant : la question « qu'est-ce que c'est ? » et le présentatif « c'est ». Les phrases sont transcrites dans l'activité pour faciliter le repérage des structures par les élèves.

Faire écouter l'enregistrement et demander aux élèves d'observer la photo de la tablette en même temps. Puis faire lire la consigne et préciser qu'il y a deux réponses correctes à trouver. Grâce à la photo, ils vont pouvoir repérer qu'il s'agit de sportifs français (drapeau) et, grâce au dialogue, ils vont comprendre qu'on parle de sportifs des Jeux olympiques.

Mise en commun Laisser les élèves volontaires donner leurs réponses.

Corrigé a et b

PROLONGEMENT » Demander aux élèves s'ils connaissent les Jeux olympiques, s'ils les ont déjà regardés à la télévision ou s'ils ont déjà été dans les tribunes. Faire un point sur la fréquence des Jeux d'hiver ou d'été et les dernières villes où ils ont eu lieu.

INFOS

Les Jeux olympiques (JO) se tiennent tous les deux ans, les années paires, en alternant Jeux olympiques d'été et Jeux olympiques d'hiver. Voici les dernières villes qui ont accueilli ou accueilleront les JO d'été : Londres (Royaume-Uni) en 2012, Rio de Janeiro (Brésil) en 2016, Tokyo (Japon) en 2020 et les JO d'hiver : Sotchi (Russie) en 2014, PyeongChang (Corée du Sud) en 2018 et Pékin (Chine) en 2022.

3 (88) Approfondir la compréhension du dialogue et découvrir le vocabulaire de la description physique

Faire lire la consigne aux élèves. Ils doivent associer les adjectifs de description physique à chaque sportif à l'aide de ce qu'ils entendent dans le dialogue.
Faire écouter une deuxième fois l'enregistrement et laisser les élèves répondre sur leur cahier. Bien insister pour qu'ils notent le genre correct des adjectifs (masculin ou féminin) en fonction de ce qu'ils entendent ou déduisent. Proposer une troisième écoute si nécessaire.

Mise en commun Demander à des volontaires de proposer leurs réponses et écrire des phrases complètes au tableau. Pour aider les élèves à bien prononcer les adjectifs au masculin et au féminin, relire les adjectifs des étiquettes dans les deux formes et les faire éventuellement répéter aux élèves.

Corrigé **a** Le basketteur est roux, grand et mince. ; **b** La championne de judo est blonde, frisée et musclée. ; **c** Le champion de natation est petit et brun.

4 S'entraîner à décrire physiquement

Faire lire la consigne et former des groupes de deux. Chaque élève observe son camarade et fait sa description à partir des adjectifs vus dans l'activité 3. Les laisser se co-corriger.

Mise en commun Demander aux élèves, chacun à leur tour, de décrire leur camarade devant la classe qui valide ou corrige. Vérifier la prononciation des adjectifs.

VARIANTE LUDIQUE » Demander aux élèves d'écrire la description physique de leur camarade sur un papier et non sur leur cahier. Leur demander également de commencer leur description par « Il » ou « Elle » et d'écrire le prénom de l'élève concerné au dos du papier. Une fois que chacun a écrit son texte, ramasser toutes les feuilles. Puis chaque élève vient tirer au sort une feuille et le lit à la classe. Les autres écoutent la description et devinent de qui il s'agit.

5 Comprendre un message de forum sur Internet et repérer « c'est » et « il/elle est »

Inviter les élèves à observer le document et leur demander de repérer de quel type de texte il s'agit et de quoi il parle. Grâce à la présentation graphique, ils vont reconnaître un forum sur Internet. En lisant simplement les titres, ils vont comprendre que les participants (ici, Éva) s'expriment sur leurs sportifs préférés.
Puis leur laisser quelques minutes pour lire le texte du message individuellement et répondre aux questions en citant des phrases du texte.

Mise en commun Demander à des volontaires de dire leurs réponses et écrire les phrases au tableau. Faire observer aux élèves l'expression utilisée pour présenter ces deux sportives : « c'est ». Les inviter à se rappeler qu'ils ont déjà vu cette expression à plusieurs reprises, pour présenter quelqu'un dans l'étape 1 ou pour parler de leurs musiques ou chanteurs préférés dans l'étape 2, par exemple. Leur faire comparer ces phrases avec les descriptions de l'activité 3. Si besoin, réécrire un exemple au tableau : « Il est roux. / Elle est blonde ». Leur demander de faire des hypothèses sur l'emploi de « c'est » ou de « il/elle est » dans ces phrases.

Corrigé Céline Dumerc, c'est la chef de l'équipe (de France de basket). Isabelle Yacoubou, c'est aussi une championne (de l'équipe de France de basket).

(89) TABLEAU DE GRAMMAIRE

C'est ou Il est/Elle est

Faire écouter et lire en même temps le tableau. Les élèves vont bien comprendre la différence d'emploi entre « c'est » et « il/elle est » grâce à ces exemples. On utilise « c'est » suivi d'un nom ou d'un prénom pour présenter ou désigner quelqu'un et « il/elle est » suivi d'un adjectif pour décrire quelqu'un.
Demander aux élèves de proposer des exemples pour présenter ou décrire plusieurs personnes (au pluriel). Ils vont facilement trouver, grâce à ce qu'ils connaissent déjà, qu'on utilise « ce sont » et « ils/elles sont » au pluriel.

Pour la présentation de ce point de langue au tableau, faire deux colonnes : une avec des exemples de phrases pour présenter et une autre avec des exemples de phrases pour décrire. Utiliser une couleur différente pour chaque colonne pour un repérage visuel plus efficace. Demander aux élèves de proposer plusieurs autres phrases pour chaque colonne. Ils peuvent s'aider du document de l'activité 5. Exemples : Pour présenter : « C'est Céline Dumerc. C'est la chef de l'équipe. C'est une championne de basket. Ce sont des joueuses de basket. » etc. Pour décrire : « Elle est petite. Elle est très grande. Elles sont très différentes. »

SYSTÉMATISATION » n° 13 p. 59

6 Approfondir la compréhension du message et découvrir des expressions pour décrire physiquement

Inviter les élèves à relire le document de l'activité 5 et leur laisser quelques minutes pour chercher les différences physiques entre Céline Dumerc et Isabelle Yacoubou. Il s'agit de finaliser la compréhension du document en orientant cette dernière lecture sur les formules utilisées pour décrire physiquement.

Mise en commun Demander à des volontaires de donner leurs réponses en citant les phrases du texte. Les écrire au tableau. Demander ensuite à la classe de retrouver chaque sportive sur le document de l'activité 5 en s'aidant des phrases écrites au tableau. Leur faire dire quels sont les différents verbes utilisés pour faire ces descriptions : le verbe « être » suivi d'un adjectif (comme vu dans le tableau de langue précédent), le verbe « avoir » suivi de « les cheveux/les yeux », les verbes « faire » ou « mesurer » suivis d'une indication de la taille.

Corrigé Céline Dumerc : Elle a les cheveux courts et châtains. Elle a les yeux marron. Elle est petite. Elle fait un mètre soixante-neuf. = photo b ; Isabelle Yacoubou : Elle est très grande. Elle mesure un mètre quatre-vingt-dix. Elle a les cheveux longs (et bleus, blancs, rouges). = photo a.

90 TABLEAU DE COMMUNICATION

Pour décrire physiquement

Faire écouter et lire en même temps le tableau aux élèves. Il reprend des exemples vus dans les différentes activités de la page. Faire éventuellement répéter les phrases par les élèves.

Pour présenter ce point de langue au tableau et dans les cahiers, mettre en évidence les différents verbes utilisés en les entourant de différentes couleurs.

SYSTÉMATISATION » n° 5 et 14 p. 58-59

7 Décrire des différences physiques entre deux sportifs

MÉTHODO

Avant de proposer cette activité, il peut être intéressant de faire écouter et lire aux élèves la rubrique « La description physique » de l'encadré de vocabulaire p. 55 afin qu'ils se remémorent les différents mots qu'ils ont vu jusqu'à maintenant pour décrire physiquement. Leur demander de répéter ces mots peut les aider à bien se souvenir de leur prononciation. Les inviter également à se référer au Dico visuel page 117 s'ils ont oublié le sens d'un mot. Grâce à cette liste et aux tableaux de langue vus précédemment, ils ont tous les outils pour faire l'activité.

Guider les élèves dans la compréhension de la consigne : ils doivent observer les photos de deux sportifs français et trouver le maximum de différences physiques entre eux.

Former des groupes de deux et les laisser travailler en autonomie. Les inviter à s'entraider et à écrire leurs phrases de réponses ensemble, sur leur cahier.

Mise en commun Demander à des volontaires de proposer leurs réponses et les écrire au tableau. Vérifier la construction des phrases.

Corrigé Samir Nasri n'est pas très grand, il mesure/fait un mètre soixante-quinze. Il est brun, il a les cheveux courts/il a les cheveux courts et bruns et les yeux marron. C'est un joueur de football.
Richard Gasquet est grand, il mesure/fait un mètre quatre-vingt-cinq. Il a les cheveux châtains et courts./Il est châtain et il a les cheveux courts.
Il a les yeux verts. C'est un joueur de tennis.

PROLONGEMENT » Il est possible de reproduire cette activité avec des élèves de la classe. Chaque élève écrit son prénom sur un petit morceau de papier. Mélanger tous les papiers et demander aux élèves, chacun à leur tour, de venir tirer un prénom au sort. Ils doivent alors présenter à la classe le maximum de différences physiques qu'ils ont avec l'élève dont ils ont tiré le prénom. Par exemple : « Alice ! Elle est blonde et moi, j'ai les cheveux bruns, etc. »

INFOS

Samir Nasri (1987) est un footballeur international français et algérien. Après avoir joué avec l'Olympique de Marseille, il a rejoint l'Arsenal FC. Il joue avec Manchester City depuis 2011 et a annoncé la fin de sa carrière internationale en 2014.

Richard Gasquet (1986) est un joueur de tennis français. Ses meilleures performances en tournoi sont trois demi-finales, à Wimbledon en 2007 et 2015, et à l'US Open en 2013.

8 Action! Réemployer les contenus de la leçon pour faire deviner le nom d'un(e) sportif/sportive

MÉTHODO

Il est proposé de réaliser cette activité en deux temps, avec une phase de production individuelle suivie d'une phase de mise en commun. Cette dernière phase motivera les élèves par la perspective d'un partage et d'une réalisation finale collective.

Former des groupes de trois ou quatre. Inviter les élèves à consulter la liste des sportifs célèbres qu'ils ont établie lors de l'activité 1 et à choisir celui ou celle qu'ils préfèrent. Ils doivent écrire, ensemble, un message sur le modèle de celui de l'activité 5 et décrire ce sportif (ou cette sportive) sans le/la nommer. Les inciter à réutiliser les contenus vus dans la leçon et à consulter les tableaux, si nécessaire. Passer parmi les groupes pour aider ou corriger.

Mise en commun Chaque groupe désigne un porte-parole qui vient lire son message à la classe. Les autres groupes doivent deviner de qui il s'agit.

VARIANTE » Pour dynamiser l'activité, attribuer un point à chaque fois qu'un groupe a découvert un sportif. Ils devront avoir répondu correctement et en premier après la lecture d'un message. À la fin de l'activité, faire le total des points pour chaque groupe et déterminer le gagnant.

91 VOCABULAIRE

Voir les conseils p. 36.

CULTURES

pages 56 et 57

INFOS

Les sports de rue sont nés dans les années 80. Ces disciplines sont pratiquées dans l'environnement de la ville et utilisent les équipements urbains. Pour faire connaître et développer ces sports en France, des « États généraux des sports urbains » sont organisés depuis 2009.

Le skateboard, la trottinette et **le roller** sont utilisés comme moyens de déplacement ou pour réaliser des figures (tricks), le plus souvent en environnement urbain, ou dans des espaces dédiés (skateparks).

Le BMX est un sport cycliste extrême, physique, technique et spectaculaire. Il est divisé en deux catégories : la Race où les rideurs font la course et le Freestyle où les rideurs font des figures.

Le terme **street-hockey** désigne dans beaucoup de pays le simple fait de jouer au hockey dans la rue, de deux manières différentes : à pied ou à roller. En France, il ressemble beaucoup à un autre sport appelé « floorball », qui se joue également avec une balle et une crosse.

Le **street-basket**, streetball ou basket-ball de rue se pratique en extérieur et se caractérise par la négligence de nombreuses règles du basket traditionnel. Il privilégie les actions spectaculaires.

Le **street-football** ou foot de rue est une variante du football qui se joue dans la rue ou ailleurs à cinq contre cinq. Les buts sont représentés par des objets naturels. Il faut marquer le plus de buts possibles, en un temps de 40 minutes. Le jeu a été un peu popularisé en France grâce à la série de France 3, « Foot 2 rue ».

La culture hip-hop s'est répandue en France grâce à l'animateur, DJ et musicien Sidney, et à son émission « H.I.P. H.O.P. », diffusée à la télévision de janvier à décembre 1984. Aujourd'hui, la danse hip-hop est bien ancrée en France grâce à d'importantes rencontres, festivals, championnats de France scolaires, etc.

1 Inviter les élèves à observer les photos et les laisser réagir à ce qu'ils voient. Noter au tableau les noms de sports qu'ils auront réussi à nommer. Leur demander de dire s'ils pensent que ces sports se pratiquent dans leur pays et s'ils rencontrent beaucoup ou peu de succès.

PROLONGEMENT » Demander éventuellement aux élèves s'ils pratiquent ou aimeraient pratiquer un de ces sports.

Corrigé **a** Le skateboard ; **b** le street-hockey ; **c** la trottinette ; **d** le BMX

2 Laisser quelques minutes aux élèves pour lire l'article individuellement. Puis leur faire lire la consigne et choisir la réponse aux questions. Les aider éventuellement à comprendre le mot « roue » en leur montrant la photo située à droite de l'activité.

Corrigé **a** Dans la rue : « Le sport, c'est aussi dans la rue ! [...] sont des sports de rue. » ; **b** Les sports sur roue : le skateboard, le roller, le BMX, la trottinette et le street-hockey. Les sports de ballon : le street-basket et le street-football. *N.B.* : Le street-hockey peut aussi se pratiquer sans rollers.

3 92 Faire écouter l'enregistrement. Demander aux élèves de repérer dans un premier temps qui parle (des ados) et de quoi ils parlent (des sports de rue).
Proposer une deuxième écoute du dialogue et demander aux élèves de vérifier leurs réponses à l'activité 2b : nommer les différents sports appartenant à chacune des catégories : sports sur roue ou sports de ballon.

Mise en commun Demander à des volontaires de proposer leurs réponses. Pour la question b, faire deux colonnes au tableau une pour les sports sur roue et une pour les sports de ballon et y classer les sports correspondants.

PROLONGEMENT » Il est possible de demander aux élèves de repérer quel sport sur roue apparaît dans le document mais n'est pas nommé dans le dialogue (le street-hockey).

4 **MÉTHODO**

Cette activité requiert un peu de temps pour que les élèves puissent faire des recherches sur les sports de rue pratiqués dans leur pays. Elle peut donc se faire de deux manières différentes en fonction des ressources disponibles. Si les élèves peuvent avoir accès à une connexion à Internet pendant le cours, former les groupes et leur demander de faire leurs recherches juste avant de réaliser leur affiche. Si cet outil n'est pas à disposition, demander aux élèves de faire des recherches sur ce sujet à la maison (sur Internet ou autre) pour la séance suivante.

Pour la réalisation de l'affiche, insister pour que les élèves soignent la présentation et proposent un brouillon pour la correction avant d'écrire leurs informations au propre.

Mise en commun Les groupes accrochent leurs affiches dans la classe et lisent l'affiche des autres. Une fois que tous les groupes ont regardé le travail de chacun, leur poser des questions sur ce qu'ils ont retenu : « Quelles informations sont communes aux différentes affiches ? Quelles nouvelles informations vous retenez sur les sports de rue dans votre pays ? Quelles affiches présentent des sports de rue que vous ne connaissiez pas avant ? », etc.

ENSEMBLE POUR...

organiser une journée du Sport au collège

1 Former des groupes de trois ou quatre. Les élèves établissent dans un premier temps une liste de sports qu'ils aimeraient proposer pour leur journée du Sport au collège.

2 Chaque groupe crée une affiche de présentation de sa journée du Sport. Ils indiquent la date, le lieu, les sports à découvrir. Les inviter à décorer leur affiche pour qu'elle soit visuellement attractive.

3 Les élèves réfléchissent au contenu de leur journée du Sport : des jeux qu'ils pourraient organiser sur le thème du sport et des sportifs. Les inciter à proposer deux ou trois jeux et à en définir les règles entre eux. Leur donner des exemples pour les guider : un jeu pour faire deviner des sportifs célèbres à partir de leur description, un jeu pour trouver le maximum de sports qui utilisent une partie du corps en particulier, un jeu pour faire deviner des sports en donnant l'équipement qu'on utilise... Ils peuvent proposer un petit exemple pour chaque jeu.

4 **Mise en commun** Chaque groupe présente son événement à la classe. Il montre son affiche et présente les jeux qu'il a imaginés.

PROLONGEMENT » Il est possible de demander aux élèves de tester avec la classe un des jeux qu'ils ont imaginés. Le groupe qui présente son jeu décrit la règle et anime le jeu avec plusieurs participants des autres groupes.

Co-évaluation LA CLASSE DONNE SON AVIS SUR...

Pendant qu'ils travaillent sur leur projet, distribuer une grille comme celle ci-dessous par groupe. Juste avant que les groupes viennent présenter leur travail à la classe, leur expliquer les différents critères à évaluer pour chaque présentation. Pendant ou après la présentation de chaque groupe, inviter les élèves spectateurs à cocher la case correspondante pour chaque critère. Ils peuvent utiliser la même grille pour évaluer plusieurs groupes en cochant avec des couleurs différentes pour chaque groupe. Après chaque présentation, mettre en commun les évaluations.

Donne ton avis...	+++	++	+
L'affiche est...			
claire			
belle			
Les jeux sont...			
originaux			
amusants			
Pour présenter, mes camarades...			
prononcent bien			
sont clairs			

Afin d'éviter que cette mise en commun de la co-correction soit trop longue et génère de l'indiscipline, suivre les conseils p. 44 (étape 1).

VIDÉO SÉQUENCE 4

→ Fiches d'exploitation sur enseigner.tv5monde.com

Entraînement

pages 58 et 59

Entraînons-nous

1 ▸ Les sports

Former des groupes de six ou sept. Les élèves doivent énoncer chacun à leur tour un sport qu'ils aiment en l'ajoutant à ceux énoncés par les autres. La chaîne doit continuer jusqu'à ce qu'un des élèves se trompe et « brise » la chaîne. Laisser les groupes s'entraîner pendant quelques minutes.

Mise en commun Organiser une sorte de « match » : demander à deux groupes de venir devant la classe et de se placer en ligne. Le premier groupe commence sa chaîne des sports pendant que les élèves spectateurs comptent le nombre de sports énoncés sans erreur. Procéder de la même manière avec le deuxième groupe. Le groupe gagnant est celui qui a fait la chaîne la plus longue. Quand tous les groupes sont passés, il est possible d'élire le gagnant de tous les groupes.

2 ▸ Le corps

Pour que cette activité fonctionne au mieux, il est préférable de libérer un espace dans la classe et de faire se lever les élèves. Un meneur de jeu est également nécessaire (soit le professeur, soit un élève).

Former des groupes de deux. Les élèves se placent face à face. Le meneur de jeu énonce une à une les parties du corps proposées. Les élèves doivent essayer de montrer cette partie du corps sur eux-mêmes avant leur partenaire.

VARIANTE » Si les élèves sont trop nombreux et l'espace dans la classe difficile à libérer, former des groupes de trois et désigner un meneur de jeu par groupe. Procéder de la même manière que décrit ci-dessus mais avec les élèves assis à leur place.

PROLONGEMENT » Il est possible de nommer plusieurs fois la même partie du corps et d'en ajouter à celles de la liste pour corser l'activité.

Corrigé Voir Dico visuel p. 117

3 ▸ *Faire* et *jouer* + article

Former des équipes de trois ou quatre. Indiquer aux élèves qu'ils doivent faire l'activité le plus rapidement possible en un temps imposé. Utiliser un sablier ou un chronomètre. Insister pour qu'ils écrivent les phrases. Lorsque le temps est terminé, chaque groupe compte le nombre de phrases qu'il a trouvées.

Mise en commun Le groupe qui a réussi à reconstituer le plus de phrases vient les écrire au tableau. Les autres groupes valident, corrigent ou complètent à partir de leurs propres réponses. Il est possible de désigner comme gagnant le groupe qui a écrit le plus de phrases correctes.

Corrigé Je fais/Elle fait/Vous faites du tennis/de la danse/du basket/de l'escrime/du football. Nous jouons au tennis/football/basket.

4 ▸ Exprimer la fréquence

Former des groupes de deux. Les inciter à se poser des questions sur ce modèle : « – Tu fais une activité sportive dans un club ? – Oui, le mercredi. » Leur expliquer qu'ils doivent bien mémoriser ce que leur dit leur camarade en vue de la mise en commun. Ils peuvent donc prendre des notes s'ils veulent.

Mise en commun Demander à chaque élève de présenter à la classe les activités que pratique son camarade et à quelle fréquence.

VARIANTE » Si les élèves sont trop nombreux, il est possible de tirer au sort les prénoms de ceux qui vont venir présenter les activités de leur camarade.

5 ▸ Décrire physiquement

Former des groupes de deux. Leur laisser trois minutes pour faire une liste d'élèves correspondant aux descriptions données. Ils peuvent nommer plusieurs élèves par catégorie.

Mise en commun Demander à des volontaires de donner leurs réponses. Insister pour qu'ils les formulent sous forme de phrases, comme dans l'exemple.

Entraîne-toi

6 (93) ▸ Les sports

Pendant l'écoute, les élèves écrivent les noms de sports correspondant aux bruitages.

Mise en commun Après chaque réponse donnée par un volontaire, proposer une autre écoute fractionnée pour vérification si nécessaire.

Corrigé **a** le tennis ; **b** le football ; **c** la natation ; **d** le basket ; **e** l'escrime ; **f** l'équitation

7 ▸ Le corps

Les élèves écrivent leurs réponses sur leur cahier.

Corrigé **a** le ventre ; **b** la jambe ; **c** le dos ; **d** le pied ; **e** la main ; **f** la tête ; **g** le bras

8 ▸ Phonétique. Le son [R]

Mise en commun Les élèves volontaires proposent les mots qu'ils ont trouvés. Corriger la prononciation du [R], si nécessaire. Il est possible d'écrire tous les mots trouvés par les élèves au tableau et de les faire prononcer par toute la classe pour entraînement.

Corrigé *Exemples de réponses :* sport, corps, escrime, bras, brun, frisé, marron, court, faire, marcher, etc.

9 ▸ Le verbe *faire*

Corrigé **a** 2/6 ; **b** 4 ; **c** 5 ; **d** 2/6 ; **e** 3 ; **f** 1

10 ▸ Exprimer la fréquence

Inciter les élèves à formuler des phrases complètes pour leurs réponses.

Corrigé Nina fait du basket le lundi et le vendredi/tous les lundis et tous les vendredis. Elle fait du sport à l'école le mardi et le jeudi/tous les mardis et tous les jeudis. Elle fait de la danse le mercredi/tous les mercredis. Elle fait de la natation avec son père le dimanche/tous les dimanches.

11 ▸ *Faire* et *jouer* + article

Préciser aux élèves qu'ils doivent faire attention au choix et à la forme du verbe ainsi qu'aux articles qui le suivent.

Corrigé **a** Agathe joue au/fait du tennis. ; **b** Tu fais de la danse. ; **c** Karim et toi faites de l'escrime. ; **d** Juliette et moi jouons au/faisons du basket. ; **e** Théo et Margot font du judo.

12 ▸ Poser des questions

Demander aux élèves d'écrire les questions sur leur cahier. Leur préciser qu'ils doivent écrire des questions avec « est-ce que » ou avec « qu'est-ce que ».

Mise en commun Il est possible de proposer de faire cette mise en commun de manière interactive. Un élève volontaire lit une des questions qu'il a écrites. Les autres doivent deviner le plus rapidement possible à quelle réponse elle correspond. Écrire les questions au tableau, pour vérifier l'orthographe.

Corrigé **a** Qu'est-ce que vous faites le mercredi ? ; **b** Est-ce qu'elle fait du sport tous les week-ends ? ; **c** Est-ce qu'il aime le tennis ? ; **d** Qu'est-ce qu'ils font (comme sport) ? ; **e** Est-ce que la natation, c'est bon pour le corps/le dos ?

13 ▸ *C'est* ou *Il est/Elle est*

Préciser aux élèves qu'ils ne doivent pas forcément utiliser les deux structures dans chaque phrase.

Mise en commun Écrire les phrases complètes au tableau ou les faire écrire par les élèves.

Corrigé **a** C'est un joueur de tennis, il est musclé. ; **b** C'est une championne de ski, elle est française. ; **c** Il est drôle et beau, c'est un garçon sympa. ; **d** C'est une fille de ma classe, elle est sportive. ; **e** C'est un ami, c'est un grand champion de foot.

14 ▸ Décrire physiquement

Inciter les élèves à écrire une petite description pour chaque photo.

Mise en commun Interroger des volontaires et écrire les descriptions au tableau.

VARIANTE » Pour une mise en commun plus ludique et interactive, il est possible de demander à des volontaires de lire, chacun à leur tour, une de leurs descriptions. La classe devine de quelle photo il s'agit.

Corrigé **a** Elle est brune, elle a les cheveux frisés et courts et elle a les yeux marron. ; **b** Il a les cheveux blonds, courts et il a les yeux bleus. ; **c** Il est musclé, il a les cheveux courts et il a les yeux marron. ; **d** Elle est brune, elle a les cheveux longs et elle a les yeux bleus.

Évaluation

page 60

1 94 Écouter

OBJECTIFS ÉVALUÉS
Comprendre une conversation simple
Comprendre des activités et des indications de fréquence

Demander aux élèves de lire la consigne et de regarder les photos avant de faire écouter l'enregistrement. Faire écouter une première fois et laisser aux élèves quelques minutes pour répondre sur une feuille séparée. Proposer une deuxième écoute. Les élèves vérifient leurs réponses.

BARÈME 1 point par item

Corrigé **a** 5 ; **b** 4 ; **c** 2 ; **d** 3 ; **e** 1

2 Parler

OBJECTIF ÉVALUÉ
Parler des sports et du corps

Pour cette évaluation d'expression orale, il peut être plus facile de faire venir les élèves par deux à un endroit dédié de la classe. Proposer au reste de la classe de réaliser une activité en autonomie pendant ce temps.
Aider les élèves à comprendre la consigne et leur demander de partir, chacun à leur tour, d'une bulle pour s'exprimer. Les inciter à interagir si, par exemple, l'un d'eux oublie de nommer une partie du corps, sur ce modèle : « – Pour faire du roller, j'utilise mes jambes et mes pieds. – Et tu utilises aussi tes bras, non ? »

BARÈME

Utilisation correcte du vocabulaire des parties du corps	2 points
Formulation correcte des phrases	1 point
Interaction avec le/la camarade	1 point
Prononciation	1 point

Exemples de réponses
Pour faire du roller, j'utilise mes pieds, mes jambes et mes bras. Pour faire de l'escrime, j'utilise mes bras, mes mains, mes jambes, mes pieds (et mon dos). Pour marcher, j'utilise mes jambes et mes pieds. Pour danser, j'utilise tout mon corps : ma tête, mes bras, mes mains, mes pieds, mes jambes, mon dos et mon ventre. Pour faire du vélo, j'utilise mes bras, mes mains, mes jambes, mes pieds (et mon dos).

3 Écrire

OBJECTIFS ÉVALUÉS
Écrire un message
Poser des questions

Les élèves peuvent compléter l'amorce proposée dans le document pour écrire leur message. Les inciter à réécrire l'intégralité du message (et pas seulement les questions) sur une feuille séparée pour donner à leur écrit une forme authentique. Leur laisser dix ou quinze minutes pour écrire leur texte d'abord au brouillon, puis pour le recopier sur une feuille séparée.

BARÈME

Formulation correcte des questions avec « qu'est-ce que »	2 points
Formulation correcte des questions avec « est-ce que »	1 point
Respect de la forme globale du texte : message à Tony Parker	1 point
Orthographe	1 point

Exemple de production
Bonjour, je suis fan de basket et je regarde vos matchs. Qu'est-ce que vous aimez dans le basket ? Est-ce que vous faites un autre sport ? Est-ce que vous jouez tous les jours ? Est-ce que votre famille joue aussi au basket ? Qu'est-ce que vous préférez : jouer avec des Français ou avec des Américains ?
Merci de vos réponses !

4 Lire

OBJECTIFS ÉVALUÉS
Comprendre des bulles de textes
Comprendre des descriptions physiques

Laisser les élèves lire le document en autonomie et répondre aux questions. Leur conseiller de relire plusieurs fois le document pour vérifier leurs réponses. Ils doivent également écrire une courte description à partir de la photo qu'on ne peut pas associer aux autres bulles.

BARÈME item a : 1 point ; item b : 1 point ; item c : 1 point, item d = 1 point ; item 5 : 1 point

Corrigé **1** d ; **2** e ; **3** b ; **4** c ; **5**
Exemple de réponse pour l'item 5 : Moi, je suis brun et j'ai les yeux marron. J'ai les cheveux courts. Mon sport préféré, c'est le hip-hop.

1 Compréhension de l'oral (10 points)

Faire lire la consigne puis les questions et s'assurer de leur bonne compréhension. Préciser aux élèves qu'il faut écrire la bonne réponse ou l'entourer (dans les QCM). Passer deux fois l'enregistrement et laisser aux élèves deux minutes pour compléter leurs réponses.

Corrigé **1** La Journée du Sport. *(2,5 points)* – **2** Photo a. *(2,5 points)* – **3** Tennis. *(2,5 points)* – **4** Photo b. *(2,5 points)*

2 Compréhension des écrits (10 points)

Faire lire la consigne, le message puis les questions. S'assurer que tout le monde a compris. Laisser 5 minutes aux élèves pour réaliser la tâche.

Corrigé **1** Dimanche. *(2,5 points)* – **2** Photo b. *(2,5 points)* – **3** Photo c. *(2,5 points)* – **4** Tous les samedis. *(2,5 points)*

3 Production écrite (20 points)

Exercice 1 : Faire lire la consigne et s'assurer de sa compréhension. Laisser 5 minutes aux élèves pour réaliser la tâche.

Guide pour l'évaluation de l'exercice 1 : Les transcriptions phonétiques sont acceptées : si l'orthographe lexicale est défaillante mais que le mot reste compréhensible phonétiquement, on attribuera le nombre de point.

Items	Éléments pour la correction	Nombre de points
Nom	1 point si l'élève a écrit un nom.	1 point
Prénom	1 point si l'élève a écrit un prénom.	1 point
Âge	2 points si l'âge est cohérent, s'il est écrit en chiffres (même si « ans » n'est pas présent) ou en toutes lettres en français.	1 point
Nationalité	1 point si l'élève a écrit sa nationalité, même si elle est donnée au masculin.	1 point
Pays	1 point si l'élève a écrit le nom d'un pays.	1 point
Langue(s) parlée(s)	1 point si l'élève a écrit le nom d'un(e) ou plusieurs langue(s) ou dialecte(s).	1 point
Ta description (2 adjectifs)	2 points si l'élève a écrit deux adjectifs qualificatifs relatifs à la description physique et/ou morale. Ne pas pénaliser l'élève s'il a écrit plus de deux adjectifs et ne prendre en considération que les réponses estimées correctes.	2 points
2 sports préférés	2 points si l'élève a écrit le nom de deux sports. Toute réponse cohérente est acceptée. Ne pas pénaliser l'élève s'il a écrit plus de deux sports et ne prendre en considération que les réponses estimées correctes.	2 points

Exercice 2 : Faire lire la consigne et s'assurer de sa compréhension. Laisser 10 à 15 minutes aux élèves pour réaliser la tâche.

Guide pour l'évaluation de l'exercice 2 :

Respect de la consigne – L'élève a bien écrit un message à un nouveau correspondant pour se présenter. (1 point) – L'élève a écrit au minimum 40 mots. (1 point)	2 points
Correction sociolinguistique – L'élève a utilisé les formes élémentaires de l'accueil et de la prise de congé. (1 point) – L'élève a bien employé le tutoiement pour s'adresser à son correspondant. (1 point)	2 points
Capacité à informer et/ou à décrire – L'élève s'est présenté à son nouveau correspondant (2 points) et il a parlé de sa famille (2 points).	4 points
Lexique/orthographe lexicale – L'élève a su employer le lexique correspondant et il a su l'orthographier correctement.	1 point
Morphosyntaxe/orthographe grammaticale – L'élève a su utiliser correctement les formes grammaticales pour s'exprimer sur le sujet.	1 point

4 Production orale (10 points)

Exercice 1 : Faire lire la consigne et s'assurer de sa compréhension. Laisser 5 minutes aux élèves pour faire un brouillon. Demander à chaque élève de réaliser la production orale (ou faire venir au tableau chaque élève). Selon le nombre d'élèves, tous ne seront pas évalués mais pourront l'être ultérieurement. Si les conditions matérielles le permettent, l'élève pourra aussi s'enregistrer et fournir à l'enseignant sa production orale.
Guide pour l'évaluation de l'exercice 1 : L'élève peut se présenter comme demandé dans la consigne (les 5 points sont à répartir selon la quantité des informations données par l'élève et la façon dont il les donne).

Exercice 2 : Faire lire la consigne et demander aux élèves de choisir individuellement 4 mots et d'écrire une question par mot choisi. Laisser 5 minutes aux élèves.
Guide pour l'évaluation de l'exercice 2 : L'élève peut poser des questions simples à partir de 5 mots de l'exercice (1 point par question correctement posée).

Pour l'ensemble des deux exercices, s'assurer que l'élève a bien acquis les compétences lexicales et morphosyntaxiques vues dans les étapes correspondantes. Veiller aussi à ce que l'élève prononce de manière compréhensible le répertoire d'expressions vues.

Rendez-vous au collège

ÉTAPE 5

Objectifs pragmatiques
- Parler de la vie au collège
- Parler de son emploi du temps
- Fixer un rendez-vous

Tâche finale → imaginer un collège de rêve

CONTENUS

Communication	Grammaire	Lexique	Phonétique	Culture
Dire la date Demander et dire l'heure Indiquer un horaire Demander et donner une explication Situer dans le temps Fixer un rendez-vous	Le verbe *aller* *Pourquoi / parce que* Les questions avec *où* et *quand* *Il y a*	Le collège Les mois et les saisons L'emploi du temps La journée Les rendez-vous	Les sons [b] et [v] Les liaisons avec *d*, *f* et *x*	Jours de fête **Discipline non linguistique** Mathématiques : les heures, les minutes et les secondes

COMPÉTENCES CLÉS

Compétence mathématique et compétences de base en sciences et technologie	Connaître les heures, les minutes et les secondes : Mon cours de maths p. 67
Compétence numérique	Faire des recherches sur Internet pour trouver des dates de fêtes : faire la présentation de son collège de rêve p. 71
Compétence apprendre à apprendre	Choisir une méthode pour apprendre à prononcer de nouveaux sons : Cahier d'activités p. 42 Se familiariser avec la méthode inductive pour découvrir un point de langue : activités 3 p. 66 ; 6 et 7 p. 67 ; 2 p. 68 et 6 p. 69
Compétences sociales et civiques	Se mettre d'accord pour fixer un rendez-vous : activité 8 p. 69
Esprit d'initiative et d'entreprise	Noter son collège : activité 8 p. 65 Faire la liste de ses moments préférés au collège : activité 8 p. 67 Compléter un agenda et fixer un rendez-vous : activité 8 p. 69 Imaginer des événements pour un calendrier : p. 71 Imaginer un collège de rêve : p. 71
Sensibilité et expression culturelles	Faire la présentation d'un collège de rêve (en photo, en vidéo ou sous forme d'affiche) : p. 71

Ouverture

page 63

Activité 1

Faire observer la page. Puis faire lire la consigne aux élèves. Les inviter à montrer sur leur livre ou sur le manuel numérique les photos correspondant à chaque item.

Corrigé **a** une salle de classe = photo en bas à droite (et photo de fond) ; **b** des élèves = photo du milieu (et photo de fond)

Activité 2

MÉTHODO

Cette activité fait appel à la réflexion interculturelle des élèves. Elle les invite à partir de leur vécu et à le comparer avec les habitudes des ados français. Les laisser réagir à l'information culturelle, dans un premier temps en langue maternelle, et les laisser poser d'autres questions sur ce sujet. Cela satisfera leur curiosité et les motivera pour aborder le thème de cette étape.

Faire lire la consigne. Donner aux élèves la signification de « après-midi ».

Mise en commun Inviter des volontaires à répondre à la question par « oui » ou par « non » en justifiant leur réponse. Par exemple : « Oui, le mercredi après-midi, je suis au collège » ou « Non, le mercredi après-midi, je fais du sport dans un club ». Bien leur expliquer qu'en France, c'est pour tous les collégiens que le mercredi après-midi est libre.

INFOS

En France, les élèves ne vont jamais au **collège** le mercredi après-midi, traditionnellement réservé à la pratique des activités extrascolaires. Les autres jours de la semaine, ils ont cours en moyenne de 8 heures ou 8 heures 30 le matin à 16 heures ou 17 heures l'après-midi, avec une pause pour déjeuner le midi de 12 heures à 13 heures ou 13 heures 30.

Contrat d'apprentissage

Lire les trois objectifs pragmatiques annoncés et en expliquer le sens aux élèves par des exemples en langue maternelle. Les laisser réagir ou poser des questions sur ce qu'ils ont ou n'ont pas compris. Annoncer ensuite la tâche finale : « Cela va nous servir à présenter notre classe à des collégiens français ».

LEÇON 1 Parlons de la vie au collège

pages 64 et 65

1 Comprendre une page Internet et des noms de lieux sur un plan

Faire observer le document (1) et lire la consigne a. Laisser quelques minutes aux élèves pour préparer leur réponse.

Mise en commun Des élèves volontaires proposent leurs réponses. Les aider à formuler le mot « plan ».

Demander ensuite aux élèves d'observer le plan du collège Jules Ferry plus en détail (notamment les symboles accompagnant les noms des lieux) et de faire l'activité b.

Mise en commun Interroger des volontaires et les inciter à nommer les lieux avec des articles. Les inviter à consulter l'encadré de vocabulaire p. 65 pour cela. Écrire les réponses au tableau.

Corrigé **a** C'est le site Internet du collège Jules Ferry avec le plan du collège ; **b** 1. La salle de classe – 2. La bibliothèque – 3. Le gymnase – 4. La cantine

PROLONGEMENT » Attirer l'attention des élèves sur le dernier lieu qui n'est pas représenté par une photo dans l'activité b : la cour de récréation. Leur demander éventuellement de dire ce qu'on peut faire dans ce lieu du collège : parler avec ses amis, jouer au foot, etc.

SYSTÉMATISATION » n° 5 p. 72

2 Décrire son collège

Faire lire la consigne de l'activité et la bulle d'exemple. Écrire la phrase d'exemple au tableau et attirer l'attention des élèves sur l'expression « il y a ». Leur expliquer qu'on l'utilise pour décrire, désigner ce qui est présent dans un lieu (que ce soit un animé ou un inanimé). Faire également observer, dans l'exemple, la forme négative « pas de » et rappeler aux élèves que le « de » remplace l'article indéfini qu'on utilise dans la forme affirmative correspondante. Laisser s'exprimer les élèves qui en ont envie, sur le modèle de l'exemple.

3 Comprendre un calendrier scolaire et des dates de vacances

MÉTHODO

Le document (2) est très riche en informations culturelles sur les saisons, les vacances et les fêtes en France. Nous suggérons de les faire découvrir aux élèves en prolongement de cette activité. Mais il peut être intéressant de proposer cette découverte avant, surtout si les élèves montrent de la curiosité et posent des questions lors de la première observation du document.

Demander aux élèves d'observer le document (2) et de s'exprimer sur ce qu'ils voient. Ils vont facilement reconnaître un calendrier grâce aux dates. Les inviter à faire des hypothèses sur la signification des mots « scolaire » (qui concerne l'école) et « vacances » ou les expliquer, si nécessaire. Faire lire par des volontaires le calendrier à voix haute. Corriger la prononciation.
Puis faire lire la consigne et les différents items de l'activité par les élèves. Leur demander de faire des hypothèses sur la signification des différents chiffres. Les aider à comprendre que, pour dire la date en français, on dit d'abord le jour et ensuite le mois. Leur donner un exemple : « Dans l'item a, pour la date du 02/03 ; 02, c'est le jour et 03, c'est le mois. »
Puis, laisser quelques minutes aux élèves pour faire l'activité.

Mise en commun Demander à des volontaires de lire les dates données dans les items en nommant les mois (par exemple « du 14 février au 2 mars ») avant de donner le nom des vacances correspondantes. Veiller à la prononciation correcte de ces noms. Écrire les dates en chiffres et leur correspondance en lettres au tableau. Faire ensuite écouter et répéter la rubrique « les mois » de l'encadré de vocabulaire p. 65 afin de bien fixer la prononciation.

Corrigé **a** Du 14 février au 2 mars : les vacances d'hiver ; **b** Du 20 décembre au 5 janvier : les vacances de Noël ; **c** Du 18 avril au 4 mai : les vacances de printemps.

PROLONGEMENT » Attirer l'attention des élèves sur les noms des différentes vacances scolaires du calendrier. Leur demander de faire des hypothèses sur leur signification en observant notamment les symboles.
Les inviter à lire les noms des saisons dans l'encadré de vocabulaire page 65 et à retrouver celles correspondant aux vacances de la Toussaint et aux vacances de Noël. Par déduction, ou avec l'aide du Dico visuel page 117, ils vont deviner qu'il s'agit de l'automne et de l'hiver. Leur faire écouter la liste des saisons pour fixer la prononciation.
Puis, leur demander de comparer les dates des quatre saisons en France avec les saisons dans leur pays. Sont-elles identiques ?

SYSTÉMATISATION » n° 1 p. 72

INFOS

L'année scolaire en France commence par la rentrée scolaire, qui a lieu la première semaine de septembre pour tous les élèves français. Elle se termine la première semaine de juillet et laisse place à environ deux mois de vacances d'été. L'année scolaire est entrecoupée de 4 périodes de vacances de deux semaines. Les dates de vacances d'hiver et de printemps ne tombent pas aux mêmes dates dans toutes les régions afin d'échelonner les éventuels départs en vacances.

Les vacances de la Toussaint sont en automne autour de la fête de la Toussaint qui a lieu le premier novembre. Elle correspond à la fête des morts (des saints) dans le calendrier catholique. On fête également Halloween le 31 octobre, mais il s'agit d'une tradition anglo-saxonne devenue populaire en France à la fin des années 90.

Les vacances de Noël ont lieu autour des fêtes de fin d'année. Noël fête la naissance de Jésus le 25 décembre et le Nouvel An fête le passage à la nouvelle année dans la nuit du 31 décembre au 1er janvier.

Les vacances d'hiver ont lieu en février ou en mars ; elles ne correspondant à aucune fête en particulier.

Les vacances de printemps ont lieu en avril ou en mai, autour de Pâques, qui commémore la résurrection de Jésus-Christ.

Il y a quatre saisons en France (métropolitaine), elles correspondent aux dates des solstices et des équinoxes :
– le printemps = du 20 mars au 20 juin
– l'été = du 20 juin au 22 septembre
– l'automne = du 22 septembre au 21 décembre
– l'hiver = du 21 décembre au 20 mars

4 S'entraîner à dire et à comprendre des dates

Avant de faire l'activité, demander aux élèves de repérer sur le document (2) la date de la rentrée scolaire et la date des vacances d'été. Leur faire remarquer qu'on utilise l'article « le » pour donner la date.
Leur faire ensuite écouter la rubrique « dire la date » de l'encadré de vocabulaire page 65. Leur faire éventuellement répéter. Bien faire remarquer qu'on utilise la préposition « en » devant un mois ou une saison.
Former des groupes de deux et faire lire la consigne et l'exemple de l'activité. Un(e) élève écrit sur son cahier une date de son choix (en lettres). Puis, il ou elle l'énonce à son ou sa camarade qui l'écrit à son tour en

chiffres. Les deux élèves comparent leurs dates écrites. Elles doivent correspondre. Inverser ensuite les rôles et continuer le jeu jusqu'à ce que chaque élève ait énoncé trois ou quatre dates. Pendant l'activité, passer parmi les groupes pour vérifier qu'ils utilisent bien l'article « le » pour dire la date et qu'ils disent le jour et le mois dans le bon ordre.

VARIANTE » Demander aux binômes d'écrire une liste de quatre dates de leur choix (en lettres). Puis ils les énoncent chacun à leur tour à des camarades d'un autre groupe qui les écrivent. Les deux groupes comparent ensuite leurs dates.

PROLONGEMENT » Pour chaque date, l'élève ou les élèves qui écrit/écrivent dit/disent à quelle saison française elle correspond : « C'est en été ! », « C'est au printemps ! », etc.

SYSTÉMATISATION » n° 6 p. 72

5 Comparer les dates de vacances en France et dans son pays

Demander aux élèves de lire la question et leur laisser quelques minutes pour réfléchir ou prendre des notes avant de répondre.

Mise en commun Demander à des élèves volontaires de proposer leurs réponses en insistant pour qu'ils disent correctement les dates. Les écrire au tableau sous cette forme : « Nous avons des vacances du … au … », et si les vacances ont un nom : « Ce sont les vacances de … ».

VARIANTE » Il est possible de faire faire cette activité à l'écrit par petits groupes. Demander aux élèves de prendre une feuille de papier et de faire le calendrier des vacances scolaires de leur pays (ou de leur région, ou de leur collège), sur le modèle de celui du document (2). Leur laisser un peu de temps pour bien le présenter et l'illustrer. Puis afficher tous les calendriers dans la classe.

6 Comprendre un extrait de blog et parler des notes au collège

Laisser quelques minutes aux élèves pour observer le document (3). Les inviter à dire de quel type de document il s'agit : un blog de collégiens. Les aider à nommer ce qu'ils voient (des notes avec des appréciations) et à comprendre le mot « note » : c'est le résultat qu'un professeur donne à un élève pour l'évaluer.
Ensuite, faire lire la consigne de l'activité par un élève volontaire et demander à la classe d'observer les différents types de notes illustrées : 20/20, smiley et A+. Les inviter à dire si un des exemples illustre le type de notation utilisée par leurs professeurs dans leur collège.

Mise en commun Demander à un(e) élève volontaire de venir écrire au tableau le ou les type(s) de notation adoptée(s) par ses professeurs. Inviter ensuite la classe à retrouver dans le document (3) la manière de noter en France (en comptant un total sur 20 points). Les laisser s'exprimer librement sur le système de notation qu'ils préfèrent ou qui leur semble le plus juste.

7 (96) Comprendre un court dialogue et des notes

Demander aux élèves de relire le blog en détail. Les aider à repérer quelles sont les bonnes et les mauvaises notes en France grâce aux appréciations données. Leur poser des questions pour cela : « 20 sur 20, c'est une bonne note ? Et 10 sur 20 ? », etc. Attirer ensuite leur attention sur la partie à compléter sur le blog et leur faire repérer les différents critères qu'on propose de noter : les cours, les élèves, la cantine et les cours de sports. Vérifier qu'ils ont bien compris le mot « cours » en les invitant à donner des exemples : « un cours de français, d'anglais », etc.).
Faire lire la consigne de l'activité et inviter les élèves à faire des hypothèses sur le contenu du dialogue qu'ils vont écouter. Ils peuvent facilement deviner qu'il s'agit d'adolescents qui notent leur collège. Proposer une première écoute. Demander aux élèves d'écrire sur leur cahier les notes qu'ils entendent. À la deuxième écoute, ils peuvent associer ces notes aux critères correspondants.

Mise en commun Écrire au tableau les quatre critères du blog et laisser un espace blanc à côté de chacun. Demander à des élèves volontaires de venir compléter les notes (en chiffres) à côté de chaque critère. Proposer une dernière écoute pour vérification.

Corrigé Les cours : 17/20 ; Les élèves : 20/20 ;
La cantine : 14 /20 ; Les cours de sports : 17/20

INFOS

Les notes au collège en France
La plupart des collèges évaluent les élèves dans chaque matière avec des notes sur 20 (ou parfois sur 10). Une note générale est calculée en additionnant la note de obtenue dans chaque matière. Les élèves doivent obtenir au minimum la moyenne (= 10 sur 20) à cette note globale pour pouvoir passer dans la classe supérieure l'année suivante.

8 Donner des notes à son collège

MÉTHODO

Cette activité peut permettre de reprendre en production le vocabulaire du collège de l'encadré page 65. Avant de la faire réaliser, il peut être utile de proposer une écoute des mots de cette liste afin que les élèves se les remémorent et les réutilisent. Par ailleurs, afin que cette activité se déroule de manière amusante et cordiale, préciser aux élèves qu'ils sont tenus de la faire dans le respect de leurs camarades et de leurs professeurs. Leur rappeler qu'il s'agit d'un jeu et que l'« évaluation positive » est la bienvenue.

Demander aux élèves de recopier sur leur cahier les quatre critères proposés dans le blog du document (3) et d'y ajouter deux autres critères de la liste de vocabulaire écoutée précédemment (par exemple : la bibliothèque, la cour de récréation, les salles de classe, etc.). Leur laisser quelques minutes pour noter chaque critère sur 20. Ils peuvent également faire la moyenne de leurs notes pour obtenir une note globale de leur collège.

Mise en commun Demander aux élèves de dire chacun à leur tour quelles notes ils ont attribuées à leur collège. Laisser les autres élèves réagir librement et dire s'ils sont d'accord ou pas d'accord.

97

VOCABULAIRE

Faire écouter la liste de vocabulaire si cela n'a pas été fait comme suggéré lors des activités précédentes. Voir les conseils page 36.

98

VIRELANGUE

Les sons [b] et [v] comme dans *novembre*

MÉTHODO
Avec ce virelangue, les élèves vont s'entraîner à prononcer les consonnes occlusives [b] et [v]. La discrimination de ces deux sons est particulièrement difficile pour le public hispanophone.

Leur montrer que, pour prononcer le son [b], ils faut bloquer l'air au niveau des lèvres en les resserrant et que, pour prononcer le son [v], il faut resserrer la lèvre inférieure contre les dents du haut. Leur faire la démonstration en prononçant plusieurs fois [b] et [v] à la suite et les laisser s'entraîner quelques minutes à faire de même, individuellement. Écrire ensuite au tableau deux mots qui commencent par ces deux sons, par exemple « bibliothèque » et « vacances » et leur demander de s'entraîner à les dire correctement en suivant les conseils donnés précédemment.

Faire écouter et lire en même temps le virelangue. Laisser les élèves s'entraîner à le répéter individuellement et de plus en plus vite. Les inciter à soigner la prononciation des sons travaillés.

Mise en commun Demander à des élèves volontaires de répéter le plus rapidement possible le virelangue devant la classe. Plusieurs élèves peuvent éventuellement le dire ensemble, en harmonisant leur rythme.

PROLONGEMENT » Demander aux élèves, par groupes de deux, de rechercher dans leur livre le maximum de mots qui contiennent les sons [b] et [v] et d'écrire une phrase amusante avec ces mots. Ils s'entraînent à la dire ensemble rapidement et en soignant la prononciation puis ils viennent la présenter à leurs camarades. La classe vote pour la phrase la plus amusante et la mieux prononcée.

SYSTÉMATISATION » n° 7 p. 73

LEÇON 2 Parlons de notre emploi du temps

pages 66 et 67

1 Comprendre un emploi du temps et des matières scolaires

MÉTHODO
Pour réaliser cette activité, il est important de laisser les élèves agir en autonomie afin qu'ils exercent leur capacité de déduction ou de recherche personnelle. Ils peuvent soit essayer de comprendre les matières scolaires en devinant leur sens parce que ces mots sont relativement transparents dans leur langue, soit consulter le Dico visuel page 117 pour s'aider. Dans un deuxième temps, ils devront comparer les informations culturelles qu'ils découvrent avec celles de leur pays ou de leur collège et mener donc une réflexion interculturelle.

Inviter les élèves à observer le document et à lire la consigne pour nommer le type de document : un emploi du temps. Les inciter à dire ce qu'on trouve comme informations sur un emploi du temps : les jours de la semaine, les heures et les matières scolaires. Écrire ces trois mots au tableau.
Leur laisser ensuite quelques minutes pour faire la liste, sur leur cahier, de toutes les matières de l'emploi du temps. Les inciter à souligner celles qu'ils ne connaissent pas et à en chercher le sens, si besoin. Dans un deuxième temps, demander aux élèves d'entourer dans la liste les matières qu'ils ont eux aussi dans leur emploi du temps et à barrer celles qu'ils n'ont pas.

Mise en commun Pendant que les élèves travaillent en autonomie, écrire au tableau la liste des matières scolaires du document du livre. Interroger des volontaires pour dire les matières qu'ils ont dans leur emploi du temps. Les entourer au tableau.

VARIANTE » Si les élèves n'ont pas tous le même emploi du temps, leur poser une question pour chaque matière écrite au tableau, sur ce modèle : « Qui a des cours d'EPS ? Qui a des cours d'histoire-géo ? », etc. Inviter les élèves concernés à lever la main et écrire le nombre d'élèves à côté du nom de la matière correspondante au tableau.

PROLONGEMENT » Demander aux élèves de dire :
– quelle est leur matière préférée parmi celles qui sont dans leur emploi du temps ;
– s'ils aimeraient étudier les matières qui figurent dans l'emploi du temps de l'activité mais pas dans le leur.
À l'issue de l'activité, faire écouter l'encadré de vocabulaire page 67 pour bien fixer la prononciation.

INFOS

Les collégiens français n'ont pas tous le même **emploi du temps** selon le collège où ils vont et les options proposées. Mais en classe de 6e (la première classe du collège), ils ont tous obligatoirement, par semaine :
– 4 heures et demie de français,
– 4 heures et demie de maths,
– 4 heures d'histoire-géographie-enseignement moral et civique,
– 4 heures d'EPS,
– 3 heures de langue vivante,
– 2 heures de sciences de la vie et de la Terre,
– 1 heure de physique-chimie,
– 1 heure de technologie,
– 1 heure d'éducation musicale,
– 1 heure d'arts plastiques.
Trois heures sont consacrées à de l'accompagnement personnalisé, avec du temps passé en bibliothèque et, une fois par mois environ, il y a une heure de la « vie de classe », pendant laquelle les élèves peuvent s'exprimer sur la vie au collège, leurs difficultés, leurs attentes, par exemple.

2 (99) Comprendre un court dialogue et repérer des matières scolaires

Passer une première fois l'enregistrement avant de faire lire la consigne aux élèves. Leur demander de dire qui parle, où et de quoi. Ils vont facilement reconnaître l'ambiance d'un collège et comprendre qu'il s'agit de collégiens qui s'expriment sur les cours qu'ils ont ce jour-là. Faire lire la consigne et demander aux élèves de procéder en deux temps pour faire l'activité : pendant la deuxième écoute, ils notent les noms des cours cités dans l'ordre entendu. Après cette écoute, ils regardent dans l'emploi du temps de l'activité 1 à quel jour ils correspondent.

Mise en commun Demander à des élèves volontaires de donner leur réponse et de se justifier en précisant les cours qu'ils ont notés sur leur cahier. Écrire au tableau la liste des cours dans l'ordre énoncé dans le dialogue : français, SVT ou technologie, maths. Elle servira pour l'activité suivante.

Corrigé On est jeudi : les élèves ont français, SVT ou technologie et maths.

3 (99) Approfondir la compréhension et repérer des heures

Faire lire individuellement la consigne et les étiquettes aux élèves. Les aider à repérer quel type d'information ils voient sur les étiquettes : des heures. Les inviter à les recopier sur leur cahier et les écrire au tableau. Passer l'enregistrement et laisser les élèves entourer les heures qu'ils entendent dans le dialogue. Proposer une autre écoute et leur demander de retrouver sur l'emploi du temps de l'activité 1 les heures correspondantes.

Mise en commun Demander à des volontaires de dire les heures qu'ils ont entendues. Les entourer au tableau. Puis demander à d'autres volontaires de venir écrire, à côté des heures entourées, les heures en chiffres correspondantes et de les associer aux cours correspondants pour justifier leurs réponses. Faire écouter une dernière fois de manière fractionnée pour vérification et terminer le travail sur ce dialogue en demandant aux élèves de dire comment on demande l'heure. Ils auront sans doute repéré la phrase : « Il est quelle heure ? ».

Corrigé Neuf heures et quart, c'est 9 h 15, ils ont cours de français. ; Dix heures et demie, c'est 10 h 30, ils ont cours de SVT ou technologie (techno). ;
De quatre heures moins le quart à cinq heures moins le quart, c'est de 15 h 45 à 16 h 45, ils ont cours de maths.

Afin d'attirer l'attention des élèves sur certaines difficultés pour dire l'heure, souligner, dans les phrases écrites précédemment au tableau : « neuf heures et quart », « dix heures et demie » et « quatre heures moins le quart » ou « cinq heures moins le quart » de trois couleurs différentes. Entourer également dans les réponses écrites par les élèves en chiffres : « 9 h 15 », « 10 h 30 » et « 15 h 45 » avec les trois couleurs correspondantes.
Dessiner également trois pendules de ces trois couleurs en indiquant avec une petite et une grande aiguille les heures et les minutes correspondant à ces trois heures. Sur la pendule « 9 h 15 », hachurer le quart de cercle allant de 12 à 3 et indiquer à côté « 9 heures + 15 minutes = et quart », sur la pendule « 10 h 30 », hachurer le moitié droite de cercle allant de 12 à 6 et indiquer à côté « dix heures + 30 minutes = et demie ». Sur la pendule « 15 h 45 », hachurer le quart de cercle allant de 12 à 9 et indiquer à côté « 4 heures – 15 minutes = moins le quart ».

100 TABLEAU DE COMMUNICATION

Pour demander et dire l'heure

Faire écouter et lire le tableau aux élèves. Attirer d'abord leur attention sur la forme impersonnelle toujours utilisée pour dire l'heure : « il est ». Puis, leur rappeler qu'ils ont déjà repéré qu'on peut dire l'heure de deux manières différentes grâce à l'activité précédente. Les inviter à imaginer dans quelles situations on utilise plutôt l'une ou l'autre manière. Dans la conversation, les Français ont l'habitude de dire l'heure en comptant les heures de une à onze et en utilisant « et quart », « et demie », « moins le quart », etc. pour les minutes. Ils disent « midi » à « 12 h » et « minuit » à « 00 h 00 ». Pour dire l'heure de manière plus officielle, pour donner des horaires de train ou de travail, par exemple, on compte les heures de zéro à vingt-trois et les minutes de une à soixante. Bien attirer l'attention des élèves sur la remarque en bas du tableau qui précise que pour dire l'heure « dans la conversation », on ne peut pas compter les heures au-delà de douze.

Pour synthétiser ce point de langue au tableau ou sur les cahiers, faire un tableau à deux colonnes intitulées : « dans la conversation » et « dans les situations officielles ». Écrire dans la colonne « Dans la conversation », en lettres : « Il est une/deux/trois… onze heure(s) cinq/dix/et quart… et demie, moins vingt-cinq, moins vingt… moins le quart ». Dans la colonne « Dans les situations officielles », écrire les heures en chiffres : « Il est 1/2/3… 23 h 05, 10, 15… 30… 45 ».

PROLONGEMENT » Pour vérifier que les élèves ont bien compris la correspondance entre les deux manières de dire l'heure, demander à chacun d'écrire sur un morceau de papier une heure « officielle » en chiffres, par exemple : 16 h 30. Ramasser tous les papiers et faire venir les élèves un par un pour en tirer un au sort. Ils doivent dire l'heure officielle écrite et l'heure courante correspondante (ici : quatre heures et demie).

SYSTÉMATISATION » n° 2 p. 72

101 TABLEAU DE COMMUNICATION

Pour indiquer un horaire

Avant de faire écouter le tableau, demander aux élèves d'essayer de se rappeler comment les ados indiquent les horaires de leur cours dans le dialogue écouté précédemment. Leur poser les questions suivantes et les écrire éventuellement au tableau :
« **À** quelle heure est le cours de français ? » et « **De** quelle heure **à** quelle heure ils ont cours de maths ? ».
Les aider à formuler les réponses suivantes, en insistant sur les prépositions : « Ils ont cours de français **à** neuf heures et quart » et « Ils ont cours de maths **de** quatre heures moins le quart **à** cinq heures moins le quart ».
Après l'écoute et la lecture du tableau, résumer l'explication ainsi : on utilise « à + heure » pour indiquer un horaire fixe et « de + heure + à + heure » pour indiquer une période de temps.

PROLONGEMENT » Demander à chaque élève d'écrire sur un morceau de papier deux questions sur l'emploi du temps au collège (activité 1) : une commençant par « À quelle heure… » et une autre commençant par « De quelle heure à quelle heure… ». Ramasser tous les papiers et faire venir les élèves un par un pour en tirer un au sort et répondre aux deux questions. Veiller au bon réemploi des prépositions.

4 S'entraîner à indiquer un horaire

Former des groupes de deux et faire lire la consigne et les bulles d'exemples aux élèves. Chaque élève choisit un cours sur l'emploi du temps de l'activité 1 et fais une phrase sur le modèle donné pour formuler l'horaire. Son/Sa camarade devine quel(s) jour(s) sont concernés. Inviter les élèves à faire deviner chacun à leur tour plusieurs jours à leur camarade. Passer parmi les groupes pour vérifier le bon réemploi des prépositions et des heures.

5 102 Comprendre la situation globale d'un court dialogue

Avant de faire lire la consigne, faire écouter l'enregistrement et préciser aux élèves qu'ils vont devoir repérer qui parle et dans quelle situation.
Puis inviter les élèves à lire la question de la consigne et à y répondre. Ils peuvent se référer si nécessaire à l'emploi du temps de l'activité 1.

Mise en commun Demander à des élèves volontaires de proposer leur réponse et de retrouver, grâce à l'emploi du temps, quel jour se passe la scène du dialogue (un mardi). Répondre aux éventuelles questions de la classe sur ce qu'est l'heure de vie de classe, si cela n'a pas été fait lors de l'activité 1.

Corrigé L'heure de vie de classe.

6 102 Approfondir la compréhension et repérer les moments de la journée

Avant de faire lire la consigne, laisser quelques minutes aux élèves pour observer le document. Leur demander de dire de quoi il s'agit et de s'exprimer sur ce qu'ils voient : un tableau avec des post-it. Leur laisser quelques minutes pour lire la consigne et les post-it individuellement. Leur demander de recopier sur leur cahier les étiquettes avec les noms des 4 personnes : Selma, Yannis, Le professeur, et Lucie. Faire de même au tableau. Pendant la deuxième écoute, les élèves écrivent à côté de chaque personne la lettre du post-it correspondant.

Mise en commun Demander à des élèves volontaires de proposer leurs réponses et de citer le texte pour se justifier. Proposer une écoute fractionnée pour les aider si nécessaire.
Au tableau, écrire le contenu de chaque post-it à côté de la personne correspondante afin de faire repérer aux élèves les moments de la journée. Leur demander de faire des hypothèses sur la signification des mots « matin » et « midi ».

Corrigé Selma : **a** Le professeur (« Ce matin, pour notre heure de vie de classe, nous parlons de nos moments préférés au collège. ») ; **b** Selma (« J'aime le lundi à onze heures et demie. ») ; **c** Yannis (« J'aime bien les cours de sport le matin. ») ; **d** Lucie (« J'adore le midi à la cantine ! »).

103 **TABLEAU DE COMMUNICATION**

Pour situer dans le temps

Faire écouter et lire en même temps le tableau. Demander ensuite aux élèves d'y repérer les mots nouveaux : « après-midi » et « soir ». Les inviter à faire des hypothèses sur les moments de la journée auxquels ils correspondent en les associant à des tranches horaires : « l'après-midi, c'est de 13 h ou 14 h à 18 h ou 19 h », « le soir, c'est de 18 h ou 19 h à 23 h ou minuit ».
Les inviter ensuite à dire quelles différences ils observent entre la première et la deuxième colonne. Ils vont facilement remarquer un déterminant différent. Les aider à comprendre qu'on utilise le déterminant « ce/cet/cette » pour parler d'un moment de la journée d'aujourd'hui. On utilise « le/la/l' » pour parler d'une habitude : « le matin » signifiant « tous les matins ». Leur rappeler qu'ils ont déjà vu cette structure avec les jours de la semaine (« le lundi » = « tous les lundis ») dans l'étape 4.

Pour la présentation de ce point de langue au tableau, utiliser une couleur pour les déterminants « ce/cet/cette » et une autre pour les articles « le/la/l' ».

SYSTÉMATISATION » n° 3 et 8 p. 72-73

7 **Finaliser la compréhension et découvrir « pourquoi » et « parce que »**

MÉTHODO

Il est préférable de faire faire cette activité en deux temps. La première phase permet aux élèves de repérer les nouvelles structures et de finaliser la compréhension du dialogue. La deuxième permet de produire une phrase sur le même modèle que ce qui a été découvert. Deux phases de mise en commun sont donc proposées.

Demander aux élèves de lire les étiquettes a et b. Elles reprennent des explications données par les ados du dialogue écouté précédemment. Aider les élèves à le formuler. Puis les inviter à les associer, de mémoire, aux ados qui correspondent. Ils peuvent se référer aux post-it de l'activité 6 pour trouver les réponses. Les laisser réfléchir pendant quelques minutes et, pendant ce temps, recopier les deux explications au tableau.

Mise en commun Demander à des volontaires de proposer leurs réponses. Écrire au tableau les prénoms des ados correspondants à côté de chaque phrase. Faire réécouter le dialogue pour vérifier et demander aux élèves de repérer à quelle question du professeur répondent ces deux phrases : « pourquoi ».

Ensuite, demander aux élèves de se rappeler quel est le moment préféré de Lucie. Ils peuvent s'aider encore une fois des post-it de l'activité 6 pour répondre : « Lucie aime la cantine le midi. ». Leur laisser quelques minutes pour imaginer l'explication de Lucie. Les inviter à formuler leur phrase avec « parce que ».

Corrigé **a** Selma ; **b** Yannis
Exemple de réponse pour Lucie : « Parce que je mange avec mes amis ».

104 **TABLEAU DE COMMUNICATION**

Pour demander et donner une explication

Faire écouter le tableau pour fixer la prononciation. Bien faire remarquer qu'on peut utiliser ou non « est-ce que » après « pourquoi ».

SYSTÉMATISATION » n° 9 p. 73

Mon COURS de MATHS

Ces activités peuvent être proposées à différents moments de la leçon, soit après l'activité 4, pour clore le travail sur l'heure, soit avant ou après la micro-tâche « Action ».
Demander aux élèves d'observer les trois pendules et de lire les informations en violet. Les inviter à faire le lien entre ce qu'ils ont appris sur l'heure et la signification de « un quart », « un demi » et « trois quarts ».
1 Lire ensemble la question. Aider les élèves à comprendre, si nécessaire, la signification du verbe « durer » et de la question « combien de temps ». Leur laisser ensuite quelques minutes pour répondre.

Mise en commun Inviter des volontaires à donner leurs réponses et à se justifier en proposant une opération qu'ils viennent écrire au tableau.

>>>

>>>

Corrigé

un quart d'heure = $\frac{1 \times 60 \text{ (minutes)}}{4}$ = 15 minutes;

une demi-heure = $\frac{1 \times 60}{2}$ = 30 minutes ;

trois quarts d'heure = $\frac{3 \times 60}{4}$ = 45 minutes.

2 Faire lire les questions et laisser les élèves prendre la parole librement pour y répondre. Les inciter à exprimer les durées soit en minutes soit en fractions d'heure, comme vu dans l'activité 1.

8 Action! **Parler de ses moments préférés au collège et expliquer pourquoi**

Faire lire la consigne et demander aux élèves de former des groupes de trois ou quatre. Distribuer deux post-it ou morceaux de papier par élève. Ensemble, les membres de chaque groupe doivent d'abord dresser une liste de leurs moments préférés au collège. Leur préciser que cette liste doit être faite rapidement et sans explication, sous cette forme : « la récréation, les cours de sports, les cours de français », etc. Ils ne doivent pas forcément être d'accord sur les moments qu'ils préfèrent.

Chaque membre de chaque groupe doit ensuite choisir deux éléments de la liste et écrire sur ses deux post-it pourquoi il aime particulièrement ces deux moments, sur le modèle de l'exemple. Inviter les groupes à se co-corriger pour chaque post-it écrit. Pendant l'activité, écrire en haut du tableau le titre suivant : « Nos moments préférés au collège ».

Mise en commun Demander à un premier groupe de venir devant la classe avec ses post-it. Inviter chacun de ses membres à lire les siens puis à les coller sous le titre écrit au tableau. Les autres groupes viennent faire de même. Leur demander de coller chaque post-it près de ceux qui évoquent le même moment (par exemple : la cantine, les cours de français, etc.), même si les explications sont différentes.

Une fois que tous les post-it sont collés, entourer les « groupes » de post-it qui évoquent les mêmes moments pour faire repérer au premier coup d'œil par les élèves quels moments sont les plus représentés. Ils désignent le moment préféré de la classe, évoqué sur le plus grand nombre de post-it.

105 **VOCABULAIRE**

Si les élèves n'ont pas encore écouté la rubrique « l'emploi du temps » au moment de l'activité 1, leur faire écouter l'encadré en entier. Voir les conseils p. 36.

LEÇON 3 Fixons un rendez-vous

pages 68 et 69

1 **Comprendre un agenda de collège et expliquer un choix**

Avant de lire la consigne, faire observer le document. Demander aux élèves de s'exprimer sur ce qu'ils voient. Les inciter à nommer le type de document : l'agenda du mois de mars du collège Jules Ferry. S'assurer qu'ils ont compris la signification du mot « agenda » : c'est un calendrier, ici des événements du collège.

Puis, faire lire le document plus en détail. Expliquer, si besoin, ce qu'est une journée « Portes ouvertes » : une journée pendant laquelle le collège ouvre ses portes aux futurs élèves pour qu'ils découvrent leur futur collège. S'assurer également que tout le monde a bien compris la signification du mot « fête ».

Faire lire la consigne et laisser quelques minutes aux élèves pour choisir un événement dans l'agenda et formuler une explication dans leur tête sur le modèle de l'exemple.

Mise en commun Demander à des élèves volontaires de dire et d'expliquer leur choix. Vérifier le bon emploi de « parce que ».

2 **Comprendre des conversations SMS et découvrir la conjugaison du verbe « aller »**

Faire observer les téléphones et demander aux élèves de nommer le type de textes qu'ils voient : des conversations SMS. Faire lire la consigne et leur laisser quelques minutes pour lire individuellement les SMS. Pendant ce temps, écrire au tableau la question de la consigne : « Ils **vont** à quelle activité ? » et souligner « vont » afin de le mettre en évidence.

Lorsque les élèves ont fini de lire les SMS, leur demander de dire de quoi ils parlent : « Ce sont des rendez-vous pour faire une activité ensemble ». Les inviter ensuite à regarder la question écrite au tableau et à retrouver dans le tableau de conjugaison de la page 68 de quel verbe il s'agit. S'assurer qu'ils en comprennent bien le sens. Leur préciser que, pour faire l'activité, ils vont devoir formuler leur réponse avec ce verbe et donc consulter le tableau de conjugaison. Leur laisser quelques minutes pour cela.

Mise en commun Demander à des volontaires de proposer leurs réponses et de citer le texte pour se justifier.

Écrire les réponses et les citations du texte au tableau et demander à un volontaire de venir souligner toutes les occurrences du verbe « aller ». Puis entourer les articles qui suivent : « à la » et « aux ».

Corrigé **a** Ils vont à la fête du Printemps, le vendredi 20 mars. → « On va à la fête du Printemps ensemble ? » ; **b** Il/Elle va au Club jeux, le lundi 2 mars. → « Je vais au Club jeux. »

106 TABLEAU DE CONJUGAISON

Le verbe *aller*

Les élèves ont eu l'occasion de consulter ce tableau par eux-mêmes lors de l'activité précédente. Ils ont déjà découvert trois formes verbales dans les SMS : « vais », « va » et « vont » dans la question. Leur faire écouter et lire le tableau. Puis les inviter à repérer les formes verbales qui ont la même prononciation (« vas » et « va », elles sont soulignées en rouge dans le tableau). Attirer également leur attention sur les formes verbales pour lesquelles on fait la liaison avec le pronom : « nous allons » et « vous allez ». Leur faire remarquer que ces liaisons sont également indiquées en rouge sur le livre. Faire répéter la conjugaison par les élèves pour bien fixer ces détails phonétiques. Dans un deuxième temps, faire observer les exemples en bas du tableau et demander aux élèves de dire ce qu'ils voient après la forme verbale « je vais ». Ils vont reconnaître la préposition « à » suivie de l'article défini et l'article contracté « au », qu'ils ont déjà découvert dans l'étape 4 avec le verbe « jouer + activité ». Bien leur expliquer que cette préposition « à » suivie d'un article défini et d'un nom sert à exprimer le lieu où on va. Leur rappeler que « au » est la contraction de « à + le ».

Pour la présentation de cette conjugaison au tableau et sur les cahiers, utiliser les mêmes codes que dans le livre : souligner les formes verbales qui ont la même prononciation et dessiner une courbe pour marquer les liaisons.

SYSTÉMATISATION » n° 4 et 10 p. 72-73

3 S'entraîner à utiliser le verbe « aller »

Faire lire la consigne et laisser quelques minutes aux élèves pour observer les dessins et écrire leurs phrases de réponses sur leur cahier. Bien leur faire remarquer qu'ils doivent utiliser les pronoms personnels proposés dans les bulles. Les inviter à bien faire attention à la forme verbale et également aux articles qui suivent le verbe.

Mise en commun Demander à des élèves volontaires de venir écrire leurs phrases au tableau. Inviter la classe à valider ou à corriger.

Corrigé **a** On va à l'aquarium. ; **b** Je vais au Club vidéo. ; **c** Nous allons à la cantine.

107 TABLEAU DE COMMUNICATION

Pour fixer un rendez-vous

Avant de faire écouter et observer le tableau, demander aux élèves de relire les SMS de l'activité 2 et de retrouver dans quelles bulles on propose un rendez-vous (dans le téléphone a : la première bulle verte et dans la bulle bleue ; dans le téléphone b : les deux bulles vertes), dans quelles bulles on accepte la proposition (dans le téléphone a : la bulle bleu et la deuxième bulle verte ; dans le téléphone b : la deuxième bulle bleue) et dans quelle bulle on refuse le rendez-vous (dans le téléphone b : la première bulle bleue).
Lors de l'écoute et de la lecture du tableau, les élèves vont repérer les phrases qu'ils ont lues dans les SMS. Leur demander de retrouver : les phrases pour proposer, les phrases pour refuser ou accepter une proposition et les phrases pour prendre congé.

Pour la présentation de ce point de langue, classer les actes de parole dans un tableau en quatre parties :
– Pour proposer : « On va à la fête ensemble ? » / « Tu es libre vendredi ? »
– Pour accepter une proposition : « Oui, d'accord ! » / « Ok ! Rendez-vous à 19 h au collège ! »
– Pour refuser : « Non, je ne suis pas libre. » / « Ce n'est pas possible. »
– Pour prendre congé : « À demain ! » / « À vendredi ! »

SYSTÉMATISATION » n° 11 p. 73

4 S'entraîner à comprendre des dialogues pour fixer un rendez-vous

Faire lire la consigne et laisser quelques minutes aux élèves pour faire l'activité.

Mise en commun Demander à des élèves volontaires de proposer leurs réponses. Faire valider ou corriger par la classe.

VARIANTE » Une fois que les élèves ont fini de faire l'activité individuellement, leur demander de comparer leurs réponses avec un camarade. Puis, inviter des binômes volontaires à proposer leurs réponses en jouant un rôle : l'un lit l'étiquette jaune et l'autre lit l'étiquette bleue correspondante. Les inciter à mettre l'intonation.

Corrigé **a** 3 ; **b** 1 ; **c** 2

5 Comprendre une affiche

Demander aux élèves de lire l'affiche et les questions a et b. Leur laisser quelques minutes pour y répondre. Les inciter à écrire les phrases de réponses sur leur cahier.

Mise en commun Écrire au tableau les réponses données par des élèves volontaires.

Corrigé **a** L'affiche propose de participer à la Journée Portes ouvertes du collège (Jules Ferry). ; **b** Les collégiens qui participent font visiter le collège et ils parlent avec les futurs collégiens.

6 108 Comprendre une courte conversation et repérer les questions « où » et « quand »

Proposer une première écoute du dialogue avant de faire lire la consigne. Demander aux élèves de repérer qui parle et de quoi. Ils vont facilement comprendre qu'il s'agit d'élèves qui parlent d'une Journée Portes ouvertes et faire le lien avec l'affiche observée précédemment.
Faire lire les questions a et b et les écrire au tableau. Entourer « quand » et « où » et demander aux élèves de faire des hypothèses sur leur signification. Leur expliquer que « quand » pose une question sur le temps (par exemple quel jour ou à quelle heure) et « où » pose une question sur le lieu. Préciser aux élèves qu'ils vont pouvoir s'aider de l'affiche de l'activité 5 comme support de compréhension pour répondre aux questions.
Faire écouter une deuxième fois l'enregistrement et laisser un peu de temps aux élèves pour écrire leurs réponses sur leur cahier.

Mise en commun Demander à des élèves volontaires de proposer leurs réponses et écrire les phrases au tableau, sous les questions correspondantes.

Corrigé **a** Oui, (ils participent à la Journée Portes ouvertes) de neuf heures à dix heures. ; **b** (Le rendez-vous est) au gymnase.

109 TABLEAU DE GRAMMAIRE

Les questions avec *où* et *quand*

MÉTHODO

Les élèves ont découvert les questions « où » et « quand » grâce à l'activité précédente. Il peut être intéressant de leur rappeler les autres types de questions qu'ils ont déjà vues afin qu'ils aient une vision d'ensemble de leurs acquis sur l'interrogation. Ils connaissent les questions avec « est-ce que », « qu'est-ce que » et « pourquoi » et quelques exemples de questions avec « comment ». Les inciter à donner un exemple pour chaque et une réponse correspondante.

Faire écouter et lire le tableau. Puis inviter les élèves à repérer les deux constructions possibles des questions avec « où » et « quand ». Attirer leur attention sur la place des deux mots interrogatifs qui change selon qu'on utilise ou non « est-ce que ».

Pour la présentation de ce point de langue au tableau, mettre en évidence les deux types de constructions en proposant un schéma suivi d'un exemple comme ci-dessous. Mettre en couleur les mots interrogatifs « où » et « quand « :
Quand + *est-ce que* + sujet + groupe verbal
Quand est-ce que tu es libre ?
= Sujet + groupe verbal + *quand*
= *Tu es libre quand ?*
Où + *est-ce que* + sujet + verbe = Sujet + verbe + *où*
Où est-ce que tu vas ? = Tu vas où ?

SYSTÉMATISATION >> n° 12 p. 73

110 PHONÉTIQUE

La liaison avec *d*, *f* et *x*

Faire écouter une deuxième fois le tableau de grammaire en demandant aux élèves de se concentrer sur les liaisons. Leur indiquer qu'ils doivent en trouver trois différentes avec des mots se terminant par « d », « f » et « x ». Une fois qu'ils les ont repérées, leur faire écouter encore une fois les phrases concernées et leur demander de dire comment on prononce ces liaisons. Leur faire ensuite répéter les phrases pour qu'ils s'entraînent. Bien faire remarquer qu'on fait également la liaison avec la plupart des mots qui commencent par un [h], comme « heure ».

Corrigé Liaison avec « d » : « Quand‿est-ce que ». Le « d » se prononce [t]. ; Liaison avec « f » : « neuf‿heures ». Le « f » se prononce [v]. ; liaison avec « x » : « dix‿heures ». Le « x » se prononce [z].

SYSTÉMATISATION >> n° 13 p. 73

7 S'entraîner à poser des questions avec « où » et « quand »

Former des groupes de deux. Faire lire la consigne et les bulles d'exemple. Préciser aux élèves qu'ils peuvent formuler les questions comme ils veulent du moment qu'ils utilisent les mots interrogatifs « où » et « quand ». Les inviter, dans un premier temps, à poser chacun deux questions : une avec « où » et une avec « quand ». Les inciter à écrire leurs questions sur leur cahier avant de les poser à leur camarade.
Laisser les groupes travailler en autonomie pour écrire, poser leurs questions et y répondre. Passer parmi les groupes pour vérifier le bon déroulement de l'activité. Si certains groupes ont terminé avant les autres, les inviter à imaginer d'autres questions à se poser.

Mise en commun Demander à un porte-parole de chaque groupe de poser une question de son choix à un autre groupe qui y répond.

VARIANTE LUDIQUE >> Les volontaires qui posent leur question viennent chacun à leur tour devant la classe et lancent une balle au hasard, pour désigner l'élève qui va y répondre.

Corrigé *Exemples de questions et de réponses :* « Le Club langues, c'est où ? » → C'est en classe de langues. » ; Quand est-ce que tu vas à l'aquarium ? » → « Le jeudi 26 mars. » ; « La Journée Portes ouvertes, c'est quand ? » → « C'est le samedi 21 mars. » ; « Où est-ce que tu vas pour le Club Jeux ? » → « À la bibliothèque. » etc.

8 Action! Faire un agenda et fixer des rendez-vous

Former des groupes de trois ou quatre et guider les élèves dans la compréhension de la consigne : ils doivent dans un premier temps créer l'agenda d'un autre mois pour le collège Jules Ferry, sur le modèle de celui de l'activité 1. Leur demander de réaliser cette première étape sur une grande feuille de papier, comme s'il s'agissait d'une affiche. Ils choisissent un mois de l'année (sauf le mois de mars qui est l'exemple), imaginent 5 ou 6 événements ou activités et les inscrivent sur leur affiche avec les horaires et les lieux correspondants. Les inviter à trouver des idées d'événements différents de ceux proposés dans le document de l'activité 1. Par exemple : un Club pétanque, une fête de l'Été ou de la Musique, un Club hip-hop ou un Club chanson, une journée du Sport, etc. Passer parmi les groupes pour les aider ou les guider, si nécessaire.

Une fois qu'ils ont terminé leur agenda, les élèves de chaque groupe vont devoir se fixer des rendez-vous entre eux. Chacun choisit un événement ou une activité et fait une proposition aux autres pour l'y accompagner. Les autres acceptent ou refusent. Les inciter à jouer au mieux ces scènes de rendez-vous, en mettant l'intonation et sans écrire leurs répliques. S'ils sont trois, ils auront trois scènes à jouer et un élève différent à chaque fois sera à l'initiative de la proposition alors que les deux autres répondront (l'un pourra dire oui et l'autre non).

Mise en commun Demander tour à tour aux groupes de venir au tableau et d'afficher leur agenda. Les inviter à lire à la classe les différents événements et activités de leur mois. Puis, leur laisser choisir une situation de rendez-vous qu'ils se sont entraînés à jouer et les inviter à jouer la scène devant la classe. Faire passer tous les groupes les uns après les autres.

VARIANTE » Pour plus d'interaction entre les groupes lors de la présentation des agendas, inviter les élèves spectateurs à poser des questions avec « où » et « quand » sur les événements ou activités du mois. Par exemple : « La journée du Sport, c'est quand ? La fête de la Musique, où est-ce que c'est ? », etc.

Par ailleurs, au lieu de faire jouer les scènes de rendez-vous devant les autres groupes, demander aux élèves spectateurs de poser également des questions sur les rendez-vous fixés lors du travail en groupe. Exemple : « Vous avez rendez-vous quand ? Où est-ce que vous allez ensemble ? », etc.

111 VOCABULAIRE

Voir les conseils p. 36.

CULTURES

pages 70 et 71

INFOS

La fête du Travail est célébrée le premier mai de chaque année. C'est un jour férié car, à l'origine, il s'agit d'une journée annuelle de grève pour revendiquer la journée de huit heures de travail. Aujourd'hui, elle est l'occasion d'importantes manifestations de syndicats.

Le 14 juillet est la **fête nationale** en France. Elle commémore la prise de la Bastille de 1789, jour symbolique qui a entraîné la fin de la monarchie absolue. C'est un jour férié qu'on célèbre avec des feux d'artifices et des bals populaires.

La semaine de la Langue française est un événement culturel annuel organisé avec le soutien de l'Organisation internationale de la francophonie. Elle a lieu autour du 20 mars, journée internationale de la Francophonie. Des milliers de manifestations qui permettent de fêter la langue française sont proposées en France et à l'étranger (ateliers d'écritures, conférences, débats, rencontres, etc.).

Le jour de la Terre est célébré le 22 avril au Québec et dans 192 pays, dont la France. Il est né en 1970 aux États-Unis en même temps que le mouvement environnemental. La mission de cette journée est d'aider les personnes et les organisations à diminuer leur impact sur l'environnement.

La fête de la Musique a lieu le 21 juin à travers le monde. Sa date coïncide avec le premier jour de l'été (le solstice) dans l'hémisphère nord. Elle a pour vocation de promouvoir la musique grâce à l'organisation de concerts gratuits d'amateurs et de professionnels, le soir et la nuit jusqu'au lendemain matin.

La fête de la Science est un évènement annuel organisé depuis 1992 en France par le ministère de l'Enseignement supérieur et de la Recherche. Elle a pour but de promouvoir la science auprès du grand public. Elle propose des expositions, conférences, ateliers pédagogiques, journées « portes ouvertes » dans les laboratoires de recherche, etc.

Les journées mondiales du Jeu vidéo ont lieu autour du 21 novembre et existent depuis 2010. Elles ont pour but la reconnaissance du jeu vidéo (premier loisir culturel dans le monde) comme industrie et culture à part entière. Elles proposent des événements dans les grandes villes.

1 Faire lire la question et laisser les élèves s'exprimer librement pour y répondre. Écrire la liste des fêtes énoncées au tableau ainsi que les dates correspondantes. Si les élèves parlent de fêtes inconnues de leurs camarades (parce qu'elles correspondent à une origine culturelle qui leur est propre), les inviter à expliquer en quoi elles consistent.

2 Demander aux élèves d'observer le document et de dire de quoi il s'agit : un calendrier avec des jours de fêtes. Leur laisser quelques minutes pour lire l'introduction du document et répondre à la question.

Mise en commun Une fois que des élèves volontaires ont donné leurs réponses, demander à la classe de dire s'ils connaissent ces deux fêtes ou de faire des hypothèses sur leur signification. Les inviter à comparer la date et la signification de la fête nationale en France avec celles de la fête nationale de leur pays. Faire de même avec la fête du Travail s'il y a lieu.

Corrigé Le 14/07 = le 14 juillet = la fête nationale ;
Le 01/05 = le premier mai = la fête du Travail

3 Faire lire la consigne et les informations du calendrier. Laisser quelques minutes aux élèves pour faire l'activité.

Mise en commun Inviter les volontaires qui proposent leurs réponses à donner les informations qu'ils ont comprises sur chaque fête.

Corrigé **a** 5 (Ce sont trois journées en novembre pour les fans de jeux vidéo.) ; **b** 1 (On fête le français, c'est en mars.) ; **c** 2 (Le 22 avril, c'est la fête de la Terre.) ; **d** 4 (C'est en octobre et c'est pour les fans d'expériences scientifiques.) ; **e** 3 (Le 21 juin, le jour de l'été, on joue de la musique dans la rue.)

4 Former des groupes de trois ou quatre et faire lire la consigne. Expliquer aux élèves qu'ils vont devoir mobiliser leur imagination pour inventer des événements qui n'existent pas. Leur préciser qu'ils peuvent imaginer le nom et la date de leurs fêtes et qu'ils doivent en faire une petite description.

Mise en commun Désigner un porte-parole par groupe. Il vient présenter à la classe les deux événements de son groupe. Après sa présentation, chaque porte-parole écrit la date et le nom de ses deux événements au tableau. Puis faire observer par la classe la liste des événements inventés écrite au tableau. Chacun vote pour les deux fêtes les plus originales.

ENSEMBLE POUR...

imaginer un collège de rêve

1 Après la lecture collective des étapes de réalisation de la tâche, former des petits groupes de trois ou quatre. Inviter les élèves à écrire une première liste d'idées comme base de travail.

2 Une fois que les groupes ont une idée claire des particularités de leur collège de rêve, les inviter à imaginer comment ils vont pouvoir le présenter à la classe. Leur dire de choisir une idée de présentation parmi celles proposées en exemple ou d'en imaginer une autre (présentation en chanson, selfie, bande dessinée, etc.). Ils peuvent mobiliser leurs talents personnels pour cela. Passer parmi les groupes pour les aider à choisir la modalité de leur présentation et en vérifier la faisabilité. Libérer un espace ou sortir de la classe peut être nécessaire pour certains groupes.

3 Les groupes viennent présenter leur projet devant la classe selon les modalités qu'ils ont choisies. Les autres utilisent leur grille pour évaluer les présentations et votent pour celle qu'ils préfèrent.

Co-évaluation LA CLASSE DONNE SON AVIS SUR...

Avant l'étape 3 de la tâche, distribuer une copie de la grille ci-dessous par groupe. Expliquer aux élèves les différents critères à évaluer pour chaque présentation. Pendant ou après la présentation de chaque groupe, les groupes cochent la case correspondante pour chaque critère. Ils peuvent utiliser la même grille pour évaluer plusieurs groupes en cochant avec des couleurs différentes pour chaque groupe.
Après chaque présentation, mettre en commun les évaluations. Voir les conseils p. 44 (cf. co-évaluation de l'étape 1).

Donne ton avis...	+++	++	+
Les idées sont...			
bonnes			
originales			
La présentation est...			
claire			
originale			

VIDÉO SÉQUENCE 5

→ Fiches d'exploitation sur enseigner.tv5monde.com

Entraînement

pages 72 et 73

Entraînons-nous

1 ▸ Les mois

Former des groupes de trois ou quatre et demander aux élèves de recopier les mois sur des étiquettes (ou les préparer à l'avance et les distribuer). Une fois que tous les groupes sont prêts, donner le top départ pour qu'ils classent les mois dans l'ordre le plus rapidement possible. Le premier groupe qui a fini dit « stop » et tous les groupes s'arrêtent.

Mise en commun Le groupe qui a dit « stop » énonce son classement et gagne si celui-ci est correct.

Corrigé Janvier, février, mars, avril, mai, juin, juillet, août, septembre, octobre, novembre, décembre.

VARIANTE » Il est possible d'utiliser un chronomètre ou un sablier et de demander aux groupes de faire leur classement en un temps limité (deux ou trois minutes, par exemple). Les groupes qui ont réussi à terminer le classement correctement dans le temps imparti gagnent.

PROLONGEMENT » Il est possible de continuer le jeu en demandant aux groupes de classer les mois à l'envers (en partant de décembre et en allant jusqu'à janvier), ou encore de les classer en commençant par le mois en cours. Procéder de la même façon que décrit ci-dessus.

2 ▸ Demander et dire l'heure

Former des groupes de trois ou quatre. Préciser aux élèves qu'ils vont devoir dire l'heure de la manière courante, comme dans l'exemple. Chacun à leur tour, les élèves disent l'heure correspondant à une horloge de leur choix à leurs camarades. Le premier qui retrouve l'horloge correspondante gagne.

Mise en commun Il est possible de jouer avec toute la classe : un porte-parole de chaque groupe vient dire l'heure correspondant à une horloge. Les autres groupes essaient de trouver en premier l'horloge correspondante pour gagner.

Corrigé **a** Il est neuf heures et quart. ; **b** Il est onze heures moins le quart. ; **c** Il est sept heures et demie. ; **d** Il est six heures moins dix. ; **e** Il est une heure moins vingt-cinq.

3 ▸ Situer dans le temps

Former des groupes de deux. Leur préciser qu'ils doivent essayer de se poser autant de questions qu'il y a d'étiquettes.

Mise en commun ludique Libérer un espace dans la classe et placer les élèves en cercle. Lancer une balle à un premier élève et lui poser une question sur le modèle donné, en guise d'exemple. L'élève répond, lance la balle à un(e) autre élève et lui pose à son tour une des questions qu'il/elle s'est entraîné(e) à poser précédemment. Continuer ainsi jusqu'à ce que tous les élèves aient posé au moins une question.

4 ▸ Le verbe *aller*

Inviter les élèves à écrire individuellement les deux phrases correspondant aux dessins de leur choix. Puis former des groupes de deux et laisser les élèves faire deviner à leur camarade les dessins correspondant à leurs phrases.

Mise en commun Des élèves volontaires lisent une de leurs phrases à la classe qui retrouve le dessin correspondant. Écrire les phrases énoncées au tableau et les corriger si nécessaire.

Corrigé **a** Ils vont à la bibliothèque. ; **b** Elles vont à la cantine. ; **c** Elle va à l'école de musique. ; **d** Il va au club de tennis. ; **e** Ils vont/La classe va au gymnase.

Entraîne-toi

5 (112) ▸ Le collège

Demander aux élèves d'écrire leurs réponses sur leur cahier pendant l'enregistrement.

Mise en commun Proposer une deuxième écoute fractionnée pour que les élèves puissent donner leur réponse entre chaque item.

Corrigé **a** la classe ; **b** le gymnase ; **c** la bibliothèque ; **d** la cantine

6 ▸ Dire la date / Les saisons

Inciter les élèves à écrire leurs réponses sur leur cahier et à faire attention à l'emploi des prépositions « en » et « au » devant les saisons.

Mise en commun Insister pour que les élèves proposent leurs réponses en faisant des phrases sur le modèle donné.

Corrigé 25/12 : Le 25 décembre, en France, c'est en hiver. ; 14/01 : Le 14 janvier, en France, c'est en hiver. ; 31/03 : Le 31 mars, en France, c'est au printemps. ; 21/07 : Le 21 juillet, en France, c'est en été. ; 20/10 : Le 20 octobre, en France, c'est en automne. ; 1er mai : Le premier mai, en France, c'est au printemps.

PROLONGEMENT » Demander aux élèves d'écrire chacun une autre date sur un morceau de papier (en chiffres, par exemple : « le 12/02 »). Ramasser les papiers. Les élèves viennent chacun à leur tour en tirer un au sort et lire la date. Des volontaires dans la classe disent à quelle saison elle correspond en France et dans leur pays.

7 (113) ▸ Phonétique. Les sons [b] et [v]

Avant de faire écouter l'enregistrement, prononcer le mot « bonjour » plusieurs fois en insistant sur le « b » pour aider les élèves à reconnaître ce son lors de l'écoute. Faire faire l'activité collectivement.

Corrigé *Les élèves lèvent la main pour les items suivants :* 4, 5, 7, 9 10.

8 ▸ L'heure / La journée

Insister pour que les élèves donnent l'heure de la manière courante et écrivent des phrases complètes comme dans l'exemple.

Corrigé **a** Il est deux heures dix, c'est l'après-midi. ; **b** Il est six heures moins dix, c'est le matin. ; **c** Il est quatre heures vingt, c'est l'après-midi. ; **d** Il est midi quinze, c'est le midi. ; **e** Il est huit heures moins vingt-cinq, c'est le soir. ; **f** Il est sept heures moins cinq, c'est le matin.

9 ▸ Demander et donner une explication

Inviter les élèves à recopier les questions et les réponses complètes sur leur cahier en les associant.

Corrigé **a** Pourquoi tu ne manges pas à la cantine ? → **f** Parce que je mange avec mes parents le midi. ; **e** Pourquoi est-ce que vous aimez le collège ? → **b** Parce que nous avons des copains et des copines. ; **d** Pourquoi est-ce que nous n'avons pas cours de français ? → **c** Parce que c'est jeudi, on n'a pas cours de français le jeudi !

10 ▸ Le verbe *aller*

Demander aux élèves d'écrire les phrases sur leur cahier en n'utilisant qu'une seule fois chaque étiquette (sauf « au » qu'ils peuvent utiliser deux fois). Leur préciser qu'il y a plusieurs possibilités.

Mise en commun Faire une correction orale et écrire les phrases au tableau. Lorsque les élèves lisent leurs réponses, bien vérifier la prononciation du verbe « aller ».

Corrigé Je vais/Tu vas/Nous allons/Vous allez au collège/au club musique/à l'aquarium/à la fête.

11 ▸ Fixer un rendez-vous

Demander aux élèves de recopier les deux dialogues dans l'ordre sur leur cahier.

Mise en commun Demander à des volontaires de se répartir les répliques de chaque dialogue, par deux, pour les lire. Les inciter à mettre l'intonation.

Corrigé Dialogue 1 : e, b, a ; Dialogue 2 : d, c, f

12 (114) ▸ Les questions avec *où* et *quand*

Si l'activité est proposée en classe, fractionner l'écoute entre chaque item pour que les élèves aient le temps d'écrire les questions correspondantes. Proposer plusieurs écoutes, si nécessaire. Préciser aux élèves qu'ils peuvent proposer une question avec « où » et une question avec « quand » pour certains items.

Corrigé **a** Quand est-ce que tu as cours de maths ? / Tu as cours de maths quand ? **b** Où est-ce que tu es de dix heures à dix heures et quart ? / Tu es où de dix heures à dix heures et quart ? ; Quand est-ce que tu es en récréation ? / Tu es en récréation quand ? ; **c** Quand est-ce que tu vas à la bibliothèque ? / Tu vas à la bibliothèque quand ? / Où est-ce que tu vas après les cours ? / Tu vas où après les cours ? ; **d** Quand est-ce que tu manges à la cantine ? / Tu manges quand à la cantine ? / Où est-ce que tu manges le mardi et le jeudi ? / Tu manges où le mardi et le jeudi ?

13 (115) ▸ Phonétique. Les liaisons avec *d, f, x*

Faire faire l'activité en classe à l'oral. Proposer une première écoute. Les élèves lisent les phrases en même temps qu'ils les entendent et repèrent les liaisons.

Mise en commun Écrire les trois phrases au tableau. Des volontaires les lisent à voix haute en faisant les liaisons et viennent les indiquer sur les phrases écrites au tableau.

Corrigé **a** Il ne va pas au collège, il a neuf‿ans ! [v] ; **b** Quand‿est-ce que tu vas à la cantine ? [t] ; **c** Nous sommes six‿élèves. [z]

Évaluation

page 74

1 116 Écouter

OBJECTIFS ÉVALUÉS
Comprendre une conversation simple
Comprendre des horaires et des dates

Demander aux élèves de lire les questions avant de faire écouter l'enregistrement. Faire écouter une première fois et leur laisser quelques minutes pour répondre sur une feuille séparée. Proposer une deuxième écoute pour vérification. Les élèves corrigent les réponses fausses en citant le dialogue.

BARÈME 1 point par item

Corrigé **a** Faux : « Est-ce que tu vas à la fête du collège ? » ; **b** Faux : « C'est samedi, le 13 février. » ; **c** Faux : « La fête, c'est le soir, à 18 h 30. » ; **d** Vrai ; **e** Vrai.

2 Parler

OBJECTIF ÉVALUÉ
Comparer deux emplois du temps

Pour cette évaluation d'expression orale, il peut être plus facile de faire venir les élèves par deux à un endroit dédié de la classe. Proposer au reste de la classe de réaliser une activité en autonomie pendant ce temps.
Aider les élèves à comprendre la consigne et leur laisser quelques minutes pour préparer 5 phrases qui comparent leur emploi du temps du lundi à celui de Manon. Inviter l'élève qui écoute à réagir ou à poser des questions. Puis inverser les rôles.

BARÈME

Formulation correcte des horaires	2 points
Prononciation des matières scolaires	2 points
Interaction avec son/sa camarade	1 point

Exemple de réponses
Moi, j'ai cours de sport à huit heures, Manon a cours de maths.
Manon mange à la cantine à midi et quart. Moi, je mange à la maison à onze heures et demie. Etc.

3 Écrire

OBJECTIF ÉVALUÉ
Répondre à un sondage sur le collège

Les élèves doivent lire les questions et y répondre. Leur laisser une quinzaine de minutes pour écrire leurs réponses d'abord au brouillon, puis pour les recopier sur une feuille séparée. Les inciter à écrire les heures ou horaires de la manière courante.

BARÈME

Compréhension des questions	1,5 point
Formulation correcte des horaires	1 point
Formulation correcte du lieu où on est	1 point
Formulation correcte des moments de la journée	1 point
Orthographe	0,5 point

Exemple de production
a Le matin, j'arrive au collège à 8 heures. ; **b** Le midi, je mange à la cantine. ; **c** Oui, le midi, je fais du sport. ; **d** Je fais mes devoirs chez moi/à la bibliothèque. ; **e** Oui, je vais à la bibliothèque le soir, à cinq heures et demie.

4 Lire

OBJECTIF ÉVALUÉ
Comprendre un forum sur les vacances scolaires

Laisser les élèves lire le document en autonomie et répondre aux questions. Leur conseiller de le relire plusieurs fois pour vérifier leurs réponses. Les inviter à écrire des phrases complètes pour répondre à la question a et à justifier leurs réponses à la question b en citant des phrases du texte.

BARÈME item a : 1 point ; item b : 4 points

Corrigé **a** Tommy21, Lisette et Cerise aiment les vacances. Nono n'aime pas les vacances. ; **b 1** Cerise (« J'adore les vacances de Noël.) ; **2** Tommy21 (« J'adore les vacances d'été. » / « Je fais du sport tous les jours, c'est super ! ») ; **3** Lisette (« Je vais au ski avec mes parents. ») ; **4** Nono (« Je ne suis pas avec mes amis et je ne fais pas d'activités ! »)

La mode et nous

ÉTAPE 6

Objectifs pragmatiques
– Parler de la mode
– Parler de ses achats
– Décrire son style
Tâche finale → créer le vêtement ou l'accessoire du collège

CONTENUS

Communication	Grammaire	Lexique	Phonétique	Culture
Parler des ressemblances Demander et dire le prix Donner une appréciation	Les adjectifs démonstratifs Le verbe *pouvoir* Les articles indéfinis et définis La question avec *quel(le)(s)*	Les vêtements et les accessoires Les nombres de 70 à 100 Les achats Le style Les appréciations	Les sons [y] et [u] La prononciation du verbe *pouvoir*	La mode, quelle histoire ! **Discipline non linguistique** Arts plastiques : Les techniques de dessin

COMPÉTENCES CLÉS

Compétence mathématique	Compter de 70 à 100 : activités 6 p. 76 ; 7 et 8 p. 77 ; 1 p. 84 Choisir des produits à acheter en fonction d'une somme d'argent : activité 8 p. 79
Compétence apprendre à apprendre	Créer des cartes « mots » pour mémoriser son vocabulaire : cahier d'activités p. 50 Se familiariser avec la méthode inductive pour découvrir un point de langue : activités 2 et 4 p. 78 ; 6 p. 79 ; 1 p. 80 ; 4 p. 81
Compétences sociales et civiques	Parler de ses ressemblances et différences : activité 2 p. 80 Réagir à la description de styles vestimentaires : activité 7 p. 81
Esprit d'initiative et d'entreprise	Parler de son vêtement préféré : activité 2 p. 76 Faire un sondage sur la mode : activité 8 p. 77 Donner une appréciation sur un style : activité 7 p. 81 Décrire son style vestimentaire : activité 8 p. 81 Inventer un vêtement ou un accessoire difficile à porter : activité 3 p. 82 Créer le vêtement ou l'accessoire du collège : « Ensemble pour… » p. 83
Sensibilité et expression culturelles	Découvrir des techniques de dessin : « Mon cours d'arts plastiques » p. 81 Créer le vêtement ou l'accessoire du collège : « Ensemble pour… » p. 83

Ouverture

page 75

Activité 1

Faire observer la page et le titre de l'étape. Demander aux élèves de deviner le sens du mot « mode » en s'appuyant sur les photos de la page.
Puis faire lire la consigne aux élèves. Ils peuvent deviner le sens des mots proposés par déduction et en observant les photos. Les inviter à montrer sur leur livre ou sur le manuel numérique les photos correspondant à chaque item. Puis leur demander de nommer les deux types de vêtements qu'ils voient sur la photo du fond et sur le médaillon du centre. Ils nommeront facilement les mots « jean » et « tee-shirt », qui sont internationaux. Ensuite, écrire tous ces nouveaux mots dans un coin du tableau. Ils vont servir pour l'activité suivante et pour la leçon 1.

Corrigé **a** photos du fond et du centre ; **b** photo du bas ; **c** photo du haut

Activité 2

Faire lire la question et interroger des élèves volontaires. Les inciter à justifier leur réponse en leur posant la question : « Pourquoi c'est important / ce n'est pas important pour toi ? ». Ils peuvent réutiliser les mots écrits au tableau lors de l'activité 1.

VARIANTE COLLECTIVE » S'il est possible de faire bouger les élèves dans la classe, libérer un espace et les faire se lever. Les laisser se regrouper en deux équipes : ceux pour qui la mode est importante et ceux pour qui elle ne l'est pas. Une fois les deux groupes constitués, leur laisser quelques minutes pour se dire pourquoi la mode est ou n'est pas importante pour eux. Leur expliquer qu'ils doivent ensuite, ensemble, retenir trois raisons principales parmi les plus citées par l'ensemble des élèves du groupe. Inviter enfin un porte-parole de chaque groupe à présenter ces trois raisons à la classe.

Contrat d'apprentissage

Faire lire les trois objectifs pragmatiques annoncés et en expliquer le sens aux élèves par des exemples en langue maternelle. Les laisser réagir ou poser des questions sur ce qu'ils ont ou n'ont pas compris. Annoncer ensuite la tâche finale : « Cela va nous servir à créer le vêtement ou l'accessoire du collège ».

LEÇON 1 Parlons de la mode

pages 76 et 77

1 Comprendre un blog et découvrir des noms de vêtements

MÉTHODO

Cette activité comporte deux questions. La première peut être exploitée de manière collective, en laissant des élèves volontaires répondre spontanément ou en les interrogeant. Pour la deuxième question, il est important de laisser les élèves développer leur capacité à être autonomes en s'aidant des outils qui sont à leur disposition : la liste de vocabulaire et le Dico visuel.

Avant de faire l'activité, faire observer le document (1) et repérer de quoi il s'agit : un blog qui présente les vêtements préférés des ados. Puis poser la première question aux élèves et laisser des volontaires y répondre. Expliquer si besoin le mot « star ».
Ensuite, inviter les élèves à lire la deuxième question et à observer plus attentivement la deuxième partie du blog. Leur laisser quelques minutes en autonomie pour chercher les réponses. Les inciter à écrire leurs réponses.

Mise en commun Interroger des élèves volontaires et leur demander de venir écrire leurs réponses au tableau, en désignant sur leur livre ou sur le manuel numérique, le vêtement correspondant à chaque mot nommé. Les aider à bien prononcer chaque mot si besoin et faire éventuellement écouter la rubrique « Les vêtements » de la liste de vocabulaire.

Corrigé Les ados préfèrent le jean et le tee-shirt. / Les vêtements préférés des ados sont le jean et le tee-shirt. Les autres vêtements sur la page du blog sont : une jupe, un pull, un pantalon, un blouson et une robe.

SYSTÉMATISATION » n° 5 p. 84

2 Parler de son vêtement préféré et élire le vêtement star de la classe

Former des groupes de trois ou quatre et leur demander de s'exprimer chacun à leur tour sur leur vêtement préféré (parmi les vêtements cités dans l'activité 1) en donnant une précision, de couleur ou de marque, comme dans l'exemple. Ensuite, leur demander de faire un classement des vêtements nommés en notant le nombre de personnes ayant élu chaque vêtement. Pendant ce temps, dessiner au tableau une grille de deux colonnes et de sept lignes. Inscrire dans chacune des lignes de la colonne de gauche, les 7 noms de vêtements découverts dans l'activité 1. Laisser la deuxième colonne vierge.

Mise en commun Désigner un porte-parole par groupe et lui demander de dire combien de membres de son groupe ont cité chaque vêtement de la grille dessinée au tableau. Faire un bâton à chaque fois dans la colonne de gauche correspondante. Puis compter le nombre de bâtons par ligne et élire le vêtement star de la classe (= le plus cité).

PROLONGEMENT » Il est possible de demander aux élèves qui ont nommé le vêtement le plus cité par la classe de donner une précision sur ce vêtement, comme ils l'ont fait précédemment en petits groupes ou d'expliquer pourquoi ils l'aiment particulièrement.

3 Comprendre un dessin humoristique et un article, découvrir une expression pour parler des ressemblances

Faire observer le document ② aux élèves et les inviter à s'exprimer sur le type de document dont il s'agit : un extrait d'article de magazine de mode et un dessin humoristique. Leur demander éventuellement s'ils lisent eux-mêmes des magazines de mode et les inviter à dire ce qu'ils comprennent du titre. Leur rappeler éventuellement qu'ils ont déjà vu le mot « fan » dans l'étape 2 et que « être fan de » signifie « aimer » ou « adorer ».

Puis demander à un ou plusieurs volontaires de lire le texte et inviter la classe à expliquer ce que signifie la première phrase. Les aider en leur précisant que « même » est le contraire de « différent ». Les inviter à donner des exemples de marques de vêtements pour que tout le monde comprenne bien ce mot.

Puis faire lire la consigne de l'activité et observer le dessin du document ②. Laisser quelques minutes aux élèves pour retrouver ce que les ados ont comme ressemblance(s) vestimentaire(s).

Mise en commun Attirer l'attention des élèves sur l'expression « le(s) même(s) ». Leur expliquer que « même » est un adjectif et qu'il s'accorde en genre et en nombre avec le nom qui le suit. Leur faire éventuellement écouter la rubrique « Parler des ressemblances » de la liste de vocabulaire page 77 et la recopier au tableau. Mettre en évidence par des couleurs les différences entre le masculin, le féminin et le pluriel.

PROLONGEMENT » Demander aux élèves de repérer ce qui est drôle sur ce dessin. Ils auront sans doute remarqué que les personnages portent tous la même marque de baskets que celle présentée sur l'affiche publicitaire qui est derrière eux.

Corrigé Ils ont les mêmes baskets et le même tee-shirt.

4 Approfondir la compréhension de l'article

Faire lire la consigne et inviter les élèves à relire attentivement le texte pour faire l'activité.

Mise en commun Demander à un élève volontaire de reformuler avec ses propres mots la question posée dans l'enquête. L'écrire au tableau. Puis interroger d'autres volontaires pour chacune des trois réponses à trouver. Les écrire également au tableau. S'assurer que tous comprennent l'expression « comme tout le monde ».

Corrigé Question : Pourquoi (est-ce que) les ados portent les mêmes vêtements et les mêmes marques ? ; Réponses : Parce qu'ils ont les mêmes goûts. / Parce qu'ils aiment être comme tout le monde. / Parce que les vêtements à la mode sont beaux.

PROLONGEMENT » Inviter les élèves à donner leur opinion sur la question du corrigé.

5 Échanger sur les marques et les vêtements qu'on aime

Former des groupes de deux et leur laisser quelques minutes pour échanger librement sur les vêtements et les marques qu'ils aiment. Les inviter à repérer s'ils ont ou non des goûts en commun et à les formuler avec l'adjectif « même ».

Mise en commun Demander à un porte-parole de chaque groupe de donner à la classe deux exemples de goûts (un pour les vêtements, un pour les marques) qu'ils ont ou non en commun.

VARIANTE LUDIQUE » Après qu'ils ont échangé à l'oral, demander aux élèves de chaque groupe d'écrire, sur un morceau de papier, deux phrases pour parler de leurs ressemblances ou différences de goûts vestimentaires sans se nommer. Ramasser tous les papiers et les mettre dans une boîte. Puis faire tirer au sort les papiers un par un par des élèves différents. Ils lisent les deux phrases à la classe qui tente de deviner de quel binôme il s'agit.

Corrigé *Exemples de réponses :* On aime les mêmes vêtements : les jeans et les baskets. Mais on n'aime pas les mêmes marques : moi, j'aime la marque X et, toi, tu préfères la marque Y.

6 Comprendre un sondage et découvrir les nombres de 70 à 100

MÉTHODO

Cette activité a pour but d'autonomiser les élèves dans la découverte des nombres de 70 à 100. Ils connaissent déjà les nombres jusqu'à 69 et vont facilement comprendre la logique de la construction des autres nombres grâce à la liste de vocabulaire de la page 77 et en faisant appel à leur esprit de déduction.

Inviter les élèves à observer le document (3) et à dire de quel type de document il s'agit. Les aider à formuler le mot « sondage ». Puis leur laisser quelques minutes pour regarder plus en détail les trois parties du sondage. Leur demander d'imaginer quelles sont les trois questions qu'on a pu poser aux ados qui y ont participé : « Est-ce que tu portes des chaussures de marque ? », « Est-ce que tu aimes un vêtement pour son style, sa couleur ou pour sa marque ? », « Est-ce que tu achètes tes vêtements avec tes parents ? ». Écrire ces questions sur le côté du tableau. Elles serviront pour l'activité 8. Aider les élèves à comprendre le verbe « acheter ».
Faire ensuite lire aux élèves la consigne et les items de l'activité. Leur expliquer si besoin la signification de « pour cent » en écrivant le symbole correspondant au tableau. Leur laisser quelques minutes pour faire l'activité en autonomie et avec l'aide de la rubrique « Les nombres de 70 à 100 ». Les inciter à faire l'activité en deux temps : écrire d'abord, pour chaque item, les nombres en chiffres correspondant aux nombres en lettres, puis chercher dans le document si ces items sont vrais ou faux et noter les phrases qui justifient les réponses fausses.

Mise en commun Demander à des élèves volontaires de proposer leurs réponses. Écrire les justifications au tableau.

Corrigé **a** Faux. Soixante-seize pour cent des filles aiment porter des chaussures de marque. ; **b**. Vrai ; **c** Faux. Soixante-dix pour cent des filles achètent leurs vêtements avec leurs parents.

PROLONGEMENT » Faire écouter les nombres de 70 à 100 de la liste de vocabulaire et les faire répéter par les élèves pour fixer la prononciation. Leur demander de repérer les particularités de certains nombres : le « et » dans « soixante et onze » à la place du tiret ; le « s » à la fin de « quatre-vingts » et pas à la fin de « cent » ; les tirets entre chaque chiffre d'un nombre.
Les aider à expliquer comment se forment ces nombres : en faisant des additions ou des multiplications : soixante-dix = soixante plus dix (60 + 10) ; quatre-vingts = quatre fois vingt (4 x 20), etc.

Pour la présentation au tableau et sur les cahiers, mettre en couleur les tirets, le « et » de « soixante et onze » et le « s » de « quatre-vingts ».

SYSTÉMATISATION » n° 1 p. 84

7 (117) Comprendre des pourcentages dans une conversation et dans un sondage

Faire d'abord lire aux élèves la suite du sondage. Les inviter, comme précédemment, à imaginer les deux questions qui ont pu être posées aux ados ayant participé au sondage : « Est-ce que tu préfères les sacs d'une célèbre marque américaine ou les autres sacs ? », « Est-ce que tu achètes des vêtements de marque ou sans marque ? ». Écrire ces questions au tableau à la suite de celles écrites lors de l'activité 6 et les réserver pour l'activité suivante.
Avant de faire écouter l'enregistrement, demander aux élèves de formuler des phrases à partir des chiffres qu'ils découvrent dans le sondage. Les écrire au tableau : « Soixante-treize pour cent des ados aiment les sacs d'une célèbre marque américaine », etc.
Faire écouter une première fois l'enregistrement et faire repérer aux élèves qui parle et de quoi. Ils vont facilement comprendre les deux prénoms : « Arthur » et « Lucie » et reconnaître qu'ils parlent des ados et des marques, comme dans le document de l'activité.
Pendant la deuxième écoute, inviter les élèves à écrire sur leur cahier les chiffres donnés par Arthur. Puis leur faire comparer ces chiffres avec ceux du sondage.

Mise en commun Demander à des élèves volontaires de dire les chiffres énoncés par Arthur et de venir les écrire au tableau, en lettres. Les comparer ensemble avec ceux correspondant au sondage, écrits également au tableau avant l'écoute.

Corrigé Les pourcentages d'Arthur ne sont pas corrects. Arthur : 76 % / sondage : 73 %. Arthur : 85 % / sondage : 55 %.

8 Faire un sondage sur la mode dans la classe

Former des groupes de trois ou quatre et leur demander de dessiner, sur une feuille de papier, un tableau de trois colonnes et de cinq lignes, sur le modèle de celui donné en exemple. Ils complètent les lignes de la colonne de gauche avec les autres questions écrites précédemment sur le côté du tableau, correspondant à chaque item du sondage du document (3) et de l'activité 7.
Puis les inviter à répondre chacun à leur tour à chaque question. Un élève du groupe coche les cases correspondantes pour chaque élève. Une fois le tableau de chaque groupe complété, désigner un porte-parole et l'inviter à aller interroger un ou deux autres groupes (en fonction du nombre de groupes formés dans la classe). Il pose chaque question à ses camarades et complète le tableau en cochant leurs réponses.

Mise en commun Demander aux porte-parole de donner chacun à leur tour les résultats de leur sondage partiel. Les noter au tableau et calculer avec la classe les pourcentages. Demander ensuite aux élèves de formuler à l'oral des phrases avec les résultats de ce sondage, comme dans l'exemple.

118 **VOCABULAIRE**

Faire écouter la liste de vocabulaire à la fin de la leçon si cela n'a pas déjà été fait lors des activités 1 et 6. Voir les conseils, p. 36.

119 **VIRELANGUE**

MÉTHODO

Avant de faire écouter et répéter le virelangue aux élèves, leur faire différencier les deux sons [y] et [u]. Écrire au tableau les mots « tu » et « vous » et les prononcer l'un à la suite de l'autre. Faire remarquer aux élèves que les deux sons se prononcent avec les lèvres arrondies, mais que pour le son [u] de « vous », on projette davantage les lèvres en avant que pour le son [y] de « tu ». Pour le son [u] de « vous », la langue est relevée en avant et pour le son [y] de « tu », la langue est relevée en arrière.

Leur faire répéter les deux sons pour qu'ils observent la différence de position des lèvres et de la langue. Puis les laisser s'entraîner à prononcer plusieurs fois de suite [u] et [y].

Faire ensuite écouter et lire en même temps le virelangue. Laisser les élèves s'entraîner à le répéter individuellement et de plus en plus vite en soignant la prononciation des deux sons travaillés.

SYSTÉMATISATION » n° 6 p. 84

LEÇON 2 Parlons de nos achats

pages 78 et 79

1 Comprendre un site Internet et repérer le vocabulaire des accessoires de mode

Inviter les élèves à observer le document et les laisser réagir librement sur ce qu'ils voient. Ils pourront répondre facilement grâce aux mots qu'ils ont vu dans la page d'ouverture : « C'est un site Internet avec des accessoires de mode ». Leur faire lire la consigne et s'assurer qu'ils l'ont bien comprise. Rappeler la signification du verbe « acheter », si nécessaire. Les inviter à consulter individuellement la rubrique « Les accessoires » de la liste de vocabulaire, ainsi que le Dico visuel p. 118 si nécessaire. Leur laisser ensuite quelques minutes pour répondre à la question.

Mise en commun Demander à des élèves volontaires de proposer leurs réponses. Les inciter à formuler des phrases complètes.

Corrigé On peut acheter : un sac à dos, des lunettes (de soleil), un bonnet, une casquette, une montre et une écharpe.

2 120 Comprendre un court dialogue et découvrir les adjectifs démonstratifs

MÉTHODO

Le dialogue de cette activité est en lien direct avec le site Internet de l'activité 1. Inviter les élèves à faire le lien avant l'écoute les aidera beaucoup pour l'exercice de compréhension. L'activité propose deux questions : l'une de compréhension globale et l'autre de compréhension finalisée qui oriente vers la découverte des adjectifs possessifs. Il est donc préférable de la faire réaliser en deux temps, en proposant au moins deux écoutes successives.

Faire lire la première partie de la consigne et passer une première fois l'enregistrement afin que les élèves repèrent de quels accessoires parlent Noémie et Louis. Faire lire ensuite la deuxième partie de la consigne ainsi que les étiquettes puis passer une deuxième fois le dialogue. Laisser quelques minutes aux élèves pour reconstituer les phrases en les recopiant sur leur cahier. Faire écouter une troisième fois si nécessaire pour qu'ils associent chaque phrase au prénom correspondant.

Mise en commun Demander à des élèves volontaires de donner leurs réponses. Écrire au tableau les phrases reconstituées en entier et entourer les adjectifs démonstratifs « ce » et « cette » pour les mettre en évidence.

Corrigé Ils aiment le bonnet et la casquette.
Noémie : Cette casquette, elle est belle ! ;
Louis : J'adore ce bonnet !

PROLONGEMENT » Demander aux élèves de faire des hypothèses sur la signification de « ce » et « cette ». Pour les aider, répéter à l'oral chacune des deux phrases en désignant avec le doigt chaque accessoire correspondant sur le document de l'activité 1. Les élèves vont facilement comprendre que ces mots servent à désigner ou à montrer des objets ou des personnes. Donner d'autres exemples dans la classe en désignant différents objets : « Ce livre est un livre de français. Cette casquette est la casquette de Paul. Etc. ».

TABLEAU DE GRAMMAIRE

121

Les adjectifs démonstratifs

Faire écouter et lire le tableau en même temps. Demander ensuite aux élèves de repérer les quatre formes différentes des adjectifs démonstratifs et les inviter à faire des hypothèses sur leur emploi. Ils vont facilement comprendre que chaque adjectif dépend du genre et du nombre du nom qui le suit. Attirer leur attention sur l'adjectif « cet » qui s'utilise devant un nom masculin qui commence par une voyelle. Le prononcer afin qu'ils repèrent l'enchaînement entre le « t » et la voyelle qui suit. Bien insister également sur le fait qu'il faut faire la liaison entre le « s » de « ces » et le nom qui suit quand il commence par une voyelle.

Pour la présentation de ce point de langue au tableau et sur les cahiers des élèves, utiliser une couleur différente pour le masculin, le féminin et le pluriel et souligner « cet » et la voyelle qui suit pour mettre en évidence sa particularité. Relier chaque adjectif démonstratif au nom qui le suit par une flèche pour que les élèves se souviennent bien qu'ils s'accordent en genre et en nombre.

SYSTÉMATISATION » n° 7 p. 85

3 S'entraîner à utiliser les adjectifs démonstratifs

Former des groupes de deux et laisser quelques minutes aux élèves pour échanger à l'oral sur les accessoires qu'ils aiment, n'aiment pas. Bien insister pour qu'ils utilisent les adjectifs démonstratifs et fassent des phrases sur le modèle donné en exemple.

Mise en commun Avant la mise en commun, inviter les binômes à repérer les accessoires pour lesquels ils ont les mêmes goûts (qu'ils aiment ou n'aiment pas tous les deux). Puis demander à un porte-parole de chaque binôme de les présenter à la classe, sur ce modèle : « On aime (tous les deux) ce bonnet et cette casquette. On n'aime pas ces lunettes et cette montre. »

Corrigé *Exemples de réponses :* J'aime/Je n'aime pas ce sac, ces lunettes, ce bonnet, cette casquette, cette montre, cette écharpe.

4 (120) Approfondir la compréhension orale et repérer des actes de parole pour demander et dire le prix

Faire lire la consigne, puis réécouter l'enregistrement de l'activité 2. Indiquer aux élèves qu'ils doivent surtout se concentrer sur la fin du dialogue pour repérer quel accessoire n'est pas cher et combien il coûte. S'assurer qu'ils comprennent bien les mots « cher » et « coûte ».

Mise en commun Demander à des élèves volontaires de proposer leur réponse. Les inviter à se justifier en citant le texte. Faire écouter une dernière fois la fin du dialogue pour vérification.

Corrigé La casquette n'est pas chère (« Sept euros quatre-vingts ? Ce n'est pas cher ! »).

TABLEAU DE COMMUNICATION

122

Pour demander le prix / Pour dire le prix

Faire écouter et lire le tableau en même temps. Attirer l'attention des élèves sur les différentes manières de demander ou de dire le prix d'un objet. Bien faire remarquer qu'on dit par exemple : « sept euros quatre-vingts » et non « ~~sept quatre-vingts euros~~ ».

PROLONGEMENT » Pour le réemploi immédiat de ces actes de parole, former des groupes de deux. Leur demander de s'entraîner à demander et à dire le prix de chaque objet du site de l'activité 1. Un élève pose une question, l'autre répond, sur ce modèle : « Combien coûte le sac à dos ? » → « Il coûte quarante-neuf euros quatre-vingt-dix. » Ils peuvent ensuite dire si ce prix leur semble cher ou non.

SYSTÉMATISATION » n° 3 et 8 p. 84-85

5 S'entraîner à demander et à dire le prix

Former des groupes de deux. Les élèves doivent essayer d'imaginer le prix que peuvent coûter, dans leur pays, les accessoires proposés (mais en euros !). Les inviter à consulter dans un premier temps la liste de vocabulaire page 79 et le Dico visuel p. 118 afin qu'ils sachent nommer les quatre accessoires. Puis leur laisser quelques minutes pour discuter librement du prix de ces accessoires, comme dans l'exemple. Passer parmi les groupes pour vérifier le bon réemploi des actes de parole et des adjectifs démonstratifs. Puis inciter les membres de chaque groupe à se mettre d'accord pour écrire sur un morceau de papier un prix pour chaque accessoire.

Mise en commun Ramasser tous les papiers indiquant le prix du premier accessoire (la ceinture) et les afficher au tableau. Inviter les groupes à discuter ensemble du prix le plus juste pour l'accessoire. Ils doivent se mettre d'accord pour déterminer le prix définitif de l'objet. Continuer ainsi pour les autres accessoires. À la fin de l'activité, écrire le prix définitif de chaque objet dans un coin du tableau. Ils pourront être réutilisés pour l'activité 8.

PROLONGEMENT » Faire lire et écouter en même temps la rubrique « Les accessoires » de la liste de vocabulaire pour fixer la prononciation.

SYSTÉMATISATION » n° 2 p. 84

6 Comprendre un blog et découvrir le verbe « pouvoir »

Avant de faire lire la consigne, laisser quelques minutes aux élèves pour observer le document et leur demander de dire de quoi il s'agit : un blog. Les inviter à repérer les pseudos des participants : Lulu21, Ori@ne, Lalilou et Gaby, puis leur faire lire le texte individuellement. Leur demander de retrouver ce que propose Lulu à ses amis. Faire lire ensuite la question de la consigne et laisser quelques minutes aux élèves pour y répondre.

Mise en commun Demander à des élèves volontaires de proposer leurs réponses en formulant des phrases complètes. Les écrire au tableau. Puis les inviter à retrouver dans le texte les phrases qui permettent de justifier chaque réponse. Les écrire à côté des réponses. Ensuite, faire repérer le verbe utilisé dans chaque phrase citée du texte pour dire : « c'est possible / ce n'est pas possible ». Souligner les différentes formes de ce verbe : « peux », « peux » et « pouvons » et leur indiquer qu'il s'agit du verbe « pouvoir ».

Corrigé Pour Oriane, ce n'est pas possible d'acheter sur Internet. Pour Lalilou, ce n'est pas possible d'acheter sur Internet parce que ses parents ne sont pas d'accord. Pour Gaby, c'est possible d'utiliser la carte bleue de son frère.

PROLONGEMENT » Les élèves ont déjà repéré 3 formes du verbe « pouvoir » grâce à l'activité 6. Il est possible de leur en faire trouver encore une dans le document (« pouvez »).

123 **TABLEAU DE GRAMMAIRE**

Le verbe *pouvoir*

Faire écouter et lire en même temps le tableau. Demander aux élèves de faire des hypothèses sur la signification des couleurs utilisées. Ils vont facilement comprendre que chaque couleur correspond à une base différente du radical.
Attirer également leur attention sur le fait qu'on utilise en général le verbe « pouvoir » suivi d'un infinitif.

SYSTÉMATISATION » n° 9 p. 85

124 **PHONÉTIQUE**

la prononciation du verbe *pouvoir*

Lire la consigne aux élèves et leur expliquer qu'ils vont devoir associer les différentes formes verbales du verbe « pouvoir » avec le son correspondant : [œ] comme dans « neuf » ou [ø] comme dans « deux ». Prononcer ces deux mots et les deux sons l'un à la suite de l'autre pour que les élèves entendent bien la différence et les inviter à faire de même. Bien faire remarquer que, pour prononcer le son [ø] comme dans « deux », qui est plus « fermé », les lèvres sont arrondies. Pour prononcer [œ] comme dans « neuf », qui est plus « ouvert », elles sont également arrondies, mais plus écartées.

Faire ensuite écouter une deuxième fois le verbe « pouvoir » et laisser les élèves faire l'activité.

Mise en commun Inciter les volontaires qui donnent leurs réponses à prononcer les différentes formes verbales de manière correcte.

Corrigé a, b, c : 2 – d : 1

SYSTÉMATISATION » n° 10 p. 85

7 S'entraîner à réutiliser le verbe « pouvoir »

Faire lire la consigne et laisser quelques minutes aux élèves pour réfléchir à leurs réponses.

Mise en commun Utiliser une balle « passeuse de parole » pour faire une mise en commun collective et dynamique. Libérer un espace dans la classe et demander aux élèves de se placer en cercle. Poser la question de la consigne et lancer la balle à un élève en lui indiquant qu'il va devoir y répondre. L'inciter à donner des exemples. Puis l'élève relance la balle à un autre élève qui répond à la même question, et ainsi de suite jusqu'à ce que tous les élèves se soient exprimés.

8 Action ! Imaginer les achats qu'on peut faire avec une somme d'argent

Faire lire la consigne de l'activité, puis former des groupes de trois ou quatre. Les inviter à choisir une somme d'argent parmi celles proposées et à imaginer le maximum d'achats qu'ils peuvent faire sur le site de l'activité 1. Préciser aux élèves qu'ils peuvent également faire leur choix parmi les accessoires de l'activité 5, si les prix sont restés affichés au tableau à la fin de cette activité. Les inciter à discuter ensemble en réutilisant le verbe « pouvoir », comme dans les exemples. Inviter les groupes à écrire la liste des accessoires qu'ils veulent acheter sur un morceau de papier, en indiquant les prix et le total de leurs dépenses.

Mise en commun Une fois que tous les groupes ont fait la liste de leurs achats, leur demander de venir les présenter à la classe sans dire la somme totale qu'ils avaient au départ. Les autres groupes devinent de quelle somme ils disposaient.

VARIANTE » Avant de faire l'activité, il est possible de préparer des étiquettes avec les différentes sommes d'argent. Si les groupes sont nombreux, imaginer d'autres sommes en plus de celles proposées pour que chaque groupe en ait une différente. Une fois les petits groupes formés, leur faire tirer au sort une étiquette. Ils devront imaginer leurs achats à partir de cette somme imposée et les écrire.

Mise en commun Ramasser les papiers et les redistribuer de manière aléatoire aux groupes. Chaque groupe lit attentivement le papier qu'il a reçu et vient en présenter les dépenses à la classe. Inviter les autres groupes à se manifester quand ils reconnaissent leurs achats.

125 **VOCABULAIRE**

Faire écouter toute la liste de vocabulaire si les élèves ne l'ont pas fait en partie lors de l'activité 5. Voir les conseils p. 36.

LEÇON 3 Décrivons notre style

pages 80 et 81

1 Comprendre un article de mode et différencier les articles définis et indéfinis

Avant de lire la consigne, faire observer le document. Demander aux élèves de s'exprimer sur ce qu'ils voient et les inciter à nommer le type de document : un article de magazine de mode.
Puis laisser quelques minutes aux élèves pour lire l'article individuellement. S'assurer qu'ils ont bien compris le mot « style ». Faire lire la consigne et demander aux élèves d'écrire des phrases complètes.

Mise en commun Demander à des élèves volontaires de donner leurs réponses et écrire les phrases au tableau. Pour s'assurer qu'ils comprennent bien les différences entre les trois styles, leur demander de retrouver dans l'article tous les adjectifs qui permettent de décrire les vêtements et accessoires. Faire éventuellement écouter la rubrique « Le style » de la liste de vocabulaire page 81 pour fixer la prononciation notamment.
Ensuite, attirer à nouveau l'attention des élèves sur les phrases de réponses écrites au tableau. Leur demander de repérer les articles indéfinis et définis vus dans les étapes 1 et 2 et de les souligner de deux couleurs différentes. Les inviter à donner un exemple de phrase avec un article indéfini et un autre avec un article défini. Leur expliquer qu'il s'agit maintenant pour eux de comprendre la différence d'emploi entre les deux catégories d'articles.

Corrigé Les ressemblances : Dans les trois styles, il y a <u>un</u> jean, <u>une</u> casquette et <u>des</u> baskets. ;
Les différences : Pour le style « rappeur », <u>le</u> jean est large et très long, <u>la</u> casquette est noire, <u>les</u> baskets sont larges et ouvertes. Pour le style « mode », <u>le</u> jean est court, <u>la</u> casquette est originale, <u>les</u> baskets sont rouges. Pour le style « collège », <u>le</u> jean et <u>les</u> baskets sont classiques, <u>la</u> casquette est bleue et blanche.

126 **TABLEAU DE GRAMMAIRE**

Les articles indéfinis et les articles définis

Faire écouter et lire le tableau en même temps. Puis demander aux élèves de bien observer les exemples et de faire des hypothèses sur la différence d'emploi entre les articles indéfinis et les articles définis. Les aider à remarquer que, dans les exemples avec un article indéfini, on ne sait pas de quel(le)(s) jean, casquette ou baskets on parle. Dans les exemples avec les articles définis, on parle d'un jean, d'une casquette et de baskets en particulier : celui/celle(s) de Maxime, d'Ali ou de Léo. Leur résumer les choses ainsi : on utilise les articles indéfinis pour donner une information non spécifique et les articles définis pour donner une information spécifique.
Leur rappeler qu'on utilise également les articles définis pour faire une généralité (cf. étape 2). Par exemple, pour exprimer des goûts, on dit : « J'aime/Je n'aime pas la musique, les chanteurs français, etc. »

PROLONGEMENT » Afin de s'assurer que tous les élèves ont bien compris, demander à des volontaires de venir poser un objet qui leur appartient sur le bureau du professeur. Inviter la classe à dire ce qu'il y a sur le bureau puis à spécifier à qui appartient chaque objet : « Il y a un stylo, c'est le stylo de X. »

Pour la présentation de ce point de langue, recopier les exemples du tableau en utilisant deux couleurs différentes. Souligner les précisions données après les noms précédés d'un article défini.

SYSTÉMATISATION » n° 4 et 11 p. 84-85

2 S'entraîner à utiliser les articles indéfinis et définis pour parler de ressemblances et de différences

Former des groupes de trois ou quatre et faire lire la consigne. Leur laisser quelques minutes pour trouver tous les vêtements qu'ils ont en commun et décrire les différences entre ces vêtements, sur le modèle de l'exemple.

Mise en commun Demander à un porte-parole par groupe de présenter à la classe les ressemblances et différences vestimentaires de son groupe.

VARIANTE COLLECTIVE » Après que tous les groupes ont échangé entre eux, en faire venir un au tableau. Demander aux autres de trouver, en moins de trois minutes, le maximum de vêtements que les membres de ce groupe ont en commun et d'en décrire les différences. Le groupe qui est au tableau compare ensuite les ressemblances et différences qu'il a trouvées avec celles énoncées par la classe et gagne si elles n'ont pas toutes été trouvées. Faire passer les groupes chacun à leur tour.

3 Comprendre un courrier des lecteurs

Avant de faire lire le texte et la consigne, aider les élèves à nommer le type de document qu'ils voient : un courrier des lecteurs. Expliquer si besoin qu'il s'agit une rubrique de magazine dans laquelle les lecteurs peuvent s'exprimer librement ou poser des questions.
Après la lecture de la consigne, laisser quelques minutes aux élèves pour lire le document individuellement et pour faire l'activité.

Mise en commun Demander à des élèves volontaires de lire à voix haute chaque message et de l'associer à un dessin. Les inviter à justifier leur réponse en citant le texte. Expliquer la signification de « moche » en précisant qu'il s'agit d'un mot familier très utilisé qui veut dire « pas beau ».

> ***Corrigé*** **1 b** (« Toutes les filles aiment porter des robes, mais pas moi. » ; **2 c** (« Je cherche des chaussures pas chères pour aller au collège. ») ; **3 a** (« Mes copains et moi, on n'a pas le même style. Pour eux, mes vêtements sont moches. »)

4 Approfondir la compréhension et découvrir la question avec « quel(le)(s) »

Cette activité peut se faire en deux temps. Faire lire la consigne et demander d'abord aux élèves de noter les questions sur leur cahier. Demander à des volontaires de venir les écrire au tableau et s'assurer que tout le monde les comprend bien. Souligner, dans la première question : « quels vêtements » ; dans la deuxième : « quelle marque » et dans la troisième : « quel style ». Cela permettra de guider les élèves dans leurs propositions de réponses.

Ensuite, inviter les élèves à choisir une des trois questions notées au tableau et à proposer une réponse. Il est également possible de faire tirer au sort les trois questions ou de les répartir de manière équilibrée entre les élèves. Chaque élève rédige une réponse à sa question sur un morceau de papier.

Mise en commun Ramasser tous les papiers et les mettre dans une boîte. Demander à des volontaires de venir tirer un papier chacun à leur tour et de le lire à la classe. Les autres élèves doivent deviner à quelle question correspond cette réponse.

> ***Corrigé*** Questions : Je peux porter quels vêtements pour avoir un style sympa ? ; Je peux acheter quelle marque ? ; Quel style est à la mode ?

177 TABLEAU DE GRAMMAIRE

La question avec *quel(le)(s)*

L'activité 4 a permis aux élèves de comprendre le sens des questions avec « quel(le)(s) ». Avant de faire écouter et lire le tableau, attirer leur attention sur les parties des phrases qui ont été soulignées dans l'activité précédente. Demander aux élèves de dire quelle différence ils remarquent entre les occurrences de « quel(le)(s) ». Ils vont facilement repérer qu'elles s'accordent en genre et en nombre avec le nom qui suit.
Lors de l'écoute et de la lecture du tableau, demander aux élèves de repérer la quatrième forme : « quelles ». Les aider à comprendre qu'elle correspond au féminin pluriel. Bien faire remarquer que, malgré leur orthographe différente, « quel », « quelle », « quels » et « quelle » ont la même prononciation.

Pour un repérage rapide des spécificités de ce point de langue, recopier les phrases du tableau et écrire chaque occurrence de « quel(le)(s) » ainsi que le nom qui le suit d'une couleur différente.

SYSTÉMATISATION » n° 12 p. 85

5 S'entraîner à poser des questions avec « quel(le)(s) »

Former des groupes de deux et faire lire la consigne. Laisser quelques minutes aux binômes pour reconstituer les questions.

Mise en commun Demander à des élèves volontaires de proposer leurs réponses. Les écrire au tableau.

> ***Corrigé*** On porte quelles chaussures avec une robe ? ; Tu portes quels vêtements au collège ? ; Les ados préfèrent quelle marque de basket ? ; J'achète quel jean pour l'été ?

PROLONGEMENT » Demander aux binômes d'imaginer d'autres questions avec « quel(le)(s) » et de les écrire séparément sur des bandes de papier. Ils découpent ensuite chaque question en deux, juste après le mot « quel(le)(s) » et mélangent les morceaux qu'ils obtiennent.
Lorsque tous les groupes ont terminé, leur demander d'échanger avec un autre binôme leurs morceaux de questions mélangés. Ils doivent alors reconstituer les questions de l'autre binôme. Leur laisser ensuite quelques minutes pour vérifier avec l'autre groupe si les questions sont correctement reconstituées.

6 Comprendre des réponses à un courrier des lecteurs et découvrir des expressions pour donner une appréciation

Laisser quelques minutes aux élèves pour lire individuellement le document. Puis les inviter à dire de quoi il s'agit. Ils vont facilement reconnaître les réponses de Modazine au courrier des lecteurs de l'activité 3, grâce au titre, notamment. Puis leur laisser le temps de relire le document et de faire l'activité.

Mise en commun Demander à des volontaires de donner leurs réponses. Puis inviter la classe à chercher dans le texte des expressions qui permettent de donner une appréciation. Leur donner un exemple si nécessaire pour les aider à comprendre ce qu'est une appréciation : « C'est bien ! » ou « Ce n'est pas bien ! ».
Noter au tableau toutes les appréciations trouvées dans le document et s'assurer que les élèves les comprennent bien.

Corrigé A 2 ; B 3 ; C 1

128 TABLEAU DE COMMUNICATION

Pour donner une appréciation

Faire écouter et lire en même temps le tableau. Attirer l'attention des élèves sur les expressions qu'ils n'ont pas relevées dans le texte de l'activité 6, « à la mode » et « moches », et s'assurer que tout le monde les comprend bien.
Faire ensuite éventuellement écouter la rubrique « Les appréciations » de la liste de vocabulaire page 81. Laisser quelques minutes aux élèves pour s'entraîner à répéter ces expressions en faisant attention à la prononciation.

SYSTÉMATISATION » n° 13 p. 85

7 S'entraîner à donner une appréciation

Faire lire la consigne et former des groupes de trois. Leur laisser quelques minutes pour faire l'activité. Leur indiquer qu'ils peuvent s'inspirer des bulles d'exemples pour donner leurs appréciations. Leur préciser également que, s'ils ne sont pas d'accord entre eux, ils n'hésitent pas à donner leur appréciation personnelle chacun à leur tour.

Mise en commun Faire venir les groupes chacun à leur tour devant la classe et leur demander de dire d'abord quel style du document de l'activité 1 ils ont choisi. Puis les laisser présenter leurs appréciations à la classe.

VARIANTE » Pendant que les élèves travaillent en petits groupes, préparer trois types d'étiquettes : des étiquettes « le jean », des étiquettes « les baskets » et des étiquettes « la casquette ». Quand tous les groupes sont prêts pour la mise en commun, distribuer à chaque élève une étiquette de manière à ce que chaque membre de chaque groupe ait une étiquette différente. Puis interroger les élèves un à un (à l'aide d'une balle par exemple). L'élève interrogé lit son étiquette et donne son appréciation personnelle et celle du groupe (si elle est différente de la sienne) sur le vêtement indiqué et dans le style choisi par le groupe.

8 Action ! Décrire son style

MÉTHODO

Il peut être intéressant de réaliser cette activité en deux temps, avec une phase de production individuelle suivie d'une phase de mise en commun interactive. Cette dernière phase motivera les élèves à écouter leurs camarades lire leur production.

Aider les élèves à comprendre la consigne. Attirer leur attention sur l'encadré « Quel est ton style » et sur l'enjeu de rédiger leur témoignage pour ce magazine. Pendant cette phase de travail en autonomie, passer dans les rangs pour guider et corriger si nécessaire.

Mise en commun Avant que les élèves lisent leurs témoignages, établir avec la classe une liste d'accessoires de mode à faire gagner. Écrire la liste au tableau.
Puis demander tour à tour aux élèves de venir lire la description de leur style devant la classe. Inviter les élèves auditeurs à bien écouter afin de décider quel accessoire de mode ils souhaitent faire gagner à celui ou celle qui a présenté son style. La classe vote pour l'accessoire de mode qui lui correspond le mieux.

Mon cours d'ARTS PLASTIQUES

Cette activité étant indépendante (quoique en lien) avec le reste de la leçon, elle peut être réalisée avant ou après la micro-tâche « Action ! ».

1 Faire lire la consigne et laisser quelques minutes aux élèves pour faire l'activité.

Mise en commun Demander à des volontaires de proposer leurs réponses.

Corrigé **1** b ; **2** c ; **3** a

>>>

>>>

2 Inviter les élèves à parler des techniques qu'ils utilisent pendant leurs cours de dessin au collège et faire la liste d'autres techniques au tableau : le fusain, le pastel, le collage, etc. Laisser les élèves s'exprimer librement sur leur(s) technique(s) préférées.

PROLONGEMENT » Former des groupes de trois ou quatre et demander aux élèves de choisir une technique de dessin et un style vestimentaire. Ils doivent faire un dessin de mode à partir de cette technique en écrivant sur celui-ci des précisions sur les différentes parties de la tenue vestimentaire dessinée. Lors de la présentation des dessins de mode des différents groupes, les élèves spectateurs donnent leur appréciation et votent pour le dessin qu'ils préfèrent.

129 **VOCABULAIRE**

Faire écouter la liste de vocabulaire si cela n'a pas été fait lors des activités 1 et 6. Voir les conseils p. 36.

CULTURES

pages 82 et 83

INFOS

L'armure est un équipement corporel utilisé pour protéger le corps des coups de l'ennemi. Utilisées surtout au Moyen Âge et à la Renaissance, les amures ont évolué avec les techniques liées à la métallurgie. Elles sont ainsi devenues plus complexes mais plus légères au cours de l'histoire. C'est l'utilisation des armes à feu qui les a rendues obsolètes, au XVIIe siècle.

C'est sous le règne de Louis XIV (1661-1715) que la mode masculine française est devenue un modèle pour l'Europe. Le **costume masculin** se caractérise à cette époque par l'extravagance et la somptuosité : des culottes très larges garnies de dentelles et de rubans, des chemises à manches bouffantes, des chaussures à talons hauts, des chapeaux à plumes et des perruques très longues.

L'histoire du **jean** commence dans la ville de Gênes en Italie, réputée pour la fabrication d'une toile de coton et de lin. Puis des tisserands de Nîmes ont utilisé cette toile pour créer, au XVIIe siècle, une toile de coton plus solide : le denim. Mais l'invention du vêtement lui-même revient à une collaboration entre Levi Strauss et Jacob Davis, tailleur à Reno dans le Nevada, dans les années 1870. Le jean est arrivé en France à la fin de la seconde guerre mondiale grâce à l'influence de l'« American way of life », mais il est véritablement devenu populaire à la fin des années 1960.

La mode des **perruques** pour femmes est particulièrement remarquable à l'époque de la Révolution. C'est à Léonard, coiffeur de la reine Marie-Antoinette, qu'on doit de gigantesques coiffures, agrémentées d'accessoires hétéroclites (objets, légumes, etc.) et soutenues par une armature de fils d'acier. L'illustre coiffeur a coiffé toutes les jolies femmes de Paris de 1788 à 1792.

La **crinoline** est apparue dans les années 1830, sous forme de jupons que l'on mettait sous la robe, pour lui donner plus d'ampleur. Au début des années 1850, une femme de la haute société pouvait porter jusqu'à sept jupons sous sa robe rendant la marche difficile. Pour remédier à cela, on a commencé à fabriquer des jupons renforcés par des cerceaux d'osier et on a inventé en 1856 la crinoline « cage ».

Le terme « **garçonne** » qualifie un courant de mode pour les femmes dans les années 1920. C'est un style né à Paris, sous l'impulsion de Coco Chanel en particulier. Il participe d'une revendication pour l'égalité des sexes et accompagne l'émancipation des femmes. L'allure garçonne se caractérise par une silhouette androgyne et par le port des cheveux courts. Pour la première fois, les différences entre les vêtements féminins et masculins s'estompent avec la création de jupes-culottes, l'utilisation de cravates et parfois de pantalons pour les femmes.

1 Faire observer le document sans le lire. Puis faire lire la première question et laisser les élèves s'exprimer librement pour y répondre. Ils auront peut-être des avis et des données différents sur les modes de leur pays et des autres pays. Les aider à nommer les vêtements ou accessoires qu'ils voient sur le document. Ensuite, leur laisser quelques minutes pour établir une liste d'autres modes qui sont apparues dans le monde et à travers l'histoire. Ils peuvent faire des recherches sur Internet, si cela est possible. Les laisser s'exprimer en langue maternelle pour répondre à cette partie de la question et mettre en commun cette liste au tableau.

2 Faire lire la consigne puis demander aux élèves de lire individuellement le document. Leur laisser quelques minutes pour répondre à la question en les invitant à justifier, si possible, leurs réponses.

Corrigé Les modes difficiles à porter → Pour les garçons : l'armure au 14e siècle (« elle fait 80 kilos ! »), les chaussures à talons et les perruques longues au 17e siècle. Pour les filles : Les perruques de 1780 (« de 50 à 80 centimètres ») ; les robes très larges de 1850 (« difficile de bouger ! »). ; Les modes faciles à porter → Pour les garçons : le jean en 1945. Pour les filles : les pantalons et les cheveux courts dans les années 20.

3 Former des groupes de trois ou quatre et leur faire lire la consigne. Leur demander s'ils peuvent donner des exemples de vêtements ou d'accessoires difficiles à porter à leur époque (les talons aiguilles, les pantalons taille basse, les jupes courtes, par exemple).
Puis leur laisser un peu de temps pour imaginer une nouvelle mode (masculine ou féminine) pour le 21e siècle qui soit difficile à porter. Insister pour qu'ils imaginent quelque chose d'amusant et d'original pour susciter la motivation. Pendant la réalisation de l'activité, passer parmi les groupes pour les aider à formuler leurs idées en français. Les inciter également à dessiner leur idée et à l'annoter pour en faciliter, ensuite, la présentation.

Mise en commun Chaque groupe vient présenter son idée de mode difficile à porter. La classe vote pour le vêtement ou l'accessoire le moins pratique !

ENSEMBLE POUR...

créer le vêtement ou l'accessoire du collège

1 Lors de la séance précédente, expliquer aux élèves quelle tâche ils vont devoir réaliser. Former des groupes de trois ou quatre et leur demander de réfléchir à un vêtement ou à un accessoire dont ils ne se servent plus et qu'ils pourraient apporter en vue de cette réalisation. Prévoir d'apporter ou de faire apporter également du matériel qui permette de customiser et de décorer ce vêtement ou cet accessoire (peinture, feutres pour textile, fil et aiguille, laine, boutons, colle à tissu, etc.).

VARIANTE » Il est possible de demander à tous les élèves d'apporter un vêtement, un accessoire ou du matériel et de les « mutualiser ». Les exposer dans un coin de la classe et, le jour de la réalisation de la tâche, laisser chaque groupe choisir un des vêtements ou accessoires apportés par les autres et partager le matériel, pour plus de « surprise ».

2 Les élèves doivent écrire un message (de type slogan) sur leur collège. Les inciter à imaginer une phrase positive, harmonieuse à entendre, et pourquoi pas avec des rimes. Ils reportent ensuite leur message sur leur vêtement ou leur accessoire et le décorent, le customisent.

3 Les groupes doivent imaginer qu'il est destiné à être vendu aux collégiens et doivent donc réfléchir au prix le plus réaliste possible.

4 Chaque groupe présente sa création à la classe en donnant des détails sur le prix. Les autres groupes réagissent en donnant leur appréciation sur l'objet et sur le prix.
Une fois que tous les groupes ont présenté leur objet, ils peuvent voter pour celui qui représente le mieux le collège.

Co-évaluation LA CLASSE DONNE SON AVIS SUR...

Avant l'étape 4 de la tâche, distribuer une copie de la grille ci-dessous par groupe. Expliquer aux élèves les différents critères à évaluer pour chaque présentation. Pendant ou après la présentation de chaque groupe, les élèves cochent la case correspondante pour chaque critère. Ils peuvent utiliser la même grille pour évaluer plusieurs groupes en cochant avec des couleurs différentes pour chaque groupe. Après chaque présentation, mettre en commun les évaluations. Voir les conseils p. 44 (cf. co-évaluation de l'étape 1).

Donne ton avis...	+++	++	+
Le message est...			
bien écrit			
original			
Le vêtement...			
est bien décoré, sympa			
a un bon prix			

+ VIDÉO SÉQUENCE 6

→ Fiches d'exploitation sur enseigner.tv5monde.com

Entraînement

pages 84 et 85

Entraînons-nous

1 130 ▸ Les nombres de 70 à 100

Pour cette activité, toute la classe joue ensemble sur le principe du jeu de loto, mais avec le challenge de repérer des nombres en un temps limité.
Chaque élève choisit d'abord une grille parmi les deux proposées. Puis faire écouter l'enregistrement. Les inciter à écrire les nombres sur leur cahier.

Mise en commun Les élèves comptent combien de nombres ils ont retrouvé sur leur grille. Les gagnants sont ceux qui ont retrouvé le plus de nombres !

PROLONGEMENT » Pour faciliter l'activité, il est possible de couper l'enregistrement entre chaque nombre énoncé pour laisser le temps aux élèves de les repérer sur leur grille.

Corrigé Pour la grille 1, les nombres à retrouver sont : 79, 82, 100, 93. ; Pour la grille 2, les nombres à retrouver sont : 79, 82, 81, 96, 72. Les gagnants sont les élèves qui ont choisi la grille 2 (s'ils ont eu le temps de repérer tous les nombres).

VARIANTE » Il est possible de continuer le jeu en préparant à l'avance des étiquettes avec des nombres de 70 à 100. Les faire tirer au sort par des volontaires et procéder comme décrit ci-dessus pour déterminer les gagnants.

2 ▸ Les accessoires

MÉTHODO

Cette activité a pour but d'inciter les élèves à exercer leur mémoire immédiate. Il est possible de leur donner, avant l'activité, des techniques pour cela. Par exemple, lors de l'observation de l'illustration, ils peuvent essayer de la « photographier » dans leur tête (pour ceux qui ont une mémoire visuelle), de faire, dans leur tête, des classements en regroupant les objets qu'ils voient par catégorie ou de les compter (pour ceux qui ont une mémoire logico-mathématique), ou encore de prononcer les noms de ces objets dans leur tête (pour ceux qui ont plutôt une mémoire auditive). Préciser également aux élèves que cette activité étant à faire en groupes, ils vont pouvoir « mutualiser » ce qu'ils ont trouvé pour un meilleur résultat.

Après avoir fait lire la consigne et donné des conseils comme ci-dessus, laisser une minute (chronométrée) aux élèves pour observer attentivement l'illustration. Puis leur demander de cacher le dessin et de former des groupes de trois.

Mise en commun Comparer le nombre d'accessoires trouvés par chaque groupe, puis dresser une liste au tableau en fonction des réponses de chacun. Regarder ensuite le dessin pour vérifier.

Corrigé Deux sacs, deux sacs à dos, une écharpe, deux bonnets, un chapeau, des baskets, un bracelet, une ceinture, des lunettes, une casquette.

3 ▸ Demander et dire le prix

Cette activité fonctionne sur le mode de la devinette. Les inciter à formuler des phrases complètes, comme dans l'exemple, pour dire le prix. Afin que les élèves de chaque binôme s'entraînent à la fois à dire un prix et à le comprendre, leur demander d'intervertir les rôles pour chaque objet.

Corrigé **a** Ça coûte trente-neuf euros quatre-vingts. → Les baskets. ; **b** Ça coûte dix-huit euros soixante-quinze. → L'écharpe. ; **c** Ça coûte six euros quatre-vingt-dix. → Le bracelet. ; **d** Ça coûte quinze euros quarante. → Le chapeau.

PROLONGEMENT » Chaque élève choisit deux ou trois objets parmi ceux qu'il a avec lui et en imagine les prix. L'un des deux dispose ses objets sur sa table et énonce tour à tour leur prix. Son/Sa camarade doit deviner quel objet coûte quel prix. Les élèves inversent ensuite les rôles.

4 ▸ Les articles indéfinis et définis

MÉTHODO

Pour que cette activité fonctionne et aboutisse au réemploi des articles définis et indéfinis, il est impératif que les élèves formulent leurs devinettes et leurs réponses sur le modèle proposé en exemple.

Former des groupes de trois ou quatre et leur laisser quelques minutes pour choisir un vêtement et un accessoire dans la classe et préparer deux devinettes. Les inviter à les écrire sur le modèle donné en exemple, en commençant par « C'est… ».

Mise en commun Chaque groupe lit ses devinettes une par une à la classe. Le premier élève qui trouve de quel objet il s'agit et répond en formulant la phrase attendue (comme dans l'exemple) fait marquer un point à son groupe. Continuer ainsi jusqu'à ce que tous les groupes aient posé toutes leurs devinettes. Le gagnant est celui qui a le plus de points.

Entraîne-toi

5 131 Les vêtements

Mise en commun Demander aux élèves de justifier leurs réponses en citant le dialogue.

Corrigé **a** Romane (« Romane, c'est la fille avec le blouson. ») ; **b** Alexandra (Alexandra, c'est la fille avec le pull et le jean.) ; **c** Chloé (« Chloé porte un tee-shirt et une jupe.)

6 132 Phonétique. Les sons [y] et [u]

Demander aux élèves d'écrire chaque item sur leur cahier avant de compter le nombre de sons [y] et de sons [u] entendus.

Mise en commun Des élèves volontaires répètent la phrase entendue et proposent leurs réponses en citant les mots qui contiennent chaque son.

Corrigé **a** [y] : 1 (« pull »), [u] : 2 (« Lou » et « court ») ; **b** [y] : 1 (« chaussures »), [u] : 2 (« vous » et « pouvez ») ; **c** [y] : 2 (« super » et « lunettes »), [u] : 1 (« Abdou ») ; **d** [y] : 2 (« Luce » et « ceinture »), [u] : 1 (« rouge »)

7 Les adjectifs démonstratifs

Mise en commun Lorsque les volontaires énoncent leur réponse, veiller à ce qu'ils marquent bien la différence de prononciation entre « ce » et « ces » et prononcent de manière identique « cet » et « cette ».

Corrigé **a** Je n'aime pas ce pantalon. ; **b** Ces chapeaux sont chers. ; **c** Cet accessoire est super ! ; **d** Cette écharper est rouge et bleue. ; **e** Je déteste ces casquettes.

8 133 Demander et dire le prix

Corrigé Dialogue 1 : a ; Dialogue 2 : c ; Dialogue 3 : b.

PROLONGEMENT » Demander aux élèves d'écrire sur léur cahier le prix entendu dans chaque dialogue.

9 Le verbe *pouvoir*

Corrigé **a** Tu peux acheter une ceinture sur ce site Internet. ; **b** Nous ne pouvons pas porter de chaussures dans la maison. ; **c** Elle peut acheter des vêtements avec sa sœur. ; **d** Vous ne pouvez pas parler de mode en classe. ; **e** Je peux regarder ces pantalons.

10 Phonétiq ue. La prononciation du verbe *pouvoir*

Demander aux élèves de recopier le tableau sur leur cahier pour y classer les mots et de bien répéter les mots entendus avant de les classer.

Mise en commun Lorsque les élèves lisent leurs réponses, bien vérifier la prononciation des deux sons [ø] comme dans « peut » et [œ] comme dans « peuvent ».

Corrigé Se prononcent comme « peut » : **a, e** ;
Se prononcent comme « peuvent » : **b, c, d**

11 Les articles indéfinis et définis

Pour que le réemploi des articles soit satisfaisant, bien insister pour que les élèves suivent le schéma proposé en exemple lorsqu'ils rédigent leurs phrases.

Corrigé **a** Abou porte des lunettes. Les lunettes d'Abou sont rouges. ; **b** Flora porte un pantalon. Le pantalon de Flora est super. ; **c** Paul porte une casquette. La casquette de Paul est originale. ; **d** Romy porte des bracelets. Les bracelets de Romy sont chers.

12 La question avec *quel(le)(s)*

Préciser aux élèves que les questions qu'ils vont poser portent sur les éléments soulignés.

Corrigé **a** Tu regardes quels accessoires de ce site ? ; **b** Tu aimes quel jean ? ; **c** Aujourd'hui, tu portes quelle jupe ? ; **d** Tu préfères quelles lunettes ? ; **e** Tu achètes quel sac ?

13 Donner une appréciation

Demander aux élèves d'écrire les phrases complètes sur leur cahier et de varier les formules. Ils peuvent également justifier leur appréciation.

Corrigé *Exemples de réponses :* **a** Le jean est bien parce qu'il est classique ! ; **b** Le blouson est moche parce qu'il n'est pas à la mode ! ; **c** Le robe est belle parce qu'elle est noire ! ; **d** Les chaussures sont sympas parce qu'elles sont originales ! ; **e** Le tee-shirt est bien parce qu'il est à la mode !

Évaluation

page 86

1 135 Écouter

OBJECTIFS ÉVALUÉS
Comprendre une situation d'achat
Comprendre des prix

Faire écouter une première fois et laisser aux élèves quelques minutes pour répondre sur une feuille séparée. Proposer une deuxième écoute. Les élèves vérifient leurs réponses.

BARÈME 1 point par item

Corrigé **a** 5 ; **b** 1 ; **c** 4 ; **d** 3 ; **e** 2

2 Parler

OBJECTIF ÉVALUÉ
Donner une appréciation sur un accessoire

Pour cette évaluation d'expression orale, il peut être plus facile de faire venir les élèves par deux à un endroit dédié de la classe. Proposer au reste de la classe de réaliser une activité en autonomie pendant ce temps. Aider les élèves à comprendre la consigne et leur laisser quelques minutes pour réfléchir aux objets qu'ils préfèrent et préparer comment formuler leur appréciation. Insister pour que les élèves interagissent en se posant des questions chacun à leur tour sous forme de mini-conversation. Chaque élève doit donner son appréciation sur chaque objet.

BARÈME

Formulation correcte des questions avec *quel(le)(s)*	2,5 points
Formulation correcte des appréciations et variété des formules	2,5 points

Exemples de questions / réponses
b Tu préfères quel bonnet ? → Je préfère le bonnet bleu parce qu'il est joli ! ; **c** Tu préfères quelle casquette ? → Je préfère la casquette bleue parce qu'elle est classique et les casquettes classiques, c'est bien ! ; **d** Tu préfères quelle écharpe ? → Je préfère l'écharpe verte parce que l'écharpe marron n'est pas à la mode ! ; **e** Tu préfères quelle ceinture ? → Je préfère la ceinture marron parce que la ceinture rouge est moche !

3 Lire

OBJECTIF ÉVALUÉ
Comprendre un mail

Laisser les élèves lire le document en autonomie et répondre aux questions. Leur conseiller de relire plusieurs fois le document pour vérifier leurs réponses. Les inviter à écrire des phrases complètes pour répondre.

BARÈME item a : 1 point ; item b : 1 point ; item c : 1 point ; item d : 2 points

Corrigé **a** Juliette va à la fête de Laura. ; **b** Elle n'a pas de vêtements sympas pour une fête. ; **c** Elle n'aime pas les jupes. ; **d** 1. Ses jeans sont moches. 2. Ses tee-shirts ne sont pas beaux. / Elle n'a pas de beaux tee-shirts.

4 Écrire

OBJECTIFS ÉVALUÉS
Écrire un mail
Parler de ses vêtements et de son style

Les élèves doivent relire le mail de l'activité 3 et répondre aux questions de Juliette : « Tu vas à la fête de Laura ? » ; « À quelle heure ? » et « Et toi, en général, quels vêtements tu portes pour une fête ? ». Leur laisser une quinzaine de minutes pour écrire leur texte d'abord au brouillon, puis pour le recopier sur une feuille séparée.

BARÈME

Utilisation correcte des formules pour saluer / prendre congé dans un mail	0,5 point
Utilisation correcte du vocabulaire des vêtements et des accessoires	1 point
Utilisation correcte des formules pour faire une appréciation	1 point
Utilisation correcte des articles définis et indéfinis	1 point
Utilisation correcte du verbe *pouvoir*	1 point
Orthographe	0,5 point

Exemple de production

Salut Juliette !

Oui je vais à la fête de Laura, demain, à 18 h 30. Moi, en général, pour une fête, je porte un jean et un tee-shirt classiques parce que je n'aime pas les jupes et les robes. J'aime bien porter aussi un accessoire sympa : des bracelets ou un chapeau, ou des chaussures originales. Par exemple, j'ai des baskets rouges super, elles sont jolies avec un jean !!
Toi, pour la fête de Laura, tu peux aussi porter des vêtements classiques avec un accessoire à la mode, non ?
À demain !
X

1 136 Compréhension de l'oral (10 points)

Faire lire la consigne puis les questions et s'assurer de leur bonne compréhension. Passer l'enregistrement deux fois. Laisser aux élèves deux minutes.

Corrigé **1** c. Mercredi (soir). *(2,5 points)* – **2** Photo b. *(2,5 points)* – **3** Au collège (Jules Ferry). *(2,5 points)* – **4** Photo a. *(2,5 points)*

2 Compréhension des écrits (10 points)

Faire lire la consigne, l'e-mail puis les questions ; s'assurer que tout le monde a compris. Laisser 5 minutes aux élèves pour réaliser la tâche de compréhension.

Corrigé **1** *Une réponse parmi :* des vêtements / des accessoires (pas chers). *(2,5 points)* – **2** Photo b. *(2,5 points)* – **3** 20 euros / 20 € / vingt euros. *(2,5 points)* – **4** Un chapeau noir. *(2,5 points)*

3 Production écrite (20 points)

Exercice 1 : Faire lire la consigne et s'assurer de sa compréhension. Laisser 5 minutes aux élèves.

Guide pour l'évaluation de l'exercice 1 : Les transcriptions phonétiques sont acceptées : si l'orthographe lexicale est défaillante mais que le mot reste compréhensible phonétiquement, on attribuera le nombre de point.

Items	Éléments pour la correction	Nombre de points
Nom	1 point si l'élève a écrit un nom.	1 point
Prénom	1 point si l'élève a écrit un prénom.	1 point
Âge	1 point si l'âge est cohérent.	1 point
Nom de mon collège	1 point si l'élève a écrit un nom d'école cohérent (en France ou dans son pays d'origine).	1 point
Heure de début et de fin des cours	1 point si l'élève a écrit : des horaires ; une heure de début ET une heure de fin ; des horaires logiques. Les trois conditions doivent être remplies.	1 point
Ma classe	1 point si le candidat a écrit un niveau de classe (en France ou dans son pays d'origine).	1 point
Date de début et de fin des vacances d'été (jour et mois)	2 points si l'élève a écrit : une date en chiffres (au format français) ou en lettres ; une date de début ET une date de fin. Pour être acceptée, la réponse doit comporter un jour et un mois.	2 points
2 matières préférées à l'école	2 points si l'élève a écrit le nom d'une de deux matières scolaires. Ne pas pénaliser l'élève s'il a écrit plus de deux matières.	2 points

Exercice 2 : Faire lire la consigne et s'assurer de sa compréhension. Laisser 15 minutes aux élèves.

Guide pour l'évaluation de l'exercice 2 :

Respect de la consigne – L'élève a bien écrit un message à un ami pour parler de son collège. (1 point) – L'élève a écrit au minimum 40 mots. (1 point)	2 points
Correction sociolinguistique – L'élève a utilisé les formes les plus élémentaires de l'accueil et de la prise de congé. (1 point) – L'élève a bien employé le tutoiement pour s'adresser à son ami. (1 point)	2 points
Capacité à informer et/ou à décrire – L'élève a parlé de son collège (2 points) et de son emploi du temps (2 points).	4 points
Lexique/orthographe lexicale – L'élève a su employer le lexique vu et il a su l'orthographier correctement.	1 point
Morphosyntaxe/orthographe grammaticale – L'élève a su utiliser correctement les formes grammaticales pour s'exprimer sur le sujet.	1 point

4 Production orale (25 points)

Exercice 1 : Faire lire la consigne et s'assurer de sa compréhension. Laisser 7-8 minutes aux élèves pour répondre par écrit. Demander à chaque élève de réaliser la production orale (ou fait venir au tableau chaque élève). Selon le nombre d'élèves, tous ne seront pas évalués. Si les conditions matérielles le permettent, l'élève pourra aussi s'enregistrer et fournir à l'enseignant sa production orale.

Guide pour l'évaluation de l'exercice 1 : L'élève peut se présenter et parler d'une journée habituelle au collège en s'aidant des questions posées dans la consigne (les 5 points sont à répartir selon la quantité des informations données par l'élève et la façon dont il les donne).

Exercice 2 : Faire lire la consigne ; demander aux élèves de choisir individuellement 4 mots et d'écrire une question par mot. Laisser 5 minutes aux élèves.

Guide pour l'évaluation de l'exercice 2 : L'élève peut poser des questions simples à partir de 5 mots de l'exercice (1 point par question correctement posée).

Exercice 3 : Demander aux élèves de constituer un binôme : l'un joue le rôle du vendeur et l'autre le rôle du client. Laisser 7-8 minutes aux élèves pour préparer leur jeu de rôle. Demander à un binôme de venir au tableau.

Guide pour l'évaluation de l'exercice 3 : L'élève peut entrer en contact avec un vendeur et lui poser des questions pour obtenir des informations et d'acheter (les 15 points sont à répartir selon la quantité des informations données par l'élève et la façon dont il les donne).

Pour l'ensemble des 3 exercices : S'assurer que l'élève a bien acquis les compétences lexicales et morphosyntaxiques. Veiller aussi à ce que l'élève prononce de manière compréhensible le répertoire d'expressions.

Chez nous

ÉTAPE 7

Objectifs pragmatiques

– Décrire son logement
– Organiser sa chambre
– Parler de ses activités quotidiennes

Tâche finale → imaginer un logement original

CONTENUS

Communication	Grammaire	Lexique	Phonétique	Culture
Dire où on habite Téléphoner et répondre au téléphone Inviter chez soi	Le verbe *venir* Les prépositions de lieu L'impératif pour donner des conseils *Chez* + pronom tonique Les verbes pronominaux	Le logement, les pièces et les meubles L'organisation Les activités quotidiennes	Les sons [s] et [z] La prononciation du verbe *venir*	Drôles de maisons **Discipline non linguistique** Géométrie : Calculer la surface

COMPÉTENCES CLÉS

Compétence apprendre à apprendre	Apprendre à s'organiser pour bien faire ses devoirs : cahier d'activités p. 58 Se familiariser avec la méthode inductive pour découvrir un point de langue : activités 1 et 3 p. 92 ; 5 p. 93 ; 5 p. 95
Compétences sociales et civiques	Inviter quelqu'un : activité 2 p. 92 Téléphoner et répondre au téléphone : activité 3 p. 94
Esprit d'initiative et d'entreprise	Décrire un logement, une pièce : activités 7 p. 91 et 4 p. 93 Donner des conseils : activités 7 p. 93 et 4 p. 99 Interviewer quelqu'un et écrire un article : activité 7 p. 95 Imaginer un logement original : « Ensemble pour… » p. 97
Sensibilité et expression culturelles	Découvrir des techniques artistiques : activité 3 p. 97
Compétence mathématique et compétences de base en sciences et technologies	Calculer la surface : Mon cours de géométrie p. 92

Ouverture

page 89

Activité 1

Faire observer la page. Puis faire lire la consigne aux élèves. Les inviter à montrer sur leur livre ou sur le manuel numérique les photos correspondant à chaque item. Notez ces trois mots au tableau, ils seront utiles pour la leçon 1.

Corrigé **a** photo dans le médaillon du milieu ; **b** photo dans le médaillon du haut ; **c** photo dans le médaillon du bas

Activité 2

Demander à chaque élève de donner la ou les couleurs(s) dominante(s) de sa chambre.

PROLONGEMENT » On peut demander aux élèves de former des groupes en fonction des couleurs de leur chambre.

Contrat d'apprentissage

Faire lire les trois objectifs pragmatiques annoncés et en expliquer le sens aux élèves par des exemples en langue maternelle. Les laisser réagir ou poser des questions sur ce qu'ils ont ou n'ont pas compris. Annoncer ensuite la tâche finale : « Cela va nous servir à imaginer un logement original. »

LEÇON 1 Décrivons notre logement

pages 90 et 91

1 Reconnaître des lieux d'habitation

Avant de faire l'activité, faire observer le document (1) et repérer de quoi il s'agit : une page Internet qui présente les lieux de vie des Français sous forme de pourcentage. Expliquer si besoin le verbe « habiter ».
Laisser ensuite quelques minutes aux élèves pour associer chaque pourcentage à une photo.

Mise en commun Interroger des élèves volontaires et noter leurs réponses au tableau. Leur demander de les justifier.

Lorsque les élèves justifient leurs réponses, écrire les phrases au tableau : « 22 % des Français habitent à la campagne », « 78 % des Français habitent en ville », etc. Insister sur la différence de prépositions pour « à la campagne » et « en ville » et les entourer de deux couleurs différentes.

Corrigé **a** 22 % des Français habitent à la campagne – **b** 44 % des Français habitent dans un appartement – **c** 78 % des Français habitent en ville – **d** 56 % des Français habitent dans une maison

2 S'entraîner à dire où on habite

Faire lire la consigne et former des groupes de quatre ou cinq. Leur laisser quelques minutes pour discuter ensemble et formuler où ils habitent. Leur indiquer qu'ils peuvent dessiner la grille dans leur cahier pour y noter le résultat. Pendant que la classe travaille, reproduire la grille de l'enquête au tableau pour la mise en commun.

Mise en commun Interroger chaque groupe et noter dans la grille reproduite au tableau les nombres sous forme d'addition. Puis demander à des volontaires de faire le calcul et de donner le résultat à noter au tableau.

VARIANTE » On peut, à la fin de l'activité, demander aux élèves de calculer les pourcentages et de présenter les résultats sous forme de camemberts, comme dans le document (1).

3 Comprendre un article

Avant de faire l'activité, faire observer et identifier le document (2) : un article de la rubrique « La maison de rêve de… » dans le magazine *Mon Mag*. Demander aux élèves de lire une première fois l'article et poser quelques questions de compréhension globale : « C'est la maison de rêve de qui ? Quel type d'information Yanis donne dans cet article ? »
Faire lire la consigne et bien préciser aux élèves qu'ils peuvent s'aider des mots du Vocabulaire. Ils auront peut-être besoin également de se référer aux illustrations du Dico visuel p. 119. Les laisser faire l'activité individuellement.

Mise en commun Interroger des élèves volontaires et noter leurs réponses au tableau.

Corrigé **a** la salle de bain – **b** la chambre – **c** la cuisine – **d** le salon – **e** les toilettes

4 137 Comprendre un court dialogue

Faire lire la consigne et proposer une première écoute de l'enregistrement. Ils vont facilement comprendre que deux ados parlent de l'article du document (2) et qu'ils donnent leur avis sur les différentes pièces et les meubles.

Mise en commun Demander à un élève volontaire de proposer sa réponse.

Corrigé Ils parlent de ce qu'ils aiment et n'aiment pas dans la maison de rêve de Yanis.

5 137 Repérer des informations précises

Faire lire la consigne et bien expliquer aux élèves qu'ils doivent observer les cinq dessins qui sont des agrandissements des meubles de l'article du document (2). Faire lire l'exemple donné pour s'assurer de la compréhension de l'activité. Proposer une deuxième écoute fractionnée de l'enregistrement pour que les élèves aient le temps de noter les réponses dans leur cahier. Leur demander de comparer leurs réponses par deux et, si besoin, proposer une troisième écoute.

Mise en commun Demander à des élèves volontaires de proposer leurs réponses, sous forme de phrases complètes, et les noter au tableau.

Corrigé Dans la chambre, Clara aime le lit (f) et Milo aime le bureau (a). Dans le salon, Clara aime le canapé (c). Dans la cuisine, Clara aime la table et les chaises (b). Dans les toilettes, Milo et Clara n'aiment pas la décoration (e). Dans la salle de bain, Clara et Milo n'aiment pas la baignoire (d).

PROLONGEMENT » Leur faire observer ensuite la liste de Vocabulaire et retrouver les meubles et les objets dont ne parlent pas Clara et Milo (l'étagère et la petite table dans le salon, le tableau dans le salon et le lavabo dans la salle de bains). Leur demander de montrer ces meubles et ces objets sur les dessins du document (2).

SYSTÉMATISATION » n° 1 p. 98

6 S'entraîner à dire le nom des pièces et des meubles en donnant son avis

Demander aux élèves de prendre la parole librement pour dire ce qu'ils aiment et n'aiment pas dans la maison de rêve de Yanis.

7 Décrire un logement

Pour cette activité de production, les élèves peuvent choisir de décrire leur propre logement ou le logement de quelqu'un d'autre ou bien un logement inventé. Il s'agit ici de ne mettre personne dans l'embarras : un élève peut ne pas souhaiter parler de son logement pour des raisons diverses.

Faire lire la consigne et former des groupes de deux. Attirer l'attention des élèves sur l'exemple pour les aider à commencer l'activité. Le premier élève décrit le logement choisi pendant que son camarade écoute attentivement pour compter le nombre de pièces, le nom des pièces et les principaux meubles. Puis les rôles sont inversés. Leur conseiller de prendre des notes pour la mise en commun.

Mise en commun Interroger quelques élèves volontaires et leur demander de dire combien de pièces il y a dans le logement de leur camarade, quelles sont ces pièces et de quels meubles leur camarade a parlé. Demander à l'autre membre du binôme de valider ou de corriger les informations.

138 VOCABULAIRE

Faire écouter la liste de vocabulaire à la fin de la leçon si cela n'a pas déjà été fait avant l'activité 7 ou lors des activités précédentes. Voir les conseils, p. 36.

139 VIRELANGUE

Les sons [s] comme dans *sept* et [z] comme dans *seize*

MÉTHODO

Avec ce virelangue, les élèves vont s'entraîner à prononcer deux consonnes très proches qui se différencient par la tension : [s] qui est tendu demande plus d'effort musculaire que [z] qui est relâché.

Demander aux élèves de s'entraîner à prononcer plusieurs fois de suite les sons [s] / [z].

Faire écouter et lire en même temps le virelangue. Laisser les élèves s'entraîner à le répéter individuellement et de plus en plus vite.

Mise en commun Demander à des élèves volontaires de répéter le plus rapidement possible le virelangue devant la classe. Plusieurs élèves peuvent éventuellement le dire ensemble, en harmonisant leur rythme.

SYSTÉMATISATION » n° 5 p. 99

LEÇON 2

Organisons notre chambre

pages 92 et 93

1 Comprendre un échange de SMS et découvrir le verbe « venir »

Demander d'abord aux élèves d'observer et d'identifier l'échange de SMS. Leur demander de lire les messages, puis leur poser quelques questions de compréhension globale : « Qui écrit ? À qui ? »
Leur faire lire la consigne et les laisser lire une deuxième fois les SMS. Leur laisser ensuite quelques minutes pour faire l'activité.

Mise en commun Demander à des élèves volontaires de proposer leurs réponses et de les justifier. Écrire les réponses et les phrases extraites des SMS au tableau.

Corrigé **a** faux : Coralie à une nouvelle chambre : « Salut Chafia ! J'ai une nouvelle chambre » – **b** vrai : « Tu viens chez moi pour visiter ? » – **c** faux : « Tu peux venir avec elle » – **d** faux : « Vous venez à 17 h ? / D'accord ! »

140 TABLEAU DE GRAMMAIRE

Le verbe *venir*

Avant d'écouter et de regarder le tableau de grammaire, il est important de faire comprendre aux élèves le sens du verbe « venir » et la différence avec le verbe « aller » qu'ils connaissent déjà (étape 5). Leur faire observer les phrases écrites au tableau et leur demander quel verbe Coralie et Chafia utilisent pour inviter et répondre à l'invitation. Entourez les occurrences du verbe et écrire la réponse au tableau : le verbe « venir ».
Leur demander ensuite s'ils comprennent pourquoi elles utilisent le verbe « venir » et non le verbe « aller ». Selon les réponses, demander aux élèves de donner leur explication. Puis expliquer à toute la classe la différence entre les deux verbes : elles utilisent le verbe « venir » parce que c'est Coralie qui invite et que le point de référence, c'est elle car elle est physiquement présente dans sa maison (Tu viens chez moi / On vient chez toi). Il s'agit donc d'un mouvement vers Coralie.

Pour accompagner l'explication, on peut proposer le schéma suivant :

La maison de Coralie ←——— La maison de Chafia
« Tu viens **chez** moi. »
« On vient **chez** toi. »

Puis leur faire observer la conjugaison du verbe « venir » aux différentes personnes dans les SMS et dans l'item d de l'activité 1. Les élèves peuvent ensuite lire et écouter le tableau du verbe « venir ». Leur faire repérer les deux formes qu'ils ne connaissent pas encore (je et nous).
Insister sur la prononciation identique des verbes pour je, tu, il/elle/on en les soulignant au tableau. Expliquer qu'il s'agit d'un verbe à trois bases : une base pour le singulier (« vien ») et deux bases pour le pluriel (« ven » et « vienn ») ; pour cela, utiliser les mêmes couleurs que dans le manuel pour recopier la conjugaison du verbe au tableau.
Demander à quelques élèves de lire le verbe conjugué à haute voix.

SYSTÉMATISATION » n° 2 p. 98

141 PHONÉTIQUE

La prononciation du verbe *venir*

Il s'agit ici de travailler la prononciation du verbe « venir » et la présence d'une voyelle nasale au singulier (« Il **vient** chez moi ») et son absence au pluriel (« Ils viennent chez moi »).
Faire lire la consigne et écouter l'enregistrement.

Mise en commun Noter les réponses d'élèves volontaires au tableau.

Corrigé **a** troisième personne du pluriel : Ils viennent chez moi. – **b** troisième personne du singulier : Il vient chez moi.

PROLONGEMENT » Proposer à des élèves de prononcer les deux phrases écrites au tableau et veiller à la prononciation.

SYSTÉMATISATION » n° 6 p. 99

2 Inviter et répondre à une invitation

Faire lire la consigne et former des petits groupes de trois ou quatre. Expliquer qu'au sein des groupes, les élèves doivent inviter et répondre à tour de rôle. On peut d'abord demander à chaque groupe de faire une liste d'activités possibles à proposer, par exemple faire du sport, écouter de la musique… À partir de cette liste, chacun pourra choisir ce qu'il propose dans son invitation. Inviter ensuite les élèves à décider qui accepte et qui refuse l'invitation. Bien préciser que, quand on accepte, on doit se mettre d'accord sur un horaire et que, quand on refuse, on doit donner une explication.
Laisser ensuite chaque groupe travailler en autonomie et passer parmi les groupes pour vérifier le bon déroulement de l'activité.

Mise en commun Demander à quelques groupes de présenter un dialogue devant la classe. Veiller à la conjugaison et à la prononciation du verbe « venir ».

3 142 Comprendre un dialogue et découvrir les prépositions de lieu

MÉTHODO

Dans la consigne, il est conseillé de proposer plusieurs écoutes du dialogue car les élèves vont devoir d'abord le comprendre globalement, ensuite trouver le bon dessin et enfin repérer les prépositions de lieu qu'ils ne connaissent pas. Pour cette dernière écoute, il est préférable de proposer une écoute fractionnée pour que les élèves aient le temps de bien entendre les prépositions.

Faire écouter une première fois l'enregistrement. Poser quelques questions de compréhension globale : « Qui parle ? Elles sont où ? Elles parlent de quoi ? » Les élèves pourront facilement répondre car il s'agit des mêmes ados que dans l'échange de SMS et du même sujet de conversation (activité 1). Faire lire la consigne et demander aux élèves d'observer attentivement les deux dessins. Leur demander de décrire les objets et les meubles qu'ils voient. Leur laisser ensuite quelques minutes pour repérer les différences entre les deux dessins. Proposer une deuxième écoute et demander quel est le bon dessin.

Mise en commun Demander à un élève volontaire de donner sa réponse. La classe valide ou corrige.

Corrigé Dessin a

Dire aux élèves qu'ils vont écouter une troisième fois le dialogue et qu'ils vont devoir repérer chaque phrase qui justifie le choix du bon dessin. Proposer alors une écoute fractionnée pour permettre le repérage et noter les phrases relevées par les élèves au tableau : « à côté (du lit), il y a une petite table » ; « tu peux poser ton téléphone sur la table » ; « ils [les livres] sont sous le lit » ; « je n'ai pas d'étagère » ; « à côté de la fenêtre, c'est mon bureau » ; « il y a beaucoup de choses sur ton bureau ». Entourer les prépositions de lieu et demander aux élèves quelle information ces petits mots donnent (ils expliquent où sont les choses).

143 TABLEAU DE GRAMMAIRE

Les prépositions de lieu

Faire lire et écouter le tableau. Bien faire observer où se trouve le livre sur chaque dessin. Insister sur la préposition composée « à côté de » : on peut dire « à côté de la fenêtre », mais pas « à côté ~~de le~~ lit », il faut dire « à côté du lit ».
Demander à quelques élèves de lire les prépositions et veiller à la prononciation.

SYSTÉMATISATION » n° 3 p. 98

Mon COURS de GÉOMÉTRIE

Cette activité permet aux élèves de comprendre ce que signifie « mètre carré » (m^2) et comment on calcule une surface. Comme elle est indépendante (même si elle est en lien) avec le reste de la leçon, elle peut être réalisée à différents moments de la leçon ou à la fin, avant ou après la micro-tâche « Action ! ».
Faire lire la consigne et laisser les élèves lire les informations et observer le dessin. Leur laisser ensuite quelques minutes pour répondre aux deux questions individuellement ou par deux.

Mise en commun Interroger des élèves volontaires et écrire les réponses au tableau.

Corrigé **a** mètre carré – **b** parce que la chambre fait 5 m sur 3 m, soit 5 x 3 = 15.

PROLONGEMENT » Demander aux élèves, pour la séance suivante, de calculer la surface de leur chambre. Proposer une mise en commun lors de laquelle quelques élèves volontaires présenteront leur calcul et la surface de leur chambre à la classe en réalisant un petit dessin au tableau.

4 Décrire sa chambre et s'entraîner à utiliser les prépositions de lieu

Faire lire la consigne et former des groupes de deux. Expliquer qu'au sein de chaque binôme, les élèves vont décrire leur chambre chacun leur tour. Faire lire l'exemple pour aider à la compréhension de l'activité. Pendant que les élèves travaillent, passer parmi les groupes pour les aider, les corriger si besoin. À la fin de l'activité, leur dire de conserver les dessins qui leur serviront pour l'activité 7.

Mise en commun Demander à quelques élèves volontaires de présenter la chambre de leur camarade devant la classe.

VARIANTE » Afficher tous les dessins dans la classe et laisser les élèves circuler librement pour les regarder. Puis demander à quelques élèves de décrire leur chambre, les autres doivent retrouver le bon dessin. Ne laisser ensuite affichés que les dessins qui ont été décrits et demander à la classe de voter pour le meilleur.

5 Comprendre un article et découvrir l'impératif

Avant de faire l'activité, faire observer et identifier le document : un article dans un magazine. Faire lire la consigne et laisser les élèves travailler individuellement.

Mise en commun Interroger un élève volontaire et lui demander de justifier sa réponse en citant les conseils de l'article. Noter les réponses au tableau.

Corrigé b Les conseils sont : « organise ton bureau », « fais de la place sur ton bureau, range tes cahiers et tes livres sur des étagères », « affiche ton emploi du temps sur le mur », « installe ton bureau à côté de la fenêtre », « range tes stylos dans des pots ».

144 TABLEAU DE GRAMMAIRE

L'impératif pour donner des conseils

Avant de faire lire et écouter le tableau, il est important de guider les élèves pour repérer les verbes à l'impératif. Leur demander d'observer les phrases écrites au tableau et de relever les différentes actions conseillées pour organiser son bureau. Entourer les verbes cités par les élèves. Leur demander ce qui est particulier dans ces verbes entourés pour conseiller (il n'y a pas de sujet). Leur demander ensuite d'observer la forme de ces verbes et de dire à quelle conjugaison elle ressemble (le présent mais sans le « s » pour les verbes en *–er*).
Faire lire le titre du tableau de grammaire et expliquer que cette forme du verbe pour conseiller s'appelle l'impératif. Faire lire et écouter le tableau. Attirer l'attention des élèves sur la formation de l'impératif à partir du présent des verbes mais sans le sujet et sur la forme pour le tu car on enlève le « s » pour les verbes en *–er*. Leur faire remarquer qu'à l'impératif il n'y a que trois personnes (tu, nous et vous).
Demander à des élèves de lire les verbes à l'impératif.

SYSTÉMATISATION » n° 4 et 7 p. 99

6 Repérer des informations

Faire lire la consigne et laisser les élèves faire l'activité individuellement.

Mise en commun Des élèves volontaires montrent sur leur livre les différents objets (ou au tableau si vous avez le manuel numérique). Noter le vocabulaire au tableau.

Corrigé Sur l'étagère : les cahiers et les livres ; sur le mur : l'emploi du temps ; sur le bureau : la lampe ; dans les pots : les stylos.

SYSTÉMATISATION » n° 8 p. 99

7 Action! Donner des conseils

Pour faire l'activité, les élèves vont avoir besoin des dessins réalisés lors de l'activité 4. Faire lire la consigne et former des binômes. Expliquer qu'ils peuvent donner des conseils sur la place du lit, du bureau, des lampes, des étagères, etc. Laisser les élèves échanger leurs conseils. Passer parmi les groupes pour veiller au bon déroulement de l'activité.

Mise en commun Demander tour à tour aux élèves de venir au tableau et de présenter le dessin de la chambre de leur camarade et leurs conseils. Pour inciter les élèves auditeurs à bien écouter, on peut mettre en place le jeu des questions/réponses avec la balle (voir p. 65). Les questions posées peuvent être les suivantes : « Où on lui conseille d'installer son lit/son bureau/son ordinateur ? Est-ce que le bureau est à la bonne place ? Où il peut ranger ses cahier/ses livres/ses stylos ? » Les élèves qui ont marqué des points font le total. On élit l'auditeur le plus attentif de la classe.

145 VOCABULAIRE

Faire écouter la liste de vocabulaire si cela n'a pas été fait. Voir les conseils, p. 36.

LEÇON 3 Parlons de nos activités quotidiennes

pages 94 et 95

1 146 Comprendre les intervenants de courtes conversations téléphoniques

Avant de faire l'activité, proposer une rapide mise en route. Poser quelques questions aux élèves : « Qui a un téléphone portable ? À qui vous téléphonez le plus souvent ? Quel est le premier mot que vous dites quand vous téléphonez ? Et quand on vous téléphone ? »
Puis lire la consigne et faire écouter l'enregistrement. Faire une pause après chaque dialogue pour demander qui téléphone à qui et qui répond.

Mise en commun Demander à des élèves volontaires de donner leurs réponses à la fin de chaque dialogue et les noter au tableau.

Corrigé **Dialogue a :** Antonin téléphone à Emma, la mère d'Emma répond. – **Dialogue b :** Antonin téléphone à Emma, le père d'Emma répond. – **Dialogue c :** Antonin téléphone à Emma, Emma répond.

147 TABLEAU DE COMMUNICATION

Pour téléphoner et répondre au téléphone

Avant de faire lire et écouter le tableau de communication, proposer une nouvelle écoute fractionnée des trois conversations et demander aux élèves de repérer les expressions pour téléphoner et pour répondre au téléphone.

Tracer une grille au tableau avec les entrées « Pour téléphoner » et « Pour répondre au téléphone ». Noter les expressions relevées par les élèves dans la grille.
Faire lire et écouter le tableau de communication. Bien expliquer qu'on utilise l'expression « Ne quitte pas » pour faire patienter le temps de vérifier si la personne demandée est là et/ou disponible.
Demander à quelques élèves de lire les expressions et corriger la prononciation si besoin.

SYSTÉMATISATION » n° 9 p. 99

2 146 Repérer des informations

Faire lire la consigne et les questions de l'activité. Faire écouter l'enregistrement en proposant une pause pour que les élèves puissent répondre à la fin de chaque dialogue.

Mise en commun À la fin de chaque dialogue, interroger un élève volontaire et noter ses réponses au tableau.

Corrigé **a** Elle est dans la salle de bain (dialogue a) et elle fait ses devoirs dans sa chambre (dialogue b). – **b** Antonin téléphone à Emma pour faire une interview sur ses activités le week-end pour le journal du collège.

3 S'entraîner à téléphoner et répondre au téléphone

Faire lire la consigne et former des groupes de deux. Bien expliquer que, dans la situation, ce n'est pas la personne demandée qui répond. Pendant que les élèves travaillent, circuler dans la classe pour vérifier que les expressions pour téléphoner et répondre au téléphone sont bien utilisées.

Mise en commun Quelques binômes présentent leur dialogue devant la classe. Au téléphone, les interlocuteurs ne se voient pas : installer deux chaises pour que les élèves soient dos à dos lorsqu'ils présentent leur dialogue. Pour inciter les élèves auditeurs à être attentifs, diviser la classe en deux et demander à un groupe de noter les expressions utilisées pour téléphoner et à l'autre groupe les expressions pour répondre. À la fin de chaque présentation, interroger les élèves auditeurs et procéder à des corrections à partir de ce qu'ils ont relevé.

4 Comprendre une interview dans un journal de collégiens

Lire la consigne et laisser quelques minutes aux élèves pour lire l'article. Ils feront facilement le lien avec la conservation téléphonique entre Antonin et Emma écoutée précédemment.

Mise en commun Noter la réponse d'élèves volontaires au tableau. Il est important que le mot « activités » apparaisse au tableau.

Corrigé C'est l'interview d'Emma par Antonin sur ses activités le week-end dans le journal du collège.

5 Repérer des informations et découvrir les verbes pronominaux

Avant de faire lire la consigne, faire observer les dessins et formuler des hypothèses aux élèves : les dessins représentent les activités d'Emma le week-end.
Faire lire la consigne et laisser les élèves travailler individuellement. Leur laisser ensuite un peu de temps pour comparer leurs réponses par deux.

Mise en commun Interroger des élèves volontaires et leur demander de justifier leur choix avec des extraits de l'interview. Noter les réponses au tableau.

Corrigé **samedi** : d → « Je me lève tard, à 10 heures »,
g → « Je me prépare : je me lave, je m'habille »,
b → « nous nous promenons en famille »,
e → « Le soir, je regarde la télé avec mes parents »
dimanche : d → « Je me lève tard, à 10 heures »,
g → « Je me prépare : je me lave, je m'habille »,
c → « Le matin, je range ma chambre »,
f → « L'après-midi, j'écoute de la musique ou je joue sur l'ordinateur », a → « Je me couche tôt ».

148 TABLEAU DE GRAMMAIRE

Les verbes pronominaux

Avant de faire lire et écouter le tableau, faire observer les phrases écrites au tableau. Entourer les verbes pronominaux et les verbes non pronominaux de deux couleurs différentes et demander aux élèves ce qu'ils remarquent (pour certains verbes, il y a un pronom, pour d'autres il y a deux pronoms, « je me/m' » et « nous nous »). Demander ensuite aux élèves de donner l'infinitif de chaque verbe pronominal et les noter au tableau.
Faire lire le titre du tableau de grammaire. Expliquer que, pour parler des activités quotidiennes, on utilise les verbes pronominaux pour parler des actions faites sur soi-même et qu'il y a donc deux pronoms : le pronom sujet et le pronom réfléchi.
Faire lire et écouter le tableau. Bien faire repérer le pronom réfléchi pour chaque pronom sujet. Insister

>>>

>>>

sur l'élision du « e » de « me », « te », « se » devant un verbe qui commence par une voyelle ou un « h ». Demander à quelques élèves de lire le verbe conjugué et veiller à la prononciation.

SYSTÉMATISATION >> n° 10 p. 99

6 **S'entraîner à utiliser les verbes pronominaux**

Faire lire la consigne et former des groupes de deux. Il est probable que, pour certaines activités, l'ordre sera le même pour toute la classe. Les différences apparaîtront surtout dans les activités de loisirs. Inciter les élèves à prendre des notes pour la mise en commun. Pendant qu'ils échangent, passer parmi les groupes pour vérifier la conjugaison et la prononciation.

Mise en commun Demander à quelques élèves volontaires de présenter les activités quotidiennes de leur camarade. Pour cette présentation, ils doivent utiliser la troisième personne du singulier.

VARIANTE >> Demander aux élèves de circuler librement dans la classe et de s'interroger sur l'ordre dans lequel ils font ces activités. Ils doivent trouver un autre élève qui fait ces activités dans le même ordre exactement. Demander ensuite aux binômes de présenter leurs activités dans l'ordre afin de leur faire utiliser la première personne du pluriel.

7 Action! **Faire une interview et écrire un article**

Faire lire la consigne et former des groupes de trois ou quatre. Cette activité doit se faire en plusieurs étapes. Demander d'abord à chaque groupe de préparer une liste de quatre ou cinq questions. Pendant que les élèves travaillent, circuler dans la classe pour les aider et les corriger si besoin.
Une fois que les questions sont prêtes, former des binômes constitués de deux élèves de groupes différents. Les élèves s'interviewent mutuellement en se posant les questions mises en place par leur groupe.
Lorsque les élèves ont fini les interviews, ils se réunissent à nouveau avec leur groupe et choisissent ensemble une interview pour écrire l'article. Pour la rédaction, les inviter à utiliser la même présentation que le document de l'activité 4 (ils peuvent faire le portrait en dessin du ou de la camarade interviewé(e)).

Mise en commun Afficher les articles dans la classe et laisser les élèves circuler pour les découvrir. Pour le vote, proposer les critères suivants : les questions sont intéressantes, les activités sont originales et l'article est bien présenté. Les élèvent votent pour les deux meilleures interviews.

149 **VOCABULAIRE**

Faire écouter la liste de vocabulaire si cela n'a pas été fait. Voir les conseils, p. 36.

CULTURES

pages 96 et 97

INFOS

La « **Maison Picassiette** » à Chartres a été construite et décorée par Raymond Isidore (1900 – 1964), dit « Picassiette ». C'est un exemple d'architecture naïve décorée de mosaïques de faïence et de verre. Elle a été classée monument historique en 1983.

Le « **Palais idéal du facteur Cheval** » est un monument sculpté construit par le facteur Ferdinand Cheval (1836-1924) à Hauterives, une petite ville à 80 km de Lyon. Les sculptures s'inspirent de la nature, de la Bible et des mythologies hindoue et égyptienne. Il a été classé monument historique en 1963.

La « **Maison Dutel** », aussi appelée la « Demeure aux figures », se trouve à Dieulefit, petite ville située à 100 km d'Avignon. Elle a été construite par Roland Dutel (1955) qui a créé un univers fantastique de mini-jardins, de façades et de cavernes à partir de pierres volcaniques, de briques et de poteries retaillées et remodelées.

La « **Maison-atelier** » de Danielle Jacqui se trouve à Roquevaire, une petite ville à 30 km de Marseille. Danielle Jacqui (1934), surnommée « Celle qui peint », est peintre et sculptrice. Elle a entièrement peint et décoré sa maison de manière insolite.

1 Faire lire la question et laisser les élèves s'exprimer librement. Celle-ci étant relativement subjective, demander aux élèves qui s'expriment d'expliquer pourquoi ils trouvent les maisons qu'ils citent originales ou bizarres.

2 Demander aux élèves d'observer le document et de dire de quoi il s'agit : un article sur des drôles de maisons en France, c'est-à-dire des maisons bizarres et originales. Leur faire observer la carte et leur demander quelle(s) ville(s) ils connaissent.
Faire lire la consigne et leur laisser quelques minutes pour lire les informations sur le document et localiser les maisons sur la carte.

Corrigé La « Maison Picassiette » est à Chartres. Le « Palais idéal du facteur Cheval » est à côté de Lyon. La « Maison Dutel » est à côté d'Avignon. La « Maison-atelier » de Danielle Jacqui est à côté de Marseille.

3 Faire observer les trois photos et leur légende. Demander aux élèves s'ils comprennent ce qu'elles représentent. Faire lire la consigne et laisser les élèves relire les informations et bien observer les photos.

Corrigé **a** la sculpture : le « Palais idéal du facteur Cheval » et la « Maison Dutel » ; **b** la mosaïque : la « Maison Picassiette » ; **c** la peinture : la « Maison-atelier » de Danielle Jacqui

4 Lire la consigne et former des groupes de trois ou quatre. Expliquer qu'au sein de chaque groupe, ils vont devoir négocier et défendre leur choix pour essayer de convaincre leurs camarades. Laisser les élèves échanger et passer parmi les groupes pour veiller au bon déroulement de l'activité. Ensuite, proposer à chaque groupe de voter pour sa maison préférée.

Mise en commun Écrire le nom des maisons au tableau. Recueillir le choix de chaque groupe et noter le nombre de voix pour chaque maison. Additionner ces voix pour mettre en évidence la maison qui en a le plus.

ENSEMBLE POUR…
imaginer un logement idéal

1 Après la lecture collective des différentes étapes de la tâche, former des petits groupes de trois ou quatre. Les élèves doivent choisir ensemble le lieu où se trouve leur logement idéal, le type de logement, le nombre de pièces et un élément original (décoration ou autre). Les inviter à écrire les informations sur leur cahier.

2 Toujours en groupe, les élèves énumèrent les différentes pièces de leur logement et font la liste des meubles qu'ils y voient. Les inviter à nouveau à écrire les informations sur leur cahier.

3 Chaque groupe décide quel élève va dessiner, avec l'aide des autres, le logement. Expliquer qu'il faut faire un plan avec les pièces et les principaux meubles, mais aussi un dessin de l'apparence extérieure du logement.

4 Les groupes viennent présenter leur travail devant la classe : ils montrent leurs dessins et décrivent oralement leur logement idéal grâce aux notes prises lors des étapes 1 et 2.

Co-évaluation LA CLASSE DONNE SON AVIS SUR…

Avant l'étape 4 de la tâche, distribuer une copie de la grille ci-dessous à chaque groupe. Expliquer aux élèves les différents critères à évaluer pour chaque présentation. Pendant ou après la présentation de chaque groupe, les élèves cochent la case correspondante pour chaque critère. Ils peuvent utiliser la même grille pour évaluer plusieurs groupes en cochant avec des couleurs différentes pour chaque groupe. Après chaque présentation, mettre en commun les évaluations. Voir les conseils, p. 44 (cf. co-évaluation de l'étape 1).

Donne ton avis…	+++	++	+
Le logement est…			
habitable			
original			
La présentation est…			
claire			
en adéquation avec le dessin			

VIDÉO SÉQUENCE 7

→ Fiches d'exploitation sur enseigner.tv5monde.com

Entraînement

pages 98 et 99

Entraînons-nous

1 ▸ **Les pièces et les meubles**

En petits groupes de trois ou quatre, les élèves doivent regarder attentivement le dessin pendant environ quatre minutes et retenir un maximum d'informations. Ils font ensuite ensemble la liste oralement de ce qu'ils ont retenu le plus rapidement possible. L'élève qui a cité le plus de pièces, de meubles et d'objets gagne.

La mise en commun avec la classe n'est pas nécessaire pour cette activité. Les élèves peuvent vérifier leurs réponses à l'aide de la liste de vocabulaire de la leçon 1 p. 91 et le Dico visuel p. 119.

Corrigé Dans la chambre bleue, il y a un petit lit, une chaise, un bureau, un ordinateur, une guitare, un ballon, des chaussures, des étagères, des livres, une lampe. Dans la pièce marron, il y a une chaise, une lampe. Dans la salle de bains, il y a une baignoire, un lavabo et des toilettes. Dans la chambre rose, il y a un grand lit, deux petites tables, une lampe, des livres, une armoire. Dans la cuisine, il y a une table, des chaises, une lampe. Dans le salon, il y a un canapé, une petite table, des étagères, des livres, une lampe.

2 ▸ **Le verbe *venir***

En petits groupes de trois ou quatre, les élèves, chacun leur tour, choisissent un pronom et les autres doivent conjuguer à l'oral le plus rapidement possible le verbe « venir » à la forme correcte. L'élève qui conjugue le plus vite le plus de formes correctement gagne.
La mise en commun avec la classe n'est pas nécessaire pour cette activité. Les élèves peuvent vérifier leurs réponses à l'aide du tableau de grammaire p. 92.

3 ▸ **Les prépositions de lieu**

MÉTHODO
Cette activité est autocorrective car les élèves ne peuvent deviner de quel meuble ou objet il s'agit que s'il est correctement localisé. Elle ne nécessite donc pas de mise en commun.

En petits groupes de trois ou quatre, les élèves doivent à nouveau regarder le dessin de l'exercice 1. Chacun leur tour, ils doivent choisir un meuble ou un objet et dire aux autres où il se trouve, sans le nommer, en utilisant les prépositions de lieu. Les autres doivent retrouver de quel meuble ou objet il s'agit. Ils font ensuite ensemble la liste oralement de ce qu'ils ont retenu le plus rapidement possible. L'élève qui a cité le plus de pièces, de meubles et d'objet gagne.

Corrigé *Exemples de réponses attendues :* C'est un objet. Il est dans la chambre bleue sur le bureau. → l'ordinateur / Ce sont des objets. Ils sont dans la chambre bleue, sous le lit. → les livres / C'est un meuble. Il est dans le salon, à côté de la table. → le canapé

4 ▸ **L'impératif pour donner des conseils**

Former des groupes de deux. Les élèves observent le dessin et, chacun leur tour, formulent un conseil pour organiser la classe correctement. Celui qui trouve le plus de conseils gagne.

Mise en commun Des élèves volontaires proposent leurs réponses. Les noter au tableau.

Corrigé *Exemple de réponses attendues :* Rangez les livres sur les étagères. Installez la chaise à côté du bureau du professeur. Affichez la carte sur le mur. Rangez les stylos dans des pots. Installez les chaises des élèves à côté des tables.

Entraîne-toi

5 150 ▸ **Phonétique. Les sons [s] et [z]**

Mise en commun Des élèves volontaires donnent leur réponse.

PROLONGEMENT » Demander à quelques élèves de prononcer la phrase pour travailler la prononciation des deux sons.

Corrigé 5 [s] et 3 [z]

6 ▸ **Phonétique. Le verbe *venir***

Mise en commun Des élèves volontaires donnent leur réponse.

Corrigé **a** je viens, tu viens, il/elle/on vient – **b** ils/elles viennent

7 ▸ **L'impératif pour donner des conseils**

Mise en commun Des élèves volontaires viennent écrire leurs réponses au tableau.

Corrigé **a** Achète un ordinateur. – **b** Allons à la maison. – **c** Venez chez nous. – **d** Fais de la place sur ton bureau. – **e** Rangez vos chambres. – **f** Invite des amis.

8 ▸ **La maison et les objets**

Mise en commun Des élèves volontaires viennent écrire leurs réponses au tableau.

Corrigé **a** un mur – **b** une fenêtre – **c** un pot – **d** une lampe

9 ▸ **Téléphoner et répondre au téléphone**

Mise en commun Demander à deux élèves volontaires de jouer les rôles de Marie et de la personne qui répond. Noter l'ordre correct des items au tableau.

Corrigé f – d – a – c – e – b

10 ▸ **Les verbes pronominaux**

Mise en commun Des élèves volontaires viennent écrire leurs réponses au tableau.

Corrigé Je m'habille/il s'habille/on s'habille dans la chambre – nous nous promenons le samedi – vous vous levez tard – je me lave/il se lave/on se lave dans la salle de bains – elles se préparent pour une fête – tu te couches tôt – tu t'appelles comment ?

Évaluation

page 100

1 151 Écouter

OBJECTIFS ÉVALUÉS
Comprendre des conversations téléphoniques simples
Comprendre des activités

Demander aux élèves de lire les questions avant de faire écouter l'enregistrement. Faire écouter une première fois et laisser aux élèves quelques minutes pour répondre sur une feuille séparée. Proposer une deuxième écoute. Les élèves vérifient leurs réponses.

BARÈME item a : 2 points ; item b : 2 points ; item c : 1 point

Corrigé **a** Dialogue 1 : Émilie téléphone à Hasan, le père d'Hasan répond / Dialogue 2 : Émilie téléphone à Hasan, Hasan répond. – **b** Hasan reste chez lui, il range sa chambre. Émilie et Johanna se promènent. – **c** Vrai

2 Écrire

OBJECTIFS ÉVALUÉS
Écrire un SMS
Proposer une activité
Refuser une proposition et expliquer pourquoi

BARÈME

Utilisation et conjugaison correctes du verbe *venir*	1 point
Utilisation correcte du vocabulaire des activités	2 points
Conjugaison correcte des verbes pronominaux	1,5 point
Orthographe	0,5 point

3 Lire

OBJECTIF ÉVALUÉ
Comprendre un mail dans lequel quelqu'un décrit sa chambre

Laisser les élèves lire le document en autonomie et répondre. Leur conseiller de relire plusieurs fois le document pour vérifier leur réponse.

Corrigé **c**

4 Parler

OBJECTIF ÉVALUÉ
Demander et donner des conseils pour organiser une chambre

Pour cette évaluation d'expression orale, faire venir les élèves par deux à un endroit dédié de la classe. Proposer au reste de la classe de réaliser une activité en autonomie pendant ce temps. Aider les élèves à comprendre la consigne et leur laisser quelques minutes pour préparer le dialogue.

BARÈME

Utilisation correcte des expressions pour téléphoner et répondre au téléphone	0,5 point
Utilisation et conjugaison correctes de l'impératif pour donner des conseils	2 points
Utilisation correcte du vocabulaire de l'organisation	1,5 point
Utilisation correcte des prépositions de lieu	1

Exemple de dialogue
Élève a : Allô !
Élève b : Salut Nino !
Élève a : Salut Louise !
Élève b : Pour organiser ta chambre, installe ton bureau à côté de la fenêtre.
Élève a : Mais il y a une table à côté de la fenêtre.
Élève b : Installe la table à côté du lit. Range tes livres sur des étagères.
Élève a : Où je peux ranger mes stylos ?
Élève b : Dans des pots ! Tu as une lampe sur ton bureau ?
etc.

ÉTAPE 8

Partons en voyage !

Objectifs pragmatiques
– Parler de destinations de rêve
– Faire des projets de vacances
– Raconter un voyage
Tâche finale → préparons un voyage de classe

CONTENUS

Communication	Grammaire	Lexique	Phonétique	Culture
Parler de ses rêves Localiser Parler du temps	Le verbe *partir* Le futur proche Les prépositions devant les noms de pays, d'îles et de villes	Les pays, les îles, les capitales et les continents Les lieux Les activités de vacances Le temps et la température Les points cardinaux	Le son [ɔ̃] Les consonnes finales muettes	Photos « mystère » **Discipline non linguistique** Géographie : La France

COMPÉTENCES CLÉS

Compétence numérique	Savoir utiliser un ordinateur pour faire une présentation : « Ensemble pour… » p. 109
Compétence apprendre à apprendre	Apprendre à bien gérer son temps pour réussir ses évaluations : Cahier d'activités p. 66 Se familiariser avec la méthode inductive pour découvrir un point de langue : activités 4 p. 104 ; 7 p. 105 ; 2 p. 106 ; 5 et 6 p. 107
Compétences sociales et civiques	Jouer à un jeu de plateau : activité 7 p. 103 Se mettre d'accord sur une destination : activité 3 p. 106 Préparer un voyage de classe : « Ensemble pour… » p. 109
Esprit d'initiative et d'entreprise	Faire le programme d'une colonie de vacances : activité 8 p. 105 Écrire un extrait de carnet de voyage : activité 8 p. 107 Préparer un voyage de classe : « Ensemble pour… » p. 109
Sensibilité et expression culturelles	Écrire un extrait de carnet de voyage : activité 8 p. 107

Ouverture

page 101

Activité 1

Faire observer la page et demander aux élèves de faire des hypothèses sur la thématique abordée. Les aider à comprendre la signification du titre et notamment du mot « voyage ». Puis faire lire la consigne. Inviter les élèves à deviner le sens du mot « valise » à l'aide des photos observées sur la page. Ils ont déjà vu le mot « vacances » et devineront facilement la signification de « destination » grâce à la transparence du mot dans beaucoup de langues. Ensuite, aider les élèves à nommer le type de destinations de vacances représentées sur les photos. Leur demander éventuellement où ils préfèrent aller pour leur propres vacances : à la montagne ou dans une grande ville ?
Écrire au tableau les mots « voyage », « valise », « vacances », « destination », « montagne » et « grandes villes ». Ils pourront servir pour la leçon suivante.

Corrigé **a** photo du fond ; **b** photo du haut (la montagne) et photo du bas (une grande ville/ New York)

Activité 2

Former des petits groupes et demander aux élèves de faire une liste de mots qu'ils connaissent pour parler de la thématique abordée.

Mise en commun Interroger un porte-parole par groupe et noter les listes de mots au tableau.

Corrigé la campagne, l'été, l'hiver, le printemps, aller, jouer, faire des activités, le sport (le basket, le tennis, le judo, la natation, l'équitation, etc.), les vacances, les fêtes, les langues étrangères (le français, l'anglais, le chinois, le hindi , etc.), la musique, la danse, les copains, etc.

Contrat d'apprentissage

Lire les trois objectifs pragmatiques annoncés et en expliquer le sens aux élèves par des exemples en langue maternelle. Les laisser réagir ou poser des questions sur ce qu'ils ont ou n'ont pas compris. Annoncer ensuite la tâche finale : « Cela va nous servir à préparer un voyage de classe. »

LEÇON 1 Parlons de destinations de rêve

pages 102 et 103

1 Comprendre les informations principales d'une affiche

Faire observer le document (1) et repérer de quoi il s'agit : une affiche pour un concours de carnets de voyage. Puis lire la consigne et les items ensemble, et laisser des élèves volontaires donner la réponse.

PROLONGEMENT >> Demander aux élèves d'imaginer ce qu'on trouve dans un carnet de voyage (des photos, des dessins, des textes pour raconter ses journées, etc.) et s'il y en a parmi eux qui ont déjà écrit ce type de récit à l'occasion d'un voyage.

Corrigé **b**

2 Comprendre les détails d'une affiche

Faire lire la consigne et les items puis laisser quelques minutes aux élèves pour répondre après avoir relu les détails de l'affiche.

Mise en commun Demander à des élèves volontaires de proposer leurs réponses et de les justifier.

Corrigé **a** Faux (« collège ») ; **b** Vrai (« À gagner : un voyage de classe ») ; **c** Faux (« Thème : Destinations de rêve »)

3 (152) Comprendre le sujet d'une conversation

Avant de lire la consigne, proposer une première écoute de l'enregistrement et demander aux élèves de repérer qui parle et dans quelle situation. Ils vont facilement comprendre qu'il s'agit d'élèves et de leur professeur, dans une classe. Puis, leur poser la question de l'activité.

Mise en commun Demander à des volontaires de proposer leur réponse. Faire éventuellement réécouter la première réplique du dialogue pour valider.

Corrigé Les élèves parlent de destinations / de leurs destinations de rêve pour participer au concours « Carnet de voyage ».

4 152 Comprendre les détails d'une conversation et des destinations

MÉTHODO

Pour cette activité, inviter les élèves à écrire leurs réponses sur leur cahier. Leur indiquer qu'ils peuvent se référer à la liste de vocabulaire page 103 afin de faciliter la compréhension et l'écriture des noms des destinations citées.

Avant de faire réécouter l'enregistrement, demander aux élèves de recopier les quatre prénoms sur leur cahier. Proposer deux écoutes pour qu'ils aient le temps de noter les destinations correspondantes et de les vérifier sur la liste de vocabulaire.

Mise en commun Des élèves volontaires donnent leurs réponses à la classe. Les écrire au tableau.

PROLONGEMENT » Demander aux élèves s'il y en a qui ont déjà visité certains des pays ou capitales parmi ceux/celles écrit(e)s au tableau.

Corrigé Éva (rêve de visiter) l'Angleterre, Rome et Madrid ; Paul (rêve de visiter) le Japon ou la Chine ; Julia (rêve de visiter) la Grèce et le Mexique ; Marius (rêve de visiter) Londres, le Brésil, la Colombie, le Maroc.

Écrire de deux couleurs différentes les noms des pays et ceux des capitales. Ne pas oublier de faire précéder chaque nom de pays de son article et bien insister auprès des élèves sur ce point : on utilise toujours un article devant les noms de pays en français (sauf quelques exceptions comme « Israël »).

5 Parler de ses destinations de rêves

Faire lire la consigne et, avant de faire faire l'activité, faire écouter et répéter la liste de vocabulaire page 103 (sauf la partie « Les continents ») afin que les élèves aient à leur disposition un grand nombre de destinations pour répondre. La rubrique « Parler de ses rêves » va donner aux élèves un modèle de phrases à produire. Les laisser réfléchir quelques minutes aux destinations qui les font rêver parmi celles de la liste. Pendant ce temps, compléter la liste des destinations déjà écrites au tableau avec celles de l'encadré de vocabulaire page 103.

Mise en commun Interroger les élèves chacun à leur tour et les inviter à formuler leur réponse avec une phrase complète sur le modèle de celles écoutées. Au tableau, tracer un bâton à côté de chaque destination à chaque fois qu'elle est nommée par un élève, afin de repérer facilement quelle(s) destination(s) remporte(nt) le plus de suffrages dans la classe.

VARIANTE » Demander aux élèves de choisir une seule destination de rêve parmi celles écrites au tableau. Puis libérer un espace dans la classe. Les inviter à se lever et à rechercher tous les élèves qui ont choisi la même destination qu'eux. Compter le nombre d'élèves par destination et élire la destination de rêve préférée de la classe.

6 Comprendre des informations sur un jeu de l'oie et repérer les noms des continents

Laisser quelques minutes à la classe pour observer le document (2). Les aider à nommer ce qu'ils voient : un jeu de l'oie. Puis faire lire la consigne de l'activité et les informations des cases du jeu de l'oie. Ils vont facilement comprendre les noms des 5 continents cités dans les items car ils sont transparents dans beaucoup de langues. Faire écouter ces noms à l'aide de la liste de vocabulaire page 103 pour aider les élèves à bien les prononcer. Puis les laisser faire l'activité.

Mise en commun Demander à des élèves volontaires de proposer leur réponse et de se justifier en citant les cases du jeu où chaque continent est nommé ou à deviner.

Corrigé a : case 1 : « Tu visites l'Europe. » ; case 3 « Tu es dans un grand pays d'Asie. » ; case 4 « ton rêve est de visiter l'Océanie. » ; case 7 « L'Amérique du sud, c'est super ! » ; case 9 « Maroc. Tu es sur quel continent ? »

7 Jouer à un jeu de l'oie et répondre à des devinettes sur les noms de pays et les continents

MÉTHODO

Pour cette activité, il est important de laisser les élèves jouer par petits groupes sans intervenir, sauf en cas de besoin. Cette autonomie rendra le jeu plus amusant. Mais, pour cela, bien expliquer la consigne avant que les groupes commencent à jouer. Lorsqu'ils vont répondre aux questions posées dans les cases, ils doivent se co-corriger en exigeant que les réponses soient énoncées correctement et en français (avec les articles devant les noms de pays ou de continents cités). Dans les autres cas, les inviter à appliquer la règle du jeu sans tricher. Il est possible de désigner pour cela un « arbitre » dans chaque groupe pour trancher.

Faire lire la consigne et vérifier que les élèves connaissent tous la règle du jeu de l'oie. Ils doivent chacun à leur tour lancer un dé et avancer leur pion

du nombre de cases correspondant au résultat obtenu sur le dé. Leur expliquer qu'ils doivent soit exécuter les consignes données dans les cases, soit répondre correctement à la question posée. Si ce n'est pas le cas, ils passent un tour. Ils peuvent s'aider de la liste de vocabulaire page 103 pour trouver les réponses aux questions. Le/La gagnant(e) est celui/celle qui atteint en premier la case « Arrivée ».
Former des groupes de trois ou quatre et leur distribuer trois ou quatre pions et un dé. Les laisser jouer jusqu'à ce qu'un élève gagne dans chaque groupe.

Corrigé case 1 : Londres, Rome, Madrid… ; case 2 : Espagne ; case 3 : la Chine ; case 5 : l'Australie ; case 7 : la Colombie, le Brésil… ; case 9 : l'Afrique ; case 10 : La Réunion

153 **VOCABULAIRE**

Faire écouter la liste de vocabulaire à la fin de la leçon si cela n'a pas déjà été fait lors des activités précédentes. Voir les conseils, p. 36.

SYSTÉMATISATION » n° 1 et 5 p. 110

154 **VIRELANGUE**

Le son [ɔ̃] comme dans *non*

MÉTHODO
Avec ce virelangue, les élèves vont s'entraîner à prononcer une troisième voyelle nasale, le [ɔ̃]. Leur rappeler qu'ils connaissent déjà les voyelles nasales [ɑ̃] et [ɛ̃], vues dans les étapes 2 et 3, et qu'elles se prononcent en faisant passer l'air par le nez. Avant de faire écouter et répéter le virelangue, il peut être intéressant de leur faire différencier les trois voyelles nasales [ɑ̃], [ɛ̃] et [ɔ̃].

Leur faire répéter dans un premier temps les sons [a], [e] et [o] pour qu'ils observent la différence d'ouverture de bouche de ces trois voyelles. La même ouverture de bouche est à observer pour les sons [a] et [ɑ̃] (bouche grande ouverte), pour les sons [e] et [ɛ̃] (bouche étirée) et pour les sons [o] et [ɔ̃] (bouche arrondie). Mais pour les trois voyelles nasales, l'air sort par le nez et non par la bouche.
Demander aux élèves de s'entraîner à prononcer plusieurs fois de suite [a]–[ɑ̃] puis [e]–[ɛ̃] puis [o]–[ɔ̃] et enfin [ɑ̃]–[ɛ̃]–[ɔ̃].
Faire écouter et lire en même temps le virelangue. Laisser les élèves s'entraîner à le répéter individuellement et de plus en plus vite. Les inciter à soigner la prononciation du son [ɔ̃].

Mise en commun Demander à des élèves volontaires de répéter le plus rapidement possible le virelangue devant la classe. Plusieurs élèves peuvent éventuellement le dire ensemble, en harmonisant leur rythme.

SYSTÉMATISATION » n° 6 p. 110

LEÇON 2 Faisons des projets de vacances

pages 104 et 105

1 Repérer les principales informations d'un site Internet

Inviter les élèves à observer le document et les laisser réagir librement sur ce qu'ils voient : un site Internet et des photos de vacances. Leur faire lire la consigne et les inviter à répondre à la question.

Mise en commun Demander à des élèves volontaires de proposer leur réponse. Les inciter à se justifier en nommant des éléments du site.

PROLONGEMENT » Afin de préparer l'activité suivante, faire repérer aux élèves les différentes destinations de vacances qu'ils voient sur les photos (« montagne », « mer », « ville »).

Corrigé b (le titre du site = « vacado » ; sur les photos, on voit des ados ; c'est écrit sur le site : « Spécial ados »)

2 Comprendre des activités de vacances

MÉTHODO

Avec cette activité, les élèves vont encore une fois s'entraîner à découvrir du vocabulaire en autonomie en faisant des recherches à l'aide des outils à leur disposition.

Faire lire la consigne et s'assurer qu'elle soit bien comprise. Rappeler aux élèves à quel endroit de leur livre ils peuvent trouver la liste de vocabulaire (page 105) et le Dico visuel (page 120), si nécessaire. Les inviter à procéder en deux étapes : ils peuvent d'abord chercher la signification des mots qu'ils ne connaissent pas et ensuite, répondre à la question.

Mise en commun Dessiner au tableau trois colonnes correspondant à « Sport et montagne », « Mer » et « Culture » et inviter des élèves volontaires à venir y classer les activités correspondantes. Il peut y avoir plusieurs possibilités.

PROLONGEMENT » Faire écouter la rubrique « Les activités de vacances » de la liste de vocabulaire page 105 pour fixer la prononciation.

Corrigé Colonie « Sport et montagne » : se baigner, la randonnée, le camping, l'escalade, le canoé ;
Colonie « Mer » : se baigner, la voile, la randonnée, la plongée, le camping, aller à la plage, le canoë ;
Colonie « Culture » : visiter des villes

SYSTÉMATISATION » n° 2 et 8 p. 110-111

3 (155) Comprendre un sujet de conversation

Faire lire la consigne et proposer une première écoute de l'enregistrement. Répondre ensemble à la question.

Corrigé Ils parlent de leurs vacances de cet été.

4 (155) Approfondir la compréhension et découvrir le verbe « partir »

Faire lire la consigne et la reformuler si nécessaire pour qu'ils la comprennent bien : « Ils vont où en vacances ? ».
Inviter les élèves à écrire sur leur cahier les deux prénoms puis à compléter, pendant l'écoute, leur destination de vacances.
Passer une deuxième fois l'enregistrement et les laisser faire l'activité.

Mise en commun Demander à des volontaires de donner leurs réponses et proposer une écoute fractionnée pour vérification. Écrire au tableau les phrases du dialogue qui justifient chaque réponse.

Corrigé Clément : à la montagne (« Je pars en colonie de vacances à la montagne ») ; Yamina : en colonie Cultures, visiter des villes d'Europe (« On part en colonie Cultures »)

PROLONGEMENT » Pour finaliser davantage la compréhension, faire réécouter le dialogue et poser des questions aux élèves : « Est-ce que Clément aime les vacances à la montagne ? Pourquoi ? » (→ Non, parce que ses amis ne partent pas avec lui.) ; « Avec qui est-ce que Yamina part en colonie ? » (→ Elle part avec sa sœur.) Écrire ces questions et les réponses correspondantes au tableau, à la suite des réponses aux questions de l'activité 4. Souligner les différentes formes du verbe « partir » dans ces phrases. Les inviter éventuellement à faire des hypothèses sur les formes manquantes pour reconstituer la conjugaison.

(156) TABLEAU DE CONJUGAISON

Le verbe *partir*

Faire écouter et lire en même temps la conjugaison. Inviter les élèves à la répéter et leur demander de repérer les formes qui se prononcent de la même manière (les 3 premières personnes du singulier).

Pour la présentation de ce point de langue au tableau et sur les cahiers des élèves, mettre en évidence les terminaisons et souligner les trois personnes qui se prononcent de la même manière.

SYSTÉMATISATION » n° 9 p. 111

5 S'entraîner à utiliser le verbe « partir » et les noms de lieux de vacances

Former des groupes de trois ou quatre et faire lire la consigne. Laisser quelques minutes aux élèves pour discuter librement de leurs destinations pour leurs prochaines vacances d'été (ou autre, si les vacances les plus proches sont à une autre saison). Insister pour qu'ils échangent en français et utilisent le verbe « partir ». Puis leur demander de synthétiser en une ou deux phrases le résultat de leur discussion afin de la partager avec les autres groupes.

Mise en commun Inviter un porte-parole de chaque groupe à s'exprimer devant la classe.

VARIANTE » Demander aux élèves de compter, dans leur groupe, le nombre d'élèves qui partent en vacances à la mer, à la montagne, dans une grande ville ou dans un pays étranger ou éventuellement à la campagne, ainsi que le nombre d'élèves qui ne partent pas en vacances. Écrire ces catégories au tableau et, lors de la mise en commun, demander aux élèves de donner leurs résultats. Comptabiliser le nombre d'élèves par catégorie pour déterminer dans quel lieu part le plus grand nombre d'élèves.

Mon COURS de géographie

Il est possible de proposer aux élèves de faire cette activité à ce moment de la leçon, ou en prolongement de ce qui a été vu dans l'activité 2.
Leur laisser quelques minutes pour observer la carte de France puis leur faire lire la consigne. S'assurer que tout le monde comprend la signification des mots nouveaux : « océan », « fleuve » et « chaîne de montagne ». Ensuite, leur laisser quelques minutes pour faire l'activité.

Mise en commun Inviter des volontaires à donner leurs réponses et les écrire au tableau.

PROLONGEMENT » Faire écouter la rubrique « Les lieux » de la liste de vocabulaire page 105 pour fixer la prononciation. Puis demander aux élèves de trouver sur la carte de France des endroits où on peut faire une colonie « Sport et montagne », une colonie « Mer » ou une colonie « Culture ».

SYSTÉMATISATION » n° 7 p. 110

6 Comprendre un programme de colonie

Demander aux élèves de dire de quel type de document il s'agit. Ils vont facilement reconnaître une page du site Internet de Vacado, vu dans l'activité 1. Lire ensuite la question ensemble et laisser quelques minutes aux élèves pour lire individuellement le document et répondre à la question.

Mise en commun Inviter des volontaires à proposer leur réponse et à se justifier en citant les informations du texte.

Corrigé C'est le programme de la colonie « Sport et montagne » (« dans les Alpes » ; « Les ados vont faire un sport différent chaque jour. »)

7 Approfondir la compréhension et découvrir le futur proche

Faire lire la question aux élèves et leur laisser quelques minutes pour y répondre.

Mise en commun Interroger des volontaires et insister pour qu'ils répondent avec des phrases complètes tirées du texte. Écrire les phrases au tableau.

PROLONGEMENT » Attirer l'attention des élèves sur les formes verbales écrites au tableau. Leur demander de dire ce qu'ils remarquent : dans ces phrases, le verbe « aller » est suivi d'un infinitif. Puis leur demander de faire des hypothèses sur le temps de ces verbes. Leur poser éventuellement cette question, pour les aider : « Quand se passe l'action de ces verbes ? dans le passé ? dans le présent ? dans le futur ? ». Ils vont facilement deviner qu'il s'agit d'actions futures puisqu'elles figurent dans un programme de colonies de vacances.

Corrigé Les ados vont faire un sport différent chaque jour (canoë, escalade, randonnée). Ils vont se baigner dans les rivières et vont faire du camping dans la montagne.

157 TABLEAU DE GRAMMAIRE

Le futur proche

Grâce à l'activité précédente, les élèves ont découvert la construction du futur proche. Avant de faire lire et écouter le tableau, leur demander de se rappeler la conjugaison du verbe « aller » au présent, vue dans l'étape 5. Puis les inviter à répéter la conjugaison du verbe « partir » après l'avoir lue et écoutée. Bien faire remarquer la place de « ne » (avant le verbe « aller ») et « pas » (avant le verbe à l'infinitif) à la forme négative.

Pour la présentation au tableau et sur les cahiers, écrire de deux couleurs différentes les formes du verbe « aller » et le verbe à l'infinitif qui suit.

PROLONGEMENT » Afin de s'assurer que les élèves ont bien compris la formation du futur proche, leur proposer une sorte petit quiz. Noter au tableau un verbe à l'infinitif « (par exemple « écouter ») et une personne (par exemple « tu »). Les élèves doivent écrire sur leur cahier la forme correspondante au futur proche (« vas écouter »). Procéder ainsi avec plusieurs verbes, puis faire la correction au tableau. Les élèves comptabilisent leur nombre de réponses justes.

SYSTÉMATISATION » n° 3 et 10 p. 110-111

8 Action ! Créer le programme d'une colonie

MÉTHODO

Afin de donner à cette micro-tâche un caractère plus authentique et de procurer aux élèves la satisfaction de réaliser un travail plus abouti, il est possible de leur demander, en amont de la séance, d'apporter des photos d'activités de vacances et de paysages de campagne (française si possible). Mutualiser les photos apportées par tous les élèves et laisser les groupes faire leur choix parmi celles-ci peut leur permettre de développer leur sens du partage. Mais il est également possible de leur faire tirer au sort parmi les photos mises en commun pour plus de surprise lors de la rédaction.

Lire la consigne ensemble. Préciser aux élèves qu'ils peuvent s'inspirer des documents de l'activité 6 pour créer le programme d'une colonie « Campagne ». S'assurer que tout le monde se souvient bien de la signification du mot (vu dans l'étape 7). Les inviter à dire ce qui caractérise les vacances à la campagne, selon eux (les promenades, les rivières, les animaux, etc.). Puis former des groupes de trois ou quatre. S'ils ont apporté des photos, les répartir entre les groupes selon les options proposées ci-dessus. Puis leur laisser un peu de temps pour réaliser leur programme. Insister pour qu'ils situent sur la carte de France le lieu de leur colonie, précisent les dates et les activités prévues et décorent leur programme avec des photos, s'il y a lieu, sous forme de brochure ou de site Internet fictif.

Mise en commun Demander aux groupes de venir présenter, chacun à leur tour, leur programme à la classe. Une fois tous les programmes présentés, les afficher dans la classe ou au tableau et demander aux élèves d'aller les consulter et de voter pour leur programme préféré.

158 **VOCABULAIRE**

Faire écouter la liste de vocabulaire si cela n'a pas été fait lors de l'activité 2 et de « Mon cours de géographie ». Voir les conseils, p. 36.

LEÇON 3 Racontons un voyage

pages 106 et 107

1 Comprendre un article avec des instructions de bricolage

Avant de lire la consigne, faire observer le document. Demander aux élèves de s'exprimer sur ce qu'ils voient sur les illustrations : des photos et une carte de la Grèce, des crayons, un dépliant. Puis leur laisser un peu de temps pour lire le document et la consigne. Inviter des volontaires à répondre à la question.

PROLONGEMENT » Inviter les élèves à repérer les trois étapes de réalisation du carnet de voyage.

Corrigé L'article propose de faire/fabriquer un carnet de voyage.

2 Approfondir la compréhension et découvrir les prépositions devant les noms de pays, d'îles et de villes

Faire lire la consigne aux élèves et leur demander de dessiner sur leur cahier un tableau de 5 colonnes correspondant chacune aux catégories proposées dans les étiquettes. Leur laisser ensuite quelques minutes pour relire l'introduction de l'article, repérer les destinations et les classer dans leur tableau. Les inviter à s'aider de la liste de vocabulaire page 103, si besoin.

Mise en commun Avant d'interroger des volontaires, dessiner au tableau les 5 colonnes. Puis écrire les réponses des élèves dans les bonnes colonnes, après validation avec la classe.

PROLONGEMENT » Inviter les élèves à repérer, dans le texte, les prépositions qui précèdent chaque destination. Les écrire au tableau, à l'intérieur des colonnes correspondantes. Puis leur demander de dire ce qu'ils remarquent. Ils vont facilement repérer que les prépositions sont différentes selon que la destination est un pays masculin, féminin ou pluriel, une ville ou une île. Entourer ces prépositions de la même couleur que celle des étiquettes correspondantes, pour un repérage plus rapide.

159 **TABLEAU DE GRAMMAIRE**

Les prépositions devant les noms de pays, d'îles et de villes

Grâce à l'activité précédente, les élèves ont découvert qu'on utilise des prépositions différentes devant les noms de pays masculins, féminins, pluriel ou les villes et les îles pour exprimer la destination ou le lieu où l'on est. Ils vont les retrouver dans ce tableau qui synthétise la règle.
Faire écouter et lire le tableau en même temps. Les élèves peuvent s'entraîner à répéter les différentes prépositions.
Attirer leur attention sur le fait qu'ils doivent impérativement connaître le genre des noms de pays pour pouvoir choisir la préposition correcte : « en » et « au ». Les pays pluriels sont facilement reconnaissables car ils sont précédés de l'article « les » et se terminent par un « s » ou un « x ». Quant aux villes et aux îles, elles sont toujours précédées de la préposition « à ». Il peut être utile de préciser également aux élèves qu'il y a quelques exceptions à cette règle générale. Quelques pays masculins se terminent par un « e » : le Mexique, le Cambodge, le Bélize, le Zimbabwe et le Mozambique. Ils sont donc précédés de la préposition « au ». D'autres pays masculins sont précédés de la préposition « en » lorsqu'ils commencent par une voyelle (l'Iran → en Iran, l'Uruguay → En Uruguay).

>>>

>>>

Pour la présentation de ce point de langue au tableau et sur les cahiers, mettre en évidence chaque préposition en l'écrivant d'une couleur différente et l'accompagner des différents exemples de destinations correspondantes, extraites de la liste de vocabulaire page 103.

PROLONGEMENT » Proposer aux élèves un petit quiz. Écrire au tableau un nom de pays ou de ville (autre que ceux de la liste de vocabulaire page 103). Les élèves écrivent sur leur cahier la préposition correspondante. Continuer ainsi avec différents noms de pays, de villes ou d'îles. Après la mise en commun, les élèves comptent le nombre de réponses justes qu'ils ont obtenues et peuvent ainsi évaluer leur compréhension de ce point de langue !

SYSTÉMATISATION » n° 11 p. 111

3 S'entraîner à réutiliser les prépositions devant les noms de pays, d'îles ou de villes

Lire ensemble la consigne et les étiquettes, ainsi que les exemples. Puis former des groupes de trois ou quatre et leur laisser quelques minutes pour faire l'activité. Les inciter à s'appliquer à bien réutiliser les prépositions devant les noms de pays, de villes ou d'îles, même s'il s'agit d'une discussion orale informelle. Passer parmi les groupes pour aider ou guider.

Mise en commun Désigner un porte-parole par groupe. Il/Elle annonce le type de voyage et la destination choisis.

VARIANTE » Pour une mise en commun plus complète, demander aux porte-parole de chaque groupe de donner le type de voyage qu'ils ont choisi et lire la liste de destinations qu'ils ont établie avant de faire leur choix définitif. Les inciter à s'inspirer de ce modèle de phrase pour énoncer leur réponse : « Nous rêvons d'aller en France, en Espagne, à Londres, etc. mais finalement, nous voulons partir en Espagne une semaine en automne ».

4 Comprendre un carnet de voyage

Avant de lire la consigne, inviter les élèves à s'exprimer sur le type de document qu'ils voient : un carnet de voyage fabriqué selon les conseils du document de l'activité 1. Laisser quelques minutes aux élèves pour observer plus en détail et lire le document. Puis lire et répondre ensemble à la question.

Corrigé La destination est le Maroc.

INFOS

Le Maroc est un pays du Maghreb francophone situé au nord-ouest de l'Afrique. Sa longue côte donnant sur l'océan Atlantique se termine après le détroit de Gibraltar sur la Méditerranée. Au sud du Maroc se trouve le territoire du Sahara occidental. À l'est et au sud-est, le Maroc est limitrophe de l'Algérie. La capitale administrative du Maroc est Rabat. Les montagnes occupent les deux tiers du territoire marocain avec, parmi elles, l'immense chaîne de l'Atlas.
Le climat marocain est à la fois méditerranéen et atlantique, avec une saison sèche et chaude et une saison froide et humide, ainsi que des pluies en octobre. Dans les régions montagneuses, les pluies peuvent être très importantes. Le Maroc pré-saharien et saharien a un climat désertique sec.

5 Approfondir la compréhension et découvrir des expressions pour localiser

Faire lire la consigne et laisser quelques minutes aux élèves pour relire le document. Les inciter à répondre en écrivant des phrases complètes sur leur cahier pour localiser les trois lieux donnés.

Mise en commun Interroger des volontaires et écrire les phrases de réponses au tableau.

PROLONGEMENT » Demander à des volontaires de venir entourer, dans les phrases écrites au tableau, les expressions pour localiser. Les inviter à retrouver parmi ces expressions trois points cardinaux (le nord, le sud et l'est) et à déduire le quatrième (l'ouest).

Corrigé Le désert est/se trouve au sud-est (du pays). ; La mer/L'océan est/se trouve au nord et à l'ouest (du pays). ; Les montagnes de l'Atlas sont/se trouvent au centre du pays.

160 **TABLEAU DE COMMUNICATION**

Pour localiser

Les élèves ont déjà découvert les expressions pour localiser grâce à l'activité précédente. Il s'agit maintenant de leur faire repérer les prépositions qui les accompagnent.
Faire écouter et lire en même temps le tableau. Inviter éventuellement les élèves à répéter les expressions, si nécessaire. Puis attirer leur attention sur les prépositions « au » et « à l' » qui précèdent les points cardinaux et le mot « centre ». Les inviter à faire des hypothèses sur cette différence. Ils vont facilement repérer qu'on utilise « au » devant une consonne et « à l' » devant une voyelle.
Leur faire ensuite relire les deux phrases d'exemple et leur demander d'expliquer pourquoi l'article utilisé après les expressions de localisation est différent : « du » ou « des ». Les inviter à se remémorer qu'ils ont déjà vu ce type de construction dans l'étape 7 avec l'expression « à côté de ». Il s'agit de la contraction de la préposition « de » avec l'article défini qui suit : « de + le = du » ; « de + les = des ».

>>>

>>>

Pour la présentation de ce point de langue au tableau, écrire quatre exemples avec un article différent à chaque fois. Utiliser des couleurs différentes pour « au » et « à l' » et pour « du », « de l' », « des » et « de la » pour les mettre en évidence.

PROLONGEMENT » Pour vérifier que tout le monde a bien compris, il est possible de demander aux élèves de proposer quatre phrases sur le modèle précédent pour localiser des lieux de leur pays, à l'aide d'une carte.

SYSTÉMATISATION » n° 4 p. 110 et 14 p. 111

6 Finaliser la compréhension et découvrir des expressions pour dire le temps qu'il fait

Lire ensemble la consigne et demander aux élèves de faire des hypothèses sur la signification du mot « temps ». Ils vont facilement comprendre qu'il signifie « la météo » et non « le temps qui passe », grâce aux illustrations. Leur laisser quelques minutes pour relire une dernière fois le texte et faire l'activité. Leur préciser qu'ils peuvent s'appuyer sur les illustrations du carnet de voyage (la neige sur les montagnes, le dessin d'un soleil, etc.) pour trouver les réponses.

Mise en commun Demander à des élèves volontaires de proposer leurs réponses. Les inviter à se justifier en citant le texte et écrire ces phrases au tableau.

Corrigé Dans les montagnes : **c** (« Il neige sur les montagnes ! ») ; Dans le désert : **a** (« Ici, il fait très beau », « Le soleil tous les jours »), **b** (« Il fait très chaud (30 degrés !) ») et **d** (« la nuit, il fait froid ! »)

161 TABLEAU DE COMMUNICATION

Pour parler du temps

Faire lire et écouter le tableau. Puis faire éventuellement répéter aux élèves les expressions afin de fixer la prononciation. Reprendre chacune pour s'assurer qu'elles sont toutes bien comprises. Préciser que, pour indiquer la température, on utilise, en France les degrés « Celsius » qui se signalent par un « C ».
Attirer l'attention des élèves sur le pronom personnel « il », présent dans toutes les expressions. Les aider à comprendre qu'il s'agit d'un pronom impersonnel (= qui ne remplace pas une personne) en leur posant la question suivante : « À votre avis, est-ce que "il" est une personne ? ». Leur expliquer qu'on utilise ce "il" devant un verbe dans les expressions pour indiquer le temps mais également dans d'autres expressions dont une qu'ils connaissent déjà : « il y a ».
Bien faire remarquer également qu'on utilise beaucoup le verbe « faire » dans ces expressions, notamment pour indiquer la température, mais qu'il perd son sens habituel.

Pour la présentation de ce point de langue au tableau, accompagner chaque expression d'un petit symbole dessiné, écrire les « il » impersonnels d'une couleur distincte des autres mots et souligner chaque occurrence du verbe « faire ».

SYSTÉMATISATION » n° 12 p. 111

162 TABLEAU DE PHONÉTIQUE

Les consonnes finales muettes

a. Faire lire la consigne et écouter l'enregistrement une première fois. Demander aux élèves d'écrire les mots entendus sur leur cahier. Faire réécouter et leur demander de barrer dans ces mots les consonnes finales qui ne se prononcent pas.

Mise en commun Demander à des volontaires de lire les mots qui ont une consonne finale muette en les prononçant correctement. Les écrire au tableau. Préciser aux élèves que les consonnes finales se prononcent parfois, comme par exemple dans les mots « sud », « est » et « ouest ».

b. Laisser quelques minutes aux élèves pour rechercher, dans leur livre, d'autres mots qui ont une consonne finale muette.

Mise en commun Interroger des volontaires et noter tous les mots cités au tableau. Barrer les consonnes finales muettes.

Corrigé **a** Consonnes finales qui ne se prononcent pas : le « t » de « pleut », le « d » de « chaud » et de « froid », le « t » de « fait » et le « s » de « degrés ». ; **b** *Exemples de réponses :* nord, pays, continent, sport, concours, carnet, Londres, départ, appartement, logement, etc.

PROLONGEMENT » Demander aux élèves de cacher le tableau de leur livre et de fermer leur cahier. Effacer le tableau et y dessiner un symbole pour indiquer le temps ou la température (par exemple un nuage de pluie ou un thermomètre indiquant 20° C.). Les élèves doivent dire le plus rapidement possible l'expression correspondante (« Il pleut ! » ou « Il fait vingt degrés ! »). L'élève qui a répondu correctement en premier vient au tableau et dessine à son tour un autre symbole. Continuer ainsi jusqu'à ce que toutes les expressions aient été dites.

SYSTÉMATISATION » n° 13 p. 111

7 S'entraîner à parler du temps qu'il fait

Poser la question de la consigne aux élèves et leur laisser quelques secondes pour y répondre.

Mise en commun Interroger différents volontaires afin qu'ils formulent différents types de réponses. Par exemple : « il fait beau » ou « il y a du soleil » ; « il pleut » ou « il ne fait pas beau » ; « il fait chaud » ou « il fait 26 degrés », etc.

PROLONGEMENT » S'il est possible de prévoir d'apporter une carte météo du jour du pays, l'afficher au tableau et demander aux élèves, par groupe de deux, de choisir une ville et de dire quel temps et quelle température il fait dans cette ville aujourd'hui. Un porte-parole de chaque groupe l'énonce à la classe et les autres groupes devinent de quelle ville il s'agit.

8 Action ! Écrire un extrait de carnet de voyage

MÉTHODO

Pour motiver les élèves dans la réalisation de cette micro-tâche, les inviter à soigner la présentation de leur carnet de voyage et à le réaliser selon les conseils donnés dans le document de l'activité 1. En effet, l'illustration fait partie intégrante de ce genre littéraire que représente le carnet de voyage. Prévoir éventuellement d'apporter des magazines de voyages en amont afin qu'ils puissent y découper des photos ou organiser la séance de telle manière qu'ils puissent avoir accès à Internet pour faire des recherches, trouver des photos, etc. Prévoir également du matériel pour coller, découper, colorier, etc.

Former les mêmes groupes que lors de l'activité 3. Lire ensemble la consigne et s'assurer que les élèves ont bien compris qu'ils devaient partir de la destination qu'ils ont choisie lors de l'activité 3 pour rédiger leur extrait de carnet de voyage. Leur expliquer qu'ils doivent écrire des informations sur leurs activités et sur le temps d'une ou deux journées de voyage maximum afin de limiter le temps de l'activité. Passer parmi les groupes pour aider, guider et corriger si nécessaire.

Mise en commun Demander tour à tour aux groupes de venir au tableau et de présenter leur carnet de voyages. Ils le montrent à la classe et lisent leur texte, puis l'affichent au tableau. Une fois que tous les groupes ont fait leur présentation, leur demander de voter pour le carnet de voyages (autre que celui qu'ils ont réalisé) gagnant du concours présenté dans la leçon 1 (document 1).

163 **VOCABULAIRE**

Voir les conseils, p. 36.

CULTURES

pages 108 et 109

INFOS

La Terre-Adélie est une bande étroite de l'Antarctique. Elle fait partie des Terres australes et antarctiques françaises (TAAF) et dispose d'un patrimoine biologique inestimable car c'est la seule grande région froide du globe qui soit aujourd'hui dans un état voisin de son état d'origine. Même si aucun mammifère sauvage terrestre n'habite ces régions glacées, les oiseaux et, en particulier, les manchots y sont abondants.

La Réunion est une île du sud-ouest de l'océan Indien située à environ 700 kilomètres à l'est de Madagascar. Elle fait partie des départements et régions d'outre-mer français (DROM). Elle culmine à 3 071 mètres d'altitude au sommet du piton des Neiges et abrite l'un des volcans les plus actifs du monde : le piton de la Fournaise. Son climat est tropical.

Roussillon est une commune française située en région Provence-Alpes-Côte d'Azur. Le village est classé parmi les plus beaux villages de France et fait partie du Parc naturel régional du Luberon. Roussillon est célèbre pour la richesse de ses ocres qui donnent à ses paysages une apparence de canyons.

Paris est une ville des États-Unis, située dans le nord-est du Texas, particulièrement connue depuis la sortie du film *Paris, Texas* de Wim Wenders (1984). Elle a été nommée ainsi en référence à la capitale de la France et possède une réplique de la tour Eiffel de 20 mètres de haut, coiffée d'un chapeau de cow-boy rouge. L'un des slogans de la ville est : « the second largest Paris in the world » (« le deuxième plus grand Paris du monde »).

La Guyane est une collectivité territoriale française située en Amérique du Sud. C'est la deuxième plus grande région de France et la plus boisée. 98 % du territoire est couvert d'une forêt équatoriale.

1 Lire la question ensemble et laisser les élèves s'exprimer librement pour y répondre. Noter au tableau leurs réponses, classées en deux catégories : « les climats » et « les paysages ». Les aider à formuler les noms des climats si nécessaire : méditerranéen, océanique, désertique, montagnard, tropical, équatorial, polaire, etc. Pour nommer les paysages, ils peuvent utiliser les noms qu'ils connaissent (la montagne, la mer, l'océan, la campagne, la ville, le désert) ; les aider si nécessaire avec d'autres noms de paysages plus spécifiques (la jungle, la forêt, la savane, les canyons, les plaines, etc.).

VARIANTE » Il est possible de faire faire cette activité en petits groupes. Laisser quelques minutes aux groupes pour établir leurs deux listes (climats et paysages) et rechercher le vocabulaire nécessaire à l'aide d'un dictionnaire ou d'Internet. Puis mettre en commun en interrogeant des volontaires.

PROLONGEMENT » Afin de préparer la lecture du document, demander aux élèves de fermer leur livre et de faire des hypothèses sur les climats et les paysages de la France.

2 Demander aux élèves d'observer le document et de dire de quoi il s'agit : un article avec des photos de paysages « mystères ». Faire lire la question et former des groupes de trois ou quatre. Leur laisser quelques minutes pour observer les photos et essayer de deviner si elles ont été prises ou non en France.

Mise en commun Interroger des volontaires de chaque groupe pour qu'ils partagent leurs hypothèses avec la classe. Leurs demander de justifier leurs réponses. Par exemple, ils peuvent dire où ils pensent qu'elle a été prise. Pour chaque photo, noter au tableau le nombre de groupes qui ont le même avis (photo prise en France ou dans un autre pays).

3 Laisser quelques minutes aux élèves pour lire les phrases et les associer aux photos. Ils vont facilement faire les associations grâce aux indications données dans les phrases.

Mise en commun Demander à des volontaires de donner leurs réponses. Vérifier ensemble si les hypothèses émises par le plus grand nombre d'élèves lors de l'activité précédente sont justes ou non. Donner des précisions aux élèves sur les territoires français d'outre-mer tels que La Réunion, la Terre Adélie et la Guyane et les situer sur une carte du monde. Situer également sur une carte de France la petite ville de Roussillon.

PROLONGEMENT » S'il est possible de le prévoir à l'avance, montrer aux élèves des photos des autres DROM-COM (département et régions / territoires français d'outre-mer). Les situer sur une carte du monde.

Corrigé **a** 4 → La ville de Paris, sur la photo, se trouve au Texas, aux États-Unis. ; **b** 5 → La photo a été prise en Guyane française. ; **c** 2 → La photo représente l'Île de la Réunion, département et région française d'outre-mer. ; **d** 1 → La photo a été prise sur la Terre Adélie, dans les Terres australes et antarctiques françaises. ; **e** 3 → La photo a été prise dans le petit village de Roussillon, dans le sud de la France.

4 Pour cette activité, prévoir à l'avance de faire apporter par les élèves des photos de paysages. Bien penser à faire noter par les élèves le nom du lieu représenté au dos de chaque photo apportée. Puis former des groupes de trois ou quatre et faire lire la consigne. Demander aux élèves de choisir une photo parmi celles apportées par les membres du groupe et d'écrire une ou deux phrases pour donner un/des indice(s) sur la localisation du paysage, sur le modèle de l'exemple.

Mise en commun Faire passer chacun à leur tour les groupes au tableau. Ils montrent leur photo. Avant de lire leur(s) indice(s), ils peuvent laisser la classe faire des hypothèses sur le lieu où se trouve le paysage. Si, après la lecture du/des indice(s), la classe ne trouve pas la réponse, l'inviter à poser d'autres questions : « Est-ce que c'est dans un pays froid ? chaud ? C'est sur notre continent ? Dans notre pays ? etc. »

VARIANTE LUDIQUE » Le groupe qui vient au tableau lit son indice et la classe fait des propositions de réponse. Si un groupe trouve la réponse juste après l'indice, il gagne deux points. Si la classe ne devine pas où a été prise la photo, les élèves ont le droit de poser 5 questions maximum avant de proposer leur réponse. Le groupe qui devine la bonne réponse après 1 à 5 questions gagne un point. Si aucun groupe ne trouve, c'est le groupe qui est venu au tableau qui marque le point.

ENSEMBLE POUR...

préparer un voyage de classe

MÉTHODO

Cette tâche sera plus aboutie si les élèves ont la possibilité de faire des recherches sur Internet ou en bibliothèque lors de sa réalisation (étapes 1 et 2).

1 Après la lecture collective des étapes de réalisation de la tâche, former des petits groupes de trois ou quatre. Inviter les élèves à se mettre d'accord sur une destination (un pays) et une saison, après avoir fait une liste de différentes possibilités. Dans un deuxième temps, leur demander de faire une liste d'activités à faire dans ce lieu à cette saison. Passer parmi les groupes pour aider ou guider.

2 Puis, à l'aide d'une carte du pays choisi comme destination de voyage, demander aux élèves d'imaginer leur itinéraire. Ils en décrivent les différentes étapes (5 ou 6 maximum).

3 Pour établir le programme de leur voyage, les élèves dressent la liste des activités prévues pour chaque jour. Puis ils choisissent la manière dont ils vont présenter leur projet de voyage de classe : sous forme d'itinéraire dessiné sur une carte ou sous forme de brochure qui présente le programme de chaque jour, par exemple.

4 Chacun à leur tour, les groupes viennent présenter à la classe leur projet de voyage. La classe vote pour le voyage qui l'attire le plus.

Co-évaluation LA CLASSE DONNE SON AVIS SUR...

Avant l'étape 4 de la tâche, distribuer une copie de la grille ci-contre par groupe. Expliquer aux élèves les différents critères à évaluer pour chaque présentation. Pendant ou après la présentation de chaque groupe, les élèves cochent la case correspondante pour chaque critère. Ils peuvent utiliser la même grille pour évaluer plusieurs groupes en cochant avec des couleurs différentes pour chaque groupe.
Après chaque présentation, mettre en commun les évaluations. Voir les conseils p. 44 (cf. co-évaluation de l'étape 1).

Donne ton avis...	+++	++	+
La destination et l'itinéraire sont...			
intéressants			
réalistes pour un voyage de classe			
Le programme est...			
bien écrit			
original			

VIDÉO SÉQUENCE 8

→ Fiches d'exploitation sur enseigner.tv5monde.com

Entraînement

pages 110 et 111

Entraînons-nous

1 Les pays et les continents

MÉTHODO

Pour cette activité, les élèves vont découvrir de nouveaux noms de pays qui ne figurent pas dans les leçons. Ils pourront facilement déduire la signification de chaque mot grâce à leur transparence dans beaucoup de langues. Il est possible de faire lire la liste avant l'activité pour vérifier la bonne compréhension par tous ou, au contraire, de ne pas la faire lire pour corser l'activité.

Former des groupes de trois ou quatre et chronométrer le temps de l'activité avec un sablier : leur laisser trois minutes pour classer les pays par continents. Les inviter à le faire sur leur cahier et à poser leurs stylos à l'issue des trois minutes.

Mise en commun Une fois le temps écoulé, demander à des volontaires de proposer leurs réponses et les noter au tableau. Vérifier la prononciation. Puis chaque groupe comptabilise le nombre de réponses justes parmi celles qu'il a eu le temps de noter et s'attribue un point pour chacune d'elles. Le groupe gagnant est celui qui a obtenu le plus de points.

PROLONGEMENT » Il est possible de continuer le jeu avec un plus grand nombre de pays à classer par continent.

Corrigé L'Afrique : l'Égypte, la Côte d'Ivoire ; L'Europe : le Portugal, la Pologne ; L'Amérique : le Canada ; L'Océanie : la Nouvelle Zélande ; L'Asie : les Philippines, l'Inde, Singapour.

2 Les activités de vacances

Former des groupes de trois ou quatre. Chaque membre de chaque groupe choisit une activité de la liste de vocabulaire page 105 et la mime à ses camarades qui essaient de deviner de quoi il s'agit.

VARIANTE COLLECTIVE » Les membres de chaque groupe choisissent une activité et viennent la mimer ensemble devant la classe. L'élève qui devine de quoi il s'agit vient à son tour avec son groupe mimer une activité et ainsi de suite.

3 Le futur proche

MÉTHODO

Cette activité peut être autocorrective ou non. Les meneurs de jeu désignés pour chaque groupe peuvent valider ou corriger les phrases produites par les autres s'ils ont suffisamment d'aisance pour cela. Mais il est également possible, à l'issue de l'activité, de mettre en commun les phrases produites pour vérification.

Former des groupes de trois ou quatre et désigner un meneur de jeu pour énoncer les phrases et valider les réponses (une sorte d'arbitre). Expliquer aux autres élèves qu'ils vont devoir répondre le plus rapidement possible pour gagner. Lorsque tous les groupes sont prêts et ont lu la consigne, ils ferment leur livre, à l'exception des meneurs de jeu qui lisent une par une les phrases. Les autres joueurs essaient de donner le plus rapidement possible une suite au futur proche à chacune d'elles. Plusieurs propositions sont possibles. Le meneur de jeu désigne le gagnant pour chaque item : celui ou celle qui a dit une phrase correcte en premier.

VARIANTE » Tous les groupes ferment leurs livres. Leur énoncer une première phrase et leur laisser trois minutes pour écrire une suite possible au futur proche. Ils peuvent proposer autant de phrases que possible. À l'issue des trois minutes, les groupes lisent leurs phrases à la classe. Corriger ou valider et écrire les phrases correctes au tableau.

Corrigé *Exemples de réponses :* **a** Il va voir la tour Eiffel. / Il va visiter le Louvre. ; **b** Lise et Nino vont faire du camping. / Ils vont voir des animaux. ; **c** Ils vont se baigner dans la mer. / Ils vont faire du canoë / de la voile. ; **d** Ils vont faire du ski. / Ils vont faire de la randonnée.

4 Localiser

Former des groupes de trois ou quatre et leur laisser quelques minutes pour préparer trois devinettes sur trois destinations différentes. Les inviter à s'inspirer de l'exemple donné pour cela.

Mise en commun Chaque groupe pose tour à tour ses devinettes à la classe. Le premier groupe qui trouve la destination correspondante marque un point.

Entraîne-toi

5 Parler de ses rêves

Demander aux élèves d'écrire des phrases complètes sur leur cahier. Plusieurs solutions sont possibles.

Corrigé **b** Je rêve de/Je voudrais voir/visiter la tour Eiffel. ; **c** Je rêve d'/Je voudrais aller à la plage/ aller me baigner. ; **d** Je rêve d'/Je voudrais aller à la campagne. ; **e** Je rêve de/Je voudrais voyager/ partir en voyage.

6 164 Phonétique. Le son [ɔ̃]

Cette activité est à faire à l'oral. La proposer de préférence en classe. Prononcer le mot « non » en insistant sur le son [ɔ̃] afin de donner aux élèves le son de référence pour faire l'exercice. Puis passer l'enregistrement et leur demander de lever la main quand ils entendent le son [ɔ̃]. Proposer une deuxième écoute et les inviter à répéter les mots qui contiennent ce son.

PROLONGEMENT » Demander aux élèves de rechercher dans leur livre d'autres mots contenant le son [ɔ̃]. Écrire la liste au tableau.

Corrigé Contiennent le son [ɔ̃] : **a, d, f.**

7 Les lieux

Inviter les élèves à écrire les phrases complètes sur leur cahier.

Corrigé **a** 3 ; **b** 5 ; **c** 2 ; **d** 1 ; **e** 4

8 Les activités de vacances

Inciter les élèves à écrire sur leur cahier des phrases sur ce modèle : « On peut faire du/de la/d'... » afin qu'ils révisent l'utilisation de « faire + du/de la/de l' ».

Corrigé **a** On peut faire de la randonnée. ; **b** On peut faire de la plongée. ; **c** On peut faire du canoë. ; **d** On peut faire du camping. ; **e** On peut faire de l'escalade.

9 Le verbe *partir*

Inviter les élèves à réécrire le dialogue en entier sur leur cahier.

Corrigé Tu pars – nous partons – vous partez – on part – je pars – mes parents partent

10 Le futur proche

Demander aux élèves d'écrire les phrases entières sur leur cahier et leur rappeler de bien faire attention à l'ordre des mots, notamment dans les phrases à la forme négative.

Corrigé **a** Vous allez visiter des villes d'Europe ? ; **b** Tu ne vas pas aller à la mer ? ; **c** Mes copains vont faire de l'escalade. ; **d** Elle ne va pas partir en colonie de vacances. ; **e** Nous allons faire nos valises.

11 Les prépositions devant les noms de pays

Inviter les élèves à écrire l'itinéraire sur leur cahier en prenant pour point de départ l'amorce donnée.

Corrigé Nous faisons le tour du monde. Nous allons en Espagne, au Portugal, au Maroc, en Côte d'Ivoire, au Brésil, en Colombie, au Mexique, au Japon, aux Philippines, à Singapour, en Inde et en Grèce.

12 165 Parler du temps

Corrigé **a** 2/3 ; **b** 4 ; **c** 5 ; **d** 1/2

13 166 Phonétique. Les consonnes finales muettes

Inviter les élèves à dire les mots à voix haute afin de repérer les consonnes finales qui ne se prononcent pas.

Corrigé Les consonnes finales ne se prononcent pas dans les mots : a, b, c, e, g

14 Localiser

Demander aux élèves d'écrire des phrases complètes sur leur cahier.

Corrigé **a** La mer méditerranée se trouve au sud de la France. ; **b** Paris est au nord de la France. ; **c** Les Alpes sont à l'est de la France. ; **d** L'océan Atlantique est à l'ouest de la France. ; **e** Le mer du Nord est au nord de la France.

Évaluation

page 112

1 167 Écouter

OBJECTIFS ÉVALUÉS
Comprendre une conversation téléphonique simple
Comprendre des destinations

Demander aux élèves de lire les items avant de passer l'enregistrement. Faire écouter une première fois et laisser aux élèves quelques minutes pour répondre sur une feuille séparée en se justifiant. Proposer une deuxième écoute. Les élèves vérifient leurs réponses.

BARÈME 1 point par item

Corrigé **a** Faux. Bastien téléphone pour dire au revoir à Marie. ; **b** Faux. Il va faire le tour du monde avec sa famille. ; **c** Vrai. Ils vont aller au Maroc, à Madagascar, en Chine, en Australie et au Mexique. ; **d** Faux. Marie rêve d'aller aux États-Unis. ; **e** Faux. Marie part en vacances en France.

2 Parler

OBJECTIF ÉVALUÉ
Parler du temps qu'il va faire

Pour cette évaluation d'expression orale, il peut être plus facile de faire venir les élèves par deux à un endroit dédié de la classe. Proposer au reste de la classe de réaliser une activité en autonomie pendant ce temps.
Aider les élèves à comprendre la consigne et leur laisser quelques minutes pour choisir chacun un lieu et préparer leur présentation du temps. Puis un des deux élèves dit le temps qu'il va faire demain dans la ville qu'il a choisie sans la nommer. L'autre devine de quelle ville il s'agit. Inverser ensuite les rôles.

BARÈME

Utilisation correcte du futur proche	2,5 points
Formulation correcte des expressions pour parler du temps et de la température	2,5 points

3 Lire

OBJECTIF ÉVALUÉ
Comprendre un forum sur les destinations de rêve

Laisser les élèves lire le document en autonomie et répondre aux questions. Leur conseiller de relire plusieurs fois le document pour vérifier leurs réponses. Les inviter à écrire une phrase complète pour répondre à la question b.

BARÈME item a : 3 points ; item b : 2 points

Corrigé **a** Nany45 : photo 2 ; Coco : photo 3 ; Sibylle : photo 1 ; **b** Nany 45 préfère se baigner dans l'océan et faire de la plongée. Les activités préférées de Sibylle sont l'escalade et la randonnée.

4 Écrire

OBJECTIFS ÉVALUÉS
Écrire un commentaire sur un forum
Parler de ses destinations de rêve

Les élèves doivent relire le forum de l'activité 3 et y participer. Leur laisser une quinzaine de minutes pour écrire leur texte d'abord au brouillon, puis pour le recopier sur une feuille séparée.

BARÈME

Utilisation correcte des formules pour parler de ses rêves	1 point
Utilisation correcte des noms de pays et des prépositions devant les noms de pays, de villes et d'îles	1,5 point
Formulation des quatre raisons avec utilisation correcte du vocabulaire des activités de vacances et des expressions pour parler du temps	2 points
Orthographe	0,5 point

1 Compréhension de l'oral (10 points)

Faire lire la consigne puis les questions et s'assurer de leur bonne compréhension. Passer deux fois l'enregistrement. Laisser deux minutes aux élèves.

Corrigé **1** Photo b. *(2,5 points)* – **2** Répondre à 3 questions. *(2,5 points)* – **3** Un voyage au Brésil. *(2,5 points)* – **4** a. Jeudi. *(2,5 points)*

2 Compréhension des écrits (10 points)

Laisser 7 minutes aux élèves.

Corrigé **1** Photo c. *(2,5 points)* – **2** a. 8 h 30. *(2,5 points)* – **3** Photo b (faire du canoë) et photo c (se baigner). *(2,5 points)* – **4** Pour la randonnée. *(2,5 points)*

3 Production écrite (25 points)

Exercice 1 : Laisser 5 minutes aux élèves pour réaliser la tâche demandée.

Guide pour l'évaluation de l'exercice 1 : Les transcriptions phonétiques sont acceptées.

Items	Éléments pour la correction	Nombre de points
Nom	1 point si l'élève a écrit un nom.	1 point
Prénom	1 point si l'élève a écrit un prénom.	1 point
Âge	1 point si l'âge est cohérent, s'il est écrit en chiffres (même si « ans » n'est pas présent) ou en toutes lettres en français.	1 point
Ville de résidence	1 point si l'élève a écrit le nom d'une ville (en cohérence avec le sujet).	1 point
Pays de destination	1 point si l'élève a écrit le nom d'un pays (en cohérence avec le sujet).	1 point
2 lieux de vacances préférés	1 point si l'élève a écrit deux lieux de vacances cohérents même s'il a recopié un des exemples donnés dans la consigne.	1 point
2 activités que tu veux faire	1 point par activité donnée en rapport avec la thématique du sujet.	2 points
Saison préférée	2 points si l'élève a écrit une saison.	2 points

Exercice 2 : Laisser 15 minutes aux élèves pour réaliser la tâche demandée.

Guide pour l'évaluation de l'exercice 2 :

Respect de la consigne – L'élève a bien écrit une carte postale à un ami pour parler de sa colonie de vacances. (1 point) – L'élève a écrit au minimum 40 mots. (1 point)	2 points
Correction sociolinguistique – L'élève a utilisé les formes de l'accueil et de la prise de congé. (1 point) – L'élève a bien employé le tutoiement pour s'adresser à son ami. (1 point)	2 points
Capacité à informer et/ou à décrire – L'élève a parlé du temps (2 points), il a décrit son logement (3 points) et a parlé de ses activités (2 points).	7 points
Lexique/orthographe lexicale – L'élève a su employer le lexique et il a su l'orthographier correctement.	2 points
Morphosyntaxe/orthographe grammaticale – L'élève a su utiliser correctement les formes grammaticales pour s'exprimer sur le sujet.	2 points

4 Production orale (25 points)

Exercice 1 : Laisser 7-8 minutes aux élèves pour préparer par écrit les informations demandées. Leur demander de réaliser la production orale (ou faire venir au tableau chaque élève). Selon le nombre d'élèves, tous ne seront pas évalués. Si les conditions matérielles le permettent, il pourra aussi s'enregistrer et fournir à l'enseignant sa production orale.

Guide pour l'évaluation de l'exercice 1 : L'élève peut se présenter, parler de lui ; parler de sa famille ; dire où il habite ; décrire sa maison ; dire ce qu'il fait le samedi (les 5 points sont à répartir selon la quantité des informations données par l'élève et la façon dont il les donne).

Exercice 2 : Demander aux élèves de choisir individuellement 5 mots et d'écrire une question par mot choisi. Laisser 5 minutes aux élèves pour réaliser la tâche par écrit.

Guide pour l'évaluation de l'exercice 2 : L'élève peut poser des questions simples à partir de 5 mots de l'exercice (1 point par question correctement posée).

Exercice 3 : Demander aux élèves de constituer un binôme (l'un joue le rôle du père ou de la mère). Laisser 7-8 minutes aux élèves pour préparer leur jeu de rôle. Demande à un binôme de venir au tableau pour le réaliser.

Guide pour l'évaluation de l'exercice 3 : L'élève peut expliquer quels meubles il aime et pourquoi (les 15 points sont à répartir selon la quantité des informations données par l'élève et la façon dont il les donne).

L'ensemble des 3 exercices : L'enseignant s'assurera que l'élève a bien acquis les compétences lexicales et morphosyntaxes. Il veillera aussi à ce que l'élève prononce de manière compréhensible le répertoire d'expressions.

Corrigés du Cahier d'activités

ÉTAPE 1

LEÇON 1

1 **Transcription**
– Radio Ados FM, bonjour ! Aujourd'hui, les pseudos sur Internet. Avec nous, trois ados.
– Bonjour ! Mon pseudo sur Internet, c'est Twiga : T W I G A.
– Salut. Moi, sur Internet, je m'appelle mamaelle : M A M A E deux L E.
– Bonjour ! Moi, sur Internet, je suis popeye, P O P E Y E.

a 2 – **b** 3 – **c** 2

2 **Transcription**
1. e accent circonflexe – **2.** c cédille – **3.** a accent grave – **4.** e accent aigu – **5.** i tréma

ê – ç – à – é – ï

3 Horizontal : **1** garçon – **5** nom – **6** fille – **8** surnom – **9** prénom
Vertical : **2** adolescent – **3** adolescente – **4** ami – **7** amie

LEÇON 2

1 **a** s'appelle – **b** s'appellent – **c** nous appelons – **d** m'appelle – **e** t'appelles – **f** vous appelez

2 **a** Au revoir ! – **b** Coucou, ça va ? – **c** Je m'appelle Léa ! – **d** Bonjour monsieur !

3 Pour se présenter : a – f. Pour présenter quelqu'un : d – e

4 Dialogue 1 (dessin a) : **1** Coucou les copains, je vous présente Emma. **2 Salut Emma ! Moi, je m'appelle Lucas. 3 Et moi, Nina. Salut Emma !**
Dialogue 2 (dessin b) : **1 Bonjour, tu t'appelles comment ? 2 Je m'appelle Samuel, monsieur. 3 Et vous deux ? 4** Moi, c'est Amel et, elle, c'est Myriam.

LEÇON 3

1 **un** : a – e – i / **une** : b – g – h / **des** : c – d – f

2 **a** des‿avatars – **c** un‿ami – **d** un‿animal – **g** des‿amies

3 **a** 4 – **b** 6 – **c** 5 – **d** 2 – **e** 3 – **f** 1

4 **a** C'est – **b** Ce sont – **c** Ce sont – **d** C'est – **e** C'est

CULTURES

a François-Marie Arouet / Voltaire – **b** Édith Giovanna Gassion / Édith Piaf – **c** Kevin Smadja / Kev Adams – **d** Alpha Diallo / Black M

AUTOÉVALUATION

→ Voir Cahier d'activités p. 77

4 **Transcription**
Dialogue n° 1
– Voici une photo de deux copains.
– Ils s'appellent comment ?
– Gabriel et Alexandra.
Dialogue n° 2
– Et là, c'est une photo d'Axel.
– C'est une fille ?
– Non, c'est un garçon.
Dialogue n° 3
– Et puis je te présente deux copines : Carole et Gaëlle !
– Super !

APPRENDRE À APPRENDRE

MÉTHODO
Cette rubrique a pour but de proposer aux élèves des stratégies pour mieux apprendre. Nous recommandons de leur demander de réaliser ces activités en autonomie et à la maison. Il peut être intéressant de leur demander de dire s'ils ont trouvé la proposition adéquate à leur manière d'apprendre ou s'ils ont une autre habitude qu'ils pensent être plus efficaces pour eux. Dans certains cas, plusieurs « méthodes » d'apprentissage sont proposées afin que les élèves puissent les tester et repérer celles qui leur correspondent le mieux. Il est important de ne pas imposer aux élèves ces propositions de stratégies comme le ou les seul(s) moyen(s) d'apprendre correctement, car la manière d'apprendre est propre à chacun et nous ne prétendons pas proposer de liste exhaustive. Cependant, donner des pistes aux élèves pour apprendre à apprendre est essentiel pour qu'ils avancent de manière autonome et efficace dans leur apprentissage.

Cette première stratégie d'apprentissage vise à proposer aux élèves trois méthodes pour bien mémoriser. À la maison, l'élève teste les trois méthodes. En classe, mettre en commun les expériences de chacun. Bien insister sur le fait qu'il n'y a pas de bonne ou de mauvaise méthode en général, mais que chacun doit pouvoir repérer la méthode qui lui est propre.

ÉTAPE 2

LEÇON 1

1 Tal est une chanteuse de pop. – Stromae est le chanteur préféré d'Inès. – Nina est fan des chansons de Tal. – La pop est le style préféré de Thomas. – Hermione préfère l'électro.

2 **a** onze – **treize** – quinze – **dix-sept** – **dix-neuf**
b vingt – **trente** – quarante – cinquante – soixante
c soixante et un – soixante-deux – **soixante-trois** – **soixante-quatre** – soixante- cinq
d vingt-deux – vingt-trois – **vingt-quatre** – **vingt-cinq** – **vingt-six**

LEÇON 2

1 **a** 2 / joue – **b** 3 / écoutes – **c** 1 / Il aime l'électro. – **d** 6 / chantez – **e** 5 / détestons – **f** 7 / Ils dansent – **g** 4 / regarde

2 Le : rap / piano – La : musique / radio – Les : chansons françaises / groupes de rock – L' : électro / instrument

3 Je n'écoute pas la radio. / (*Erratum :* Dans l'édition 01 du cahier, une erreur s'est glissée ; il ne faut pas faire écrire la phrase « je joue de la flûte » à la forme négative.) Je ne joue pas de la flûte (, je joue de la guitare…). / Je ne suis pas fan de rap.
Je n'aime pas le rock. / Je ne chante pas. / Je ne déteste pas l'électro.

4 **a** saxophone – **b** batterie – **c** flûte – **d** guitare – **e** violon – **f** piano

LEÇON 3

1 **a** avons – **b** a – **c** as – **d** ai – **e** avez – **f** ont

2 **a** Léo a **12 ans**. – **b** Louis a **13 ans**. – **c** Alima a **11 ans**. – **d** Irène a **13 ans**.

3 **a** (Est-ce que) vous êtes chanteuse ? – **b** (Est-ce que) vous jouez d'un instrument ? – **c** (Est-ce que) vous aimez la pop ? – **d** (Est-ce que) vous avez un chanteur préféré ? – **e** (Est-ce que) vous chantez en français ?

4 **a** . – **b** ? – **c** ? – **d** . – **e** ?

CULTURES

1 SOPRANO est un chanteur de RAP. – **2** YELLE est une chanteuse d'ELECTRO et de POP. – **3** JUSTICE est un groupe d'ELECTRO. – **4** Le style de LOUANE ? La POP !

AUTOÉVALUATION

→ Voir Cahier d'activités p. 77

4 **Transcription**
Exemple : Salut, je m'appelle Thomas et je regarde des clips sur Internet !
a Moi c'est Laurie. Mes activités ? Je danse et je chante !
b Coucou ! On s'appelle Marie et Lina. Chut ! Nous écoutons des chansons !
c Bonjour, nous, c'est : Benjamin, Simon et Loïc ! On joue dans un groupe !

APPRENDRE À APPRENDRE

Le principe de la carte mentale est d'organiser sur une feuille des connaissances en créant des ramifications, une arborescence qui reproduit la manière dont fonctionne le cerveau. Par ailleurs, la réalisation de la carte mentale fait intervenir la mémoire kinesthésique et la mémoire visuelle : l'élève dessine et colorie, puis il visualise le nouvel apprentissage avec ces dessins, ces couleurs. À la maison, l'élève complète la carte mentale proposée. La corriger en classe. Puis, ensemble, la reproduire éventuellement sur une grande affiche en la complétant avec d'autres verbes.

Corrigé Verbes en *–er* → aimes ; aime ; aimez ; aiment
Pronoms personnels : tu ; nous
Verbe *être* → suis ; est ; êtes ; sont

ÉTAPE 3

LEÇON 1

1 **Transcription**
Meryem : C'est qui sur la photo ?
Saïd : C'est la famille de mon copain Marco.
Meryem : Là, c'est Marco ?
Saïd : Non, c'est Roberto, le frère de Marco. Marco n'est pas sur la photo.
Meryem : Et là, c'est qui ?
Saïd : La sœur de Marco, Gina.
Meryem : Et les parents de Marco, ils sont sur la photo ?
Saïd : Oui, là. Dans la famille, ils sont trilingues français-italien-anglais.
Meryem : À la maison, ils parlent italien ?
Saïd : Oui, et anglais. À l'école, Marco, Roberto et Gina parlent français.

a 2 / 3 / 4 / 5 – **b** 3 – **c** 1 / 2 – **d** 3

2 **a** français – **b** chinois – **c** espagnol – **d** roumain – **e** italien – **f** anglais – **g** hindi – **h** coréen

3 Cécile : la mère – Célestin : le fils – Tania : la fille

LEÇON 2

1 **a** Leur – **b** mon – **c** Nos – **d** sa – **e** Leurs – **f** Ses – **g** Votre

2 **a** Non, Louise n'a pas d'oncle à la Martinique. – **b** Non, elles n'ont pas de copains français. – **c** Non, nous n'avons pas d'album de famille. – **d** Non, Théo n'a pas de tante.

3 petite / grande / belles / grandes / grands / petits / drôles / importants

4 **Transcription**
a Alexandre et Lucas sont différents.
b Alex est petite.
c Mon amie est importante.
d Morgan est nouveau à l'école.
e Camille est belle.
f Son ami est grand.
g Vous êtes drôles.

Masculin : a / d / f – Féminin : b / c / e – Les deux : g

5 **a** tante – **b** cousin – **c** grands-parents – **d** grand-mère – **e** cousine – **f** oncle

LEÇON 3

1 **a** Je suis espagnole. – **b** Nous sommes japonaises. – **c** Nous sommes allemands. – **d** Je suis grecque. – **e** Je suis turc. – **f** Nous sommes ivoiriennes – **g** Nous sommes russes.

2 **Transcription**
1 Le drapeau français est bleu, blanc et rouge.
2 Le drapeau coréen est blanc, rouge, bleu et noir.
3 Le drapeau chinois est rouge et jaune.
4 Le drapeau libanais est vert, blanc et rouge.
5 Le drapeau égyptien est rouge, blanc, noir et jaune.
6 Le drapeau sénégalais est vert, jaune et rouge.

a 3 – **b** 1 – **c** 6 – **d** 4– **e** 5 – **f** 2

3 **Transcription**
a mexicain – mexicaine
b japonais – japonais
c allemand – allemande
d ivoirien – ivoirien
e français – française
f américain – américain
g brésilien – brésilienne

Prononciation identique : b / d / f
Prononciation différente : a / c / e / g

4 **a** lui – **b** nous – **c** eux – **d** elles – **e** vous

5 Nous : a / c / d / f – On : b / e

CULTURES

a italienne – **b** japonaise – **c** chinoise – **d** espagnole – **e** anglaise

AUTOÉVALUATION

→ Voir Cahier d'activités p. 77

APPRENDRE À APPRENDRE

Cette stratégie propose aux élèves de s'entraîner à être attentifs pour bien utiliser la grammaire. En effet, les règles de grammaire française sont très complexes et les élèves vont devoir s'habituer à faire attention aux détails.

Corrigé La phase différente est : Ce sont des amies françaises.

ÉTAPE 4

LEÇON 1

1 **Transcription**
– Étienne, qu'est-ce que tu fais ?
– Des exercices pour muscler mon corps. Regarde. Là, je muscle mon dos !
– Mmmh !
– Et là, je muscle mes bras et mes jambes.
– Super ! Et tu n'aimes pas les autres sports ? La natation, par exemple, c'est bien pour muscler le dos… Ou le tennis pour les bras… le football, pour les jambes…

>>>

>>>

– Oui, j'adore les autres sports ! Mais moi, je préfère faire des exercices à la maison et regarder mes sports préférés à la télé !

a vrai – **b** faux : Étienne muscle son dos, ses bras et ses jambes. – **c** faux : L'amie d'Étienne parle de natation, de tennis et de football. – **d** faux : Étienne adore les autres sports. Il regarde ses sports préférés à la télé.

2 Sports : (horizontal) rugby – tennis – natation ; (vertical) basket – escrime
Corps : (horizontal) bras – jambe – dos ; (vertical) tête – pied

LEÇON 2

1 Horizontal : Il/Elle/On fait – Je/Tu fais – Ils/Elles font
Vertical : Nous faisons – Vous faites

2 **au** football – **de la** natation et du judo – **de** l'équitation et **de la** danse – **de l'**escrime et je joue **à la** pétanque

3 **a** Moi aussi, je joue au foot le vendredi. – **b** Nous aussi, nous faisons du sport tous les jeudis. – **c** Oui. Et toi tu fais aussi de l'exercice tous les week-ends ? – **d** Laurie et Albane aussi, elles jouent au rugby le mercredi.

4 **a** Qu'est-ce que – **b** Est-ce que – **c** Qu'est-ce que – **d** Est-ce que – **e** Est-ce que – Qu'est-ce que – *Réponses libres.*

LEÇON 3

1 **a** a / est – **b** est – **c** a – **d** a / est – **e** est / a – **f** a

2 **1** Hugo – **2** Lucien – **3** Inès – **4** Lise – **5** Charles – **6** Anita

3 **a** 3 / 5 – **b** 1 / 4 – **c** 2 / 6

4 *Réponses libres.*

CULTURES

a le monocycle/photo 4 – **b** les échasses urbaines/photo 3 – **c** la capoeira/photo 1 – **d** le double dutch/photo 2

AUTOÉVALUATION

→ Voir Cahier d'activités p. 78

2 **Transcription**
Moi, je fais du sport tous les jours. À l'école, je fais du sport le lundi et le mardi. Je fais du tennis tous les mercredis. Le jeudi, je vais au rugby. Je fais de la natation tous les vendredis et, le week-end, je fais du roller avec les copains et je joue au foot avec mon père.

APPRENDRE À APPRENDRE

L'autoévaluation est importante pour que les élèves prennent conscience de ce qu'ils ont appris, mémorisé plus ou moins bien. Il ne s'agit en aucun cas d'un jugement sur leur propre travail. L'autoévaluation doit toujours être perçue comme bienveillante, comme une sorte d'état des lieux de l'apprentissage à un moment donné
À la maison, l'élève lit le tableau et le complète avec des smileys. Il est important de ne pas lui demander de mettre en commun avec la classe car il doit s'agir d'un constat personnel. En revanche, il peut être utile de fournir de temps en temps d'autres petites grilles de ce type (à la fin de chaque étape du livre, par exemple) afin que les élèves s'entraînent à s'autoévaluer régulièrement.

ÉTAPE 5

LEÇON 1

1 **Transcription**
– Regarde maman, c'est le calendrier des vacances scolaires pour cette année. Tu notes les dates ?
– Oui.
– Les vacances de la Toussaint, c'est du 19 octobre au 3 novembre.
– Oui… et les vacances de Noël ?
– C'est du 17 décembre au 3 janvier.
– Et ensuite ?
– Ensuite, on est en vacances du 18 février au 6 mars et du 15 avril au 2 mai.
– Du... 15 avril… au… 2 mai. Et la fin des cours, c'est quand ?
– Le 8 juillet.

La Toussaint : du 19 octobre au 3 novembre – Noël : du 17 décembre au 3 janvier – du 18 février au 6 mars – du 15 avril au 2 mai – La fin des cours : le 8 juillet

2 Horizontal : **2** été – **4** mars – **7** printemps – **9** avril – **11** automne – **14** juillet – **15** novembre
Vertical : **1** décembre – **3** janvier – **5** octobre – **6** février – **8** septembre – **10** août – **12** mai – **13** juin → l'hiver

3 **a** une cours de récréation – **b** le professeur – **c** les vacances – **d** la collégienne

LEÇON 2

1 **a** Pardon monsieur, (est-ce que) vous avez l'heure ? Il est huit heures et demie. / Il est huit heures trente. – **b** On a cours de français à quelle heure ? (On a cours) de 8 heures et quart à neuf heures et quart / huit heures quinze à neuf heures quinze.

2 **a** Il est dix heures et demie. – **b** Il est deux heures moins vingt. – **c** Il est onze heures et quart. – **d** Il est huit heures vingt-cinq. – **e** Il est neuf heures moins le quart.

3 **a** le matin – **b** cet après-midi – **c** le midi – **d** ce soir – **e** l'après-midi – **f** le soir

4 **a** 5 – **b** 3 – **c** 1 – **d** 2 – **e** 4

LEÇON 3

1 **a** je vais – **b** tu vas – **c** il va – nous allons – vous allez – ils vont

2 **a** vais au – **b** vas à la – **c** allons au – **d** va à la – **e** va à l'

3 dialogue 1 : b / g / c / f – dialogue 2 : d / e / a / h

4 **a** Tu fais du sport quand ? – **b** Où est-ce que tu vas ? – **c** C'est où ? – **d** Quand est-ce qu'on s'inscrit ?

5 [t] : a – [z] : c / d – [v] : b

CULTURES

1 e Mardi gras – **2 d** Pâques – **3 c** Noël – **4 a** L'Épiphanie – **5 b** Halloween

AUTOÉVALUATION

→ Voir Cahier d'activités p. 78

1 **Transcription**
– Salut Maël, tu as l'emploi du temps d'aujourd'hui ?
– Salut Mathis. Mmm, je regarde. Alors on est mardi…
Ce matin, on a maths… de 8 heures et quart à 9 heures et quart.
– Pffff… Oh non !...
– Et après, anglais de 9 heures et quart à 10 heures et quart.
– Super ! J'adore la prof d'anglais. Elle est cool.
– Ah, aujourd'hui, on n'a pas de français à dix heures et demie parce que le prof n'est pas là mais on a musique à onze heures et demie et, cet après-midi, on a arts plastiques de deux heures moins le quart à quatre heures moins le quart.
– Eh ! Il est 8 heures dix ! On va en classe ?
– Oui, OK.

APPRENDRE À APPRENDRE

À la maison, l'élève écoute chaque item et répète sur le modèle proposé. Il essaie de repérer par lui-même avec quelle méthode il arrive le mieux à prononcer les sons travaillés.
Avec la classe, mettre en commun l'expérience des élèves et faire éventuellement un sondage pour déterminer la ou les méthode(s) qui leur a semblé la/les plus efficace(s). Il est possible de réutiliser celle(s) qui a/ont remporté le plus de suffrages.

ÉTAPE 6

LEÇON 1

1 Message de Nina : c – Message d'Arthur : d – message de Valentin : b – message de Lolli : a

2 **Transcription**
– Je peux avoir ma robe, mon blouson et mes chaussures, s'il te plaît ?
– Et moi mon pantalon, mon tee-shirt, mon pull et mes baskets ?
– Oui, d'accord !

Lola : e / b / g – Jules : a / f / h / d

3 **a** soixante et onze – **b** quatre-vingt-treize – **c** quatre-vingts – **d** soixante-dix-huit – **e** cent

LEÇON 2

1 cette robe / cette écharpe / ce pull / ce bonnet / ces chaussures – ce pantalon / ce tee-shirt / ce blouson / cette casquette / ces baskets – ce jean / cette jupe

2 Ce : bracelet / sac / chapeau / bonnet – cet : adolescent / accessoire

3 – Combien coûte cette écharpe ? – Elle coûte 12€. – Elle n'est pas chère.

4 **a** Vous ne pouvez pas porter ce jean à l'école. – **b** Tu peux parler de mode avec ta mère ? – **c** Elle peut acheter sur Internet avec une carte bleue. – **d** Je ne peux pas porter de baskets. – **e** Ils ne peuvent pas avoir de vêtements chers.

5 [Ø] comme dans *deux* : tu peux / elle peut / je ne peux pas – [œ] comme dans *leur* : ils ne peuvent pas

LEÇON 3

1 **a** C'est une casquette originale. – **b** Ce sont des chaussures à la mode. – **c** Ce sont des lunettes bleues. – **d** C'est une montre chère. – **e** C'est un bracelet blanc et noir.

2 **a** une / la – **b** les / des – **c** le / un – **d** Les / les / des / des

3 Quel : pantalon / site – quelle : montre / jupe – quelles : chaussures / robes – quels : sacs/accessoires

4 **a** Ce pantalon est à la mode ! Il n'est pas beau ! Il est original ! – **b** Une jupe avec des baskets, c'est moche ! Non, c'est sympa ! Oui, c'est bien !

CULTURES

a pour les deux – **b** pour les garçons – **c** pour les filles – **d** pour les deux

AUTOÉVALUATION

➔ Voir Cahier d'activités p. 78

1 **Transcription**
– Oh regarde Antonin ! On a le même tee-shirt !
– Ah oui ! J'adore cette marque !
– Moi aussi. J'adore les vêtements de marque ! 99 % de mes vêtements sont des vêtements de marque !
– Ah bon ?!? Ah non, pour moi c'est... mmm... 40 % ou 30 %... Mon pantalon, par exemple, n'est pas un pantalon de marque.
– Il n'est pas très beau ce pantalon. Mais j'aime bien ton pull.
– Ah ! Ce n'est pas un pull de marque !
– Ah ouais ! Eh bah moi, 100 % de mes chaussures sont des chaussures de marque !
– Ah oui ?
– Oui... mes grands-parents sont sympas !

APPRENDRE À APPRENDRE

L'élève complète dans un premier temps les cartes-mots de l'activité chez lui. Puis, en classe, expliquer qu'ils peuvent fabriquer des cartes de ce type pour chaque nouveau mot de vocabulaire. Pour chaque carte, ils illustrent le mot sur une face ou l'écrivent dans leur langue. Puis ils écrivent le mot en français sur l'autre face. Chez eux, ils placent toutes leurs cartes dans une boîte séparée en 5 compartiments. Lorsqu'ils révisent leur vocabulaire, ils prennent une carte du premier compartiment, côté illustré (ou en langue maternelle) et disent le mot correspondant en français. Si le mot est correct, ils peuvent placer la carte dans le deuxième compartiment de la boîte, sinon, ils le laissent dans celui où il était. Ils procèdent ainsi jusqu'à ce que le premier compartiment soit vide. Puis, ils peuvent faire de même avec les mots placés dans le deuxième compartiment, qu'ils déplacent dans le troisième quand ils sont sus, et ainsi de suite jusqu'à ce qu'ils sortent de la boîte. Les mots sortis de la boîte sont normalement ancrés de manière durable dans la mémoire !

Corrigé Un blouson ; Une robe.

ÉTAPE 7

LEÇON 1

1 **a** Smiley souriant ; photo 1 – **b** Smiley souriant ; photo 3 – **c** Smiley triste ; photo 4 – **d** Smiley triste ; photo 2

2 **a** la cuisine – **b** le salon – **c** les toilettes – **d** la chambre – **e** la salle de bains / **1** la baignoire – **2** le lavabo – **3** le canapé – **4** la table – **5** le bureau

LEÇON 2

1 Je / tu viens (étiquettes bleues) – Il / elle / on vient (étiquettes vertes) – Nous venons (étiquette blanche) – Vous venez (étiquette rose) – Ils / elles viennent (étiquettes jaunes)

2 **a** dans – **b** sur – **c** sous – **d** à côté de

3 b / c / e

4 **a** Faites vos devoirs sur votre bureau ! – **b** Affiche tes photos sur le mur ! – **c** Installons l'ordinateur dans notre chambre ! **d** Organisez votre chambre ! – **e** Range ton bureau !

LEÇON 3

1 Dialogue 1 : – Allô Jade ? – Non, c'est Julie. – Est-ce que Jade est là s'il te plaît ? – Oui, ne quitte pas.
Dialogue 2 : – Allô ! – Bonjour, c'est Léo. Est-ce que je peux parler à Simon, s'il vous plaît ? – Non, je suis désolée. Tu peux rappeler à 18 heures. – D'accord.

2 **a** se laver / je me lave – **b** s'habiller / tu t'habilles – **c** se préparer / il/elle/on se prépare – **d** se lever / nous nous levons – **e** se promener / vous vous promenez – **f** se coucher / ils/elles se couchent

3 **Transcription**
1 Moi, je me lève tôt tous les samedis parce que je fais de la danse, dans un gymnase à côté de la maison. L'après-midi, je range ma chambre et je fais mes devoirs.
Le dimanche, je ne me lève pas très tôt. À 14 heures ou 15 heures, je sors avec mes parents. On se promène.
Et le soir, je ne me couche pas tard parce que je vais au collège le lundi.
2 Moi, je me lève tard le samedi parce que je me lève tôt toute la semaine pour aller à l'école. En général, je me lave, je m'habille et je reste dans ma chambre pour écouter de la musique et faire mes devoirs. L'après-midi, je vais chez un ami ou un ami vient à la maison. Nous jouons à des jeux vidéo. Mais le dimanche, je me lève tôt parce que je fais du vélo avec mon père. C'est cool !
Le soir, je regarde un peu la télévision avec mes parents.

1 a faux : Elle se lève tôt le samedi parce qu'elle fait de la danse mais, le dimanche, elle ne se lève pas très tôt. – **b** faux : Le samedi après-midi, elle range sa chambre et elle fait ses devoirs. – **c** vrai : Parce qu'elle va au collège le lundi matin.
2 a faux : Il se lève tard le samedi mais il se lève tôt le dimanche. – **b** vrai – **c** vrai : Il fait du vélo avec son père.

4 **c 1** Le samedi Yann **se lève** à 9 heures. – **f 2** Il va dans la salle de bains et il **se lave**. – **a 3** Il **s'habille** dans sa chambre. – **d 4** Il **range** sa chambre. – **e 5** Il **fait** ses devoirs. – **g 6** Il **regarde** la télévision avec ses parents. – **b 7** Il **se couche** tard.

CULTURES

1 **Transcription**
a La table du sculpteur Arman.
b La lampe du designer Philippe Starck.
c La chaise de l'architecte et designer Jean Prouvé.
d Le canapé du designer Olivier Mourgue.

A 4 – **B** 2 – **C** 3 – **D** 1

AUTOÉVALUATION

→ Voir Cahier d'activités p. 79

1 **Transcription**
1 Dans cette pièce, il y a un lit, un bureau et des étagères.
2 Dans cette pièce, on regarde la télévision sur le canapé.
3 Dans cette pièce, le lavabo et la baignoire sont très grands.
4 Dans cette pièce, on mange sur une table et on fait la cuisine.

2 **Transcription**
– Radio Ados FM, bonjour ! Aujourd'hui, avec nous, deux adolescents : Lucas et Océane, pour nous parler de leur logement.
– Bonjour ! Alors, chez moi : il y a une grande cuisine, un salon avec un canapé, une table avec quatre chaises, trois chambres. Les toilettes sont dans la salle de bains et… il n'y a pas de baignoire !
– Eh bien moi, dans notre appartement, il y a une cuisine, deux chambres : une avec deux lits et un bureau pour ma petite sœur et moi, et la chambre de mes parents avec un grand lit. Dans le salon, il y a un canapé, une grande table et six chaises. Dans la salle de bains, il y a une baignoire et un lavabo. Les toilettes ne sont pas dans la salle de bains.

APPRENDRE À APPRENDRE

Avec cette stratégie, les élèves vont repérer la ou les manières de s'organiser pour travailler qui leur correspond(ent).
À la maison, l'élève lit et classe les propositions par ordre de préférence. En classe, mettre en commun les préférences de chacun sans jugement. Il est important de préciser aux élèves qu'il n'y a pas de bonne ou de mauvaise réponse, l'organisation de chacun pour faire ses devoirs lui étant propre, du moment qu'elle est efficace.

ÉTAPE 8

LEÇON 1

1 **Transcription**
– Alors les enfants, pour les vacances cet été, qu'est-ce qu'on fait ? Vous rêvez d'aller où ? Votre père rêve d'aller à la mer en Espagne. Et toi, Léo ?
– Moi, je rêve d'aller aux États-Unis ou en Australie.
– Euh, oui… et toi, Lucie ?
– Pourquoi pas le Japon ou la Chine… ou peut-être le Mexique !
– Bon et moi, ma destination de rêve, c'est l'Inde…
– Allô ? Oui D'accord !… C'est votre père. Nous allons en Espagne !

La mère : l'Inde – Léo : les États-Unis ou l'Australe – Lucie : le Japon, la Chine ou le Mexique

2 Pays : (horizontal) Angleterre / Australie / France / Japon / Mexique – (vertical) Espagne / Colombie / Brésil / Grèce
Île : (horizontal) Madagascar
Continents : (horizontal) Asie / Océanie – (vertical) Europe / Afrique / Amérique

LEÇON 2

1 **a** 3 – **b** 2 – **c** 3 – **d** 3 – **e** 1 – **f** 4 – **g** 4 – **h** 1 – **i** 5

2 **a** va partir – **b** vais faire – **c** allons visiter – **d** vas aller – **e** allez rester – **f** vont se baigner

3 **a** Je ne vais pas partir en vacances. – **b** Clara ne va pas visiter Madrid. – **c** Nous n'allons pas faire de plongée. – **d** Vous n'allez pas rester à la plage. – **e** Elle ne va pas se baigner dans la mer.

4 **Transcription**
Lundi, on va faire de la randonnée. Mardi, on fait du canoë. Mercredi, c'est de la voile. Jeudi, on va faire de la plongée et vendredi, samedi et dimanche du camping !

lundi : b – mardi : a – mercredi : e – jeudi : d – vendredi, samedi et dimanche : c

LEÇON 3

1 Chine – France – Grèce – Colombie – Espagne – Italie

2 **a** Londres est en Angleterre. – **b** New York est aux États-Unis. – **c** Mexico est au Mexique. – **d** Saint-Pierre est à La Réunion. – **e** Rome est en Italie. – **f** Tokyo est au Japon.

3 **a** Bourges est au centre de la France. – **b** Lille est au nord de Paris. – **c** Paris est à l'est de Brest. – **d** Paris est à l'ouest de Strasbourg. – **e** Avignon est au sud de Lyon.

4 **a 3 / 4** Il fait chaud. – **b 6** Il pleut. – **c 1** Il fait 15 degrés. – **d 4** Il y a du soleil. – **e 2 / 5** Il fait froid. – **f 2 / 5** Il neige.

CULTURES

1 **Transcription**
a Elle est dans un pays d'Asie.
b Elle est dans un pays d'Europe de l'Ouest.
c Elle est dans un pays d'Amérique du Sud.
d Elle est dans un pays d'Europe centrale.

a Japon – **b** France – **c** Brésil – **d** Allemagne

AUTOÉVALUATION

➜ Voir Cahier d'activités p. 79

4 **Transcription**
– Tu pars cet été, Julien ?
– Oui, je pars en Grèce avec mes parents. On va sur une petite île, à l'est d'Athènes. J'adore parce qu'il fait très beau tous les jours !
– Cool !
– Et toi, Samir ?
– Moi, je vais partir dans le sud de l'Inde.
– Super ! Tu es content ?
– Non parce qu'en été il fait très chaud et il pleut beaucoup. Je rêve d'aller à la montagne. J'adore la neige Et toi, Ana, tu vas où ?
– Je pars à Bogota avec ma mère.
– Ah tu vas au Brésil !
– Mais non, je vais en Colombie, pas au Brésil. Bogota, c'est au centre du pays. En Juillet et en août, c'est l'hiver, il ne va pas faire très chaud.
– Ah bon ?!?

APPRENDRE À APPRENDRE

Il est important que les élèves comprennent que le critère de gestion du temps est presque aussi important que la bonne restitution des connaissances pour réussir une évaluation.
À la maison, l'élève calcule le nombre de minutes qui lui sont nécessaires pour réaliser chaque étape et complète la grille proposée. En classe, reproduire et adapter ce type de grille et la distribuer aux élèves, juste avant une évaluation. Les inviter à la compléter avant de commencer à travailler et à regarder leur montre pour respecter cette répartition du temps lors de la réalisation !

DISCIPLINES NON LINGUISTIQUES

ÉTAPE 1 – MON COURS D'INFORMATIQUE

1 **Transcription**

1 e accent grave	**4** e accent aigu
2 c cédille	**5** point
3 a accent grave	**6** tiret

2 **a** une application – **b** un écran – **c** une tablette – **d** un clavier – **e** une touche

ÉTAPE 2 – MON COURS DE MUSIQUE

1 Les instruments à vent : le saxophone – **c** la trompette – **f** la clarinette + la flûte traversière
Les instruments à cordes : **a** le violon – **d** la harpe + la guitare, le piano ou le violoncelle
Les instruments à percussions : **a** le xylophone – **e** le tambourin + la batterie

2 **a** la clé – **b** un (si) bémol – **c** un (ré) dièse – **d** les notes

3 Do – mi – fa – la – sol – si – la

ÉTAPE 3 – MON COURS D'ENSEIGNEMENT CIVIQUE ET MORAL

1 **a** 3 – **b** 4 – **c** 1 – **d** 2

2 *De gauche à droite en haut et dans le sens des aiguilles d'une montre :* des femmes, des personnes âgées, des personnes d'origines différentes, des enfants, des hommes, des personnes handicapées

ÉTAPE 4 – MON COURS D'ÉDUCATION PHYSIQUE ET SPORTIVE

1 Les sports d'équipe : le football – le volley-ball – le hockey – le handball
Les sports de combat : la boxe – l'escrime – le judo – le karaté
Les sports individuels : le skateboard – la natation – l'équitation – le ski

2 **a** 6 – **b** 2 – **c** 7 – **d** 4 – **e** 3 – **f** 1 – **g** 5

3 **a** handball – **b** escrime – **c** hip-hop – **d** athlétisme

ÉTAPE 5 – MON COURS DE MATHS

1 **a** 24 heures – **b** 48 heures – **c** 6 heures – **d** 15 minutes – **e** 45 minutes

2 **Transcription**
1 Soixante divisé par quatre égale ?
2 Douze divisé par deux égale ?
3 Quatre fois douze égale ?
4 Douze plus douze égale ?
5 Soixante fois trois divisé par quatre égale ?

1 d 60/4 = 15 ; **2 c** 12/2 = 6 ; **3 b** 4 x 12 = 48 ; **4 a** 12 + 12 = 24 ; **5 e** (60 x 3) / 4 = 45

ÉTAPE 6 – MON COURS D'ARTS PLASTIQUES

1 le dessin : b / f – la peinture : a / d / f / g – le collage : c / f / h – la sculpture : e

2 **a** pastel – **b** aquarelle – **c** fusain – **d** huile

ÉTAPE 7 – MON COURS DE GÉOMÉTRIE

1 **a** vingt mètres carrés > 4 m x 5 m = 20 m^2 ; **b** quatre mètres > 12 m^2 / 3 m = 4 m ; **c** quatre mètres > 28 m^2 / 7 m = 4 m ; **d** 1,8 mètre carré > 1,20 m x 1,50 m = 1,8 m^2

2 *De haut en bas et de gauche à droite :* 7 m ; 4 m ; (lit) 2 m et 1,40 m ; 1 m ; (étagère) 1,60 m ; (fenêtre) 1,20 m ; (bureau) 0,50 cm (du mur) et 1 m sur 1,30 m

ÉTAPE 8 – MON COURS DE GÉOGRAPHIE

1 **Transcription**
a J'habite au sud de la France et je peux me baigner dans la Méditerranée.
b Ma ville est à côté de l'Allemagne.
c La Garonne passe dans ma ville.
d J'habite sur une île.
e Ma ville est à côté de la Belgique.
f J'habite dans la capitale de la France.

a Marseille – **b** Strasbourg – **c** Bordeaux – **d** Ajaccio – **e** Lille – **f** Paris

2 *Pour l'édition 01 :* **a** Nord-Pas-de-Calais-Picardie – **b** Île-de-France – **c** Champagne-Ardennes Alsace Lorraine – **d** Poitou-Charentes Limousin Aquitaine – **e** Provence-Alpes-Côte d'Azur – **f** Corse
Pour l'édition 02 : **a** Hauts-de-France – **b** Île-de-France – **c** Grand-Est – **d** Poitou-Charentes Limousin Aquitaine – **e** Provence-Alpes-Côte d'Azur – **f** Corse

Suite au nouveau découpage des régions françaises entré en vigueur le 1er janvier 2016, les noms des régions sont en cours de changement. En mai 2015 :

- *certaines ont changé de nom : Nord-Pas-de-Calais-Picardie est devenue Hauts-de-France ; Haute Normandie Basse-Normandie est devenue Normandie ; Champagne-Ardenne Alsace Lorraine est devenue Grand-Est ; Centre est devenue Centre-Val de Loire*
- *certaines conservent leur nom : Bretagne ; Pays de la Loire ; Bourgogne Franche-Comté ; Provence-Alpes-Côte d'Azur ; Corse*

Nous conseillons aux enseignants d'actualiser ces informations au moment où cet exercice sera traité.

Sommaire des fiches

TESTS*

FICHES

CORRIGÉS

*N.B. : Les enregistrements des Tests sont fournis dans le coffret CD audio classe.

Test

Nom : ....

Prénom : ....

...... /30

1 CD Classe 60 Écoute le dialogue. Coche les bonnes réponses. ..... /6

a Nathan est : ☐ **1** un garçon ☐ **2** une fille

b Léa présente : ☐ **1** un ami ☐ **2** une amie

c L'ami(e) de Léa s'appelle : ☐ **1** Louise ☐ **2** Lucie ☐ **3** Noémie

d Son surnom est : ☐ **1** Lulu ☐ **2** Loulou ☐ **3** Sissi

2 Observe les dessins. Complète les dialogues avec les mots proposés. ..... /8

Salut | ça va | Je m'appelle | et vous | Moi

Je te présente | Bonjour | et toi

a – Salut Lucas, ... ?

– .... Enzo ! Ça va,

.... ?

b – .... monsieur Gapuis !

– Bonjour Elena, ça va ?

– Oui, ... ?

– Très bien, merci.

c – Bonjour ! ...., c'est Louise.

.... une amie, Manon.

– Salut ! .... Thomas.

3 **Complète avec un article indéfini (*un, une* ou *des*).** ..... /6

a .... avatars
b .... jeu vidéo
c .... photo
d .... adresse mail
e .... messages
f .... pseudo

4 **Complète la question et les réponses avec *c'est* ou *ce sont*.** ..... /4

a Qu'est que .... ?

b .... une fille.

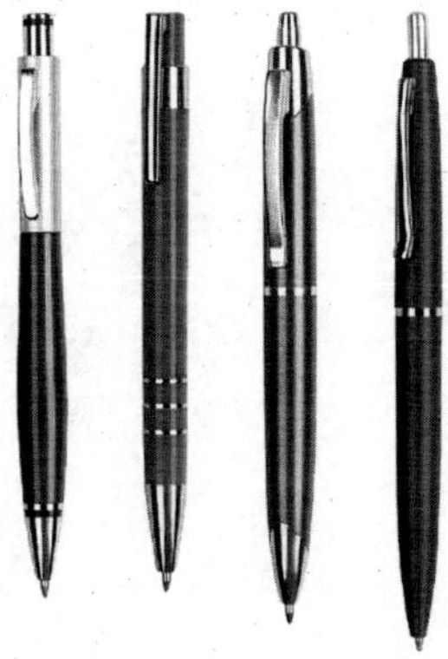

c .... des stylos.

d .... des livres.

5 **Conjugue les verbes entre parenthèses au présent.** ..... /6

a Tu .... *(s'appeler)* Lydia.
b Vous .... *(être)* sur Internet ?
c Nous .... *(s'appeler)* Liam et Noah.
d Mon personnage .... *(être)* un avatar.
e Ils .... *(s'appeler)* comment ?
f Je .... *(être)* un garçon.

Test

Nom : ....

Prénom : ....

...... /30

1 CD Classe 61 **Écoute le dialogue. Complète les phrases.** ..... /4

a Tom .... une chanson de Louane. C'est sa chanteuse ....

b Gabriel ne déteste pas Louane mais il .... Stromae.

c Tom .... chanter.

d Gabriel a .... chansons françaises et internationales : il .... de la musique sur Internet.

2 **Transforme les phrases suivantes à la forme négative.** ..... /8

a Nous sommes fan du groupe Christine and the Queens.

➜ ....

b Elsa aime la musique classique.

➜ ....

c Je danse le rock.

➜ ....

d Yanis et Léo jouent dans un groupe.

➜ ....

3 **Écris les nombres en chiffres ou en lettres.** ..... /6

a treize ➜ ....

b quarante-deux ➜ ....

c soixante-sept ➜ ....

d 59 ➜ ....

e 16 ➜ ....

f 23 ➜ ....

4 **Remets les mots dans l'ordre pour reconstituer les questions.** ..... /2

a détestes / Est / que / tu / ce / - / l' / électro ?

➜ ....

b Vous / chansons / aimez / les / en / français ?

➜ ....

5a **Observe les photos et complète les noms des instruments de musique.** ..../3
Avec les lettres des cases grises, trouve l'instrument mystère.

a ....

V					

b ....

A								

c ....

G						

d ....

B							

e ....

S								

Instrument mystère :

....

P				

5b **Complète les noms des instruments avec un article défini *(le, l', la)*.** ..../3

6 **Associe les sujets aux verbes. Attention, il y a deux intrus.** ..../4

a J'
b Nous
c Laura et Linda
d Vous
e Je
f Tu

1 écoutent de la musique.
2 dansons la valse.
3 ai un ordinateur.
4 joues de la flûte.

Test

Nom : ....

Prénom : ....

...... /30

1 CD Classe 62 **Écoute le dialogue. Vrai ou Faux ? Corrige les phrases fausses.** ..... /8

a La grand-mère de Julia est espagnole. ☐ Vrai ☐ Faux

....

b Julia parle français avec sa grand-mère. ☐ Vrai ☐ Faux

....

c Sur la photo, on voit aussi la sœur de Julia. ☐ Vrai ☐ Faux

....

d Cette personne est drôle. ☐ Vrai ☐ Faux

....

2 **Complète les phrases avec des adjectifs de nationalité et les langues correspondantes.** ..... /6

a Minh habite à Shanghai.
Il est c...................... .
Il parle m...................... .

b José habite à Mexico.
Il est m...................... .
Il parle e...................... .

c Ashok habite à New Dehli.
Il est i...................... .
Il parle h...................... .

d Antonin habite à Paris.
Il est f...................... .
Il parle f...................... .

e Mike habite à Londres.
Il est a...................... .
Il parle a...................... .

f Vasile habite à Bucarest.
Il est r...................... .
Il parle r...................... .

3 **Observe l'image. Complète avec des prénoms ou des mots de la famille.** .... /6

a La grand-mère de Mathias s'appelle ....

b Mathias et Lucas sont les .... d'Alice et Julien.

c Noémie est la .... d'Alice et Julien.

d Le père de Noémie s'appelle ....

e Alice est la .... de Mathias, Noémie et Lucas.

f Alice et Julien sont les .... de Mathias, Noémie et Lucas.

4 **Remplace les articles soulignés par un adjectif possessif.** .... /6
Suis les indications données entre parenthèses.

a Ils regardent les photos. *(à nous)* → ....

b J'adore le cousin. *(à moi)* → ....

c Elle présente les sœurs. *(à elle)* → ....

d C'est l'ordinateur ? *(à vous)* → ....

e Les élèves sont dans la classe. *(à eux)* → ....

f Tu as les CD ? *(à toi)* → ....

5 **Transforme les phrases comme dans l'exemple. Attention à l'accord des adjectifs !** .... /4

Exemple : Ton frère est petit. → *Ta sœur est petite.*

a Laura est belle. → Tonio ....

b Ton cousin est grand ? → Ta cousine ....

c Carlos est espagnol. → Maria et Gabriela ....

d Bastian est allemand. → Christa ....

Test

Nom : ....

Prénom : ....

...... /30

1 CD Classe 63 **Écoute le dialogue. Coche les bonnes réponses.** ..... /4

a Thomas ☐ aime ☐ déteste le sport.
b Le frère de Thomas fait ☐ du football. ☐ du volley. ☐ du basket.
c Le frère de Thomas est ☐ blond. ☐ brun. ☐ roux.
d Le frère de Thomas fait du sport ☐ tous les jours. ☐ le samedi et le dimanche.

2 **Observe les photos. Complète la grille avec les noms des sports.** ..... /6

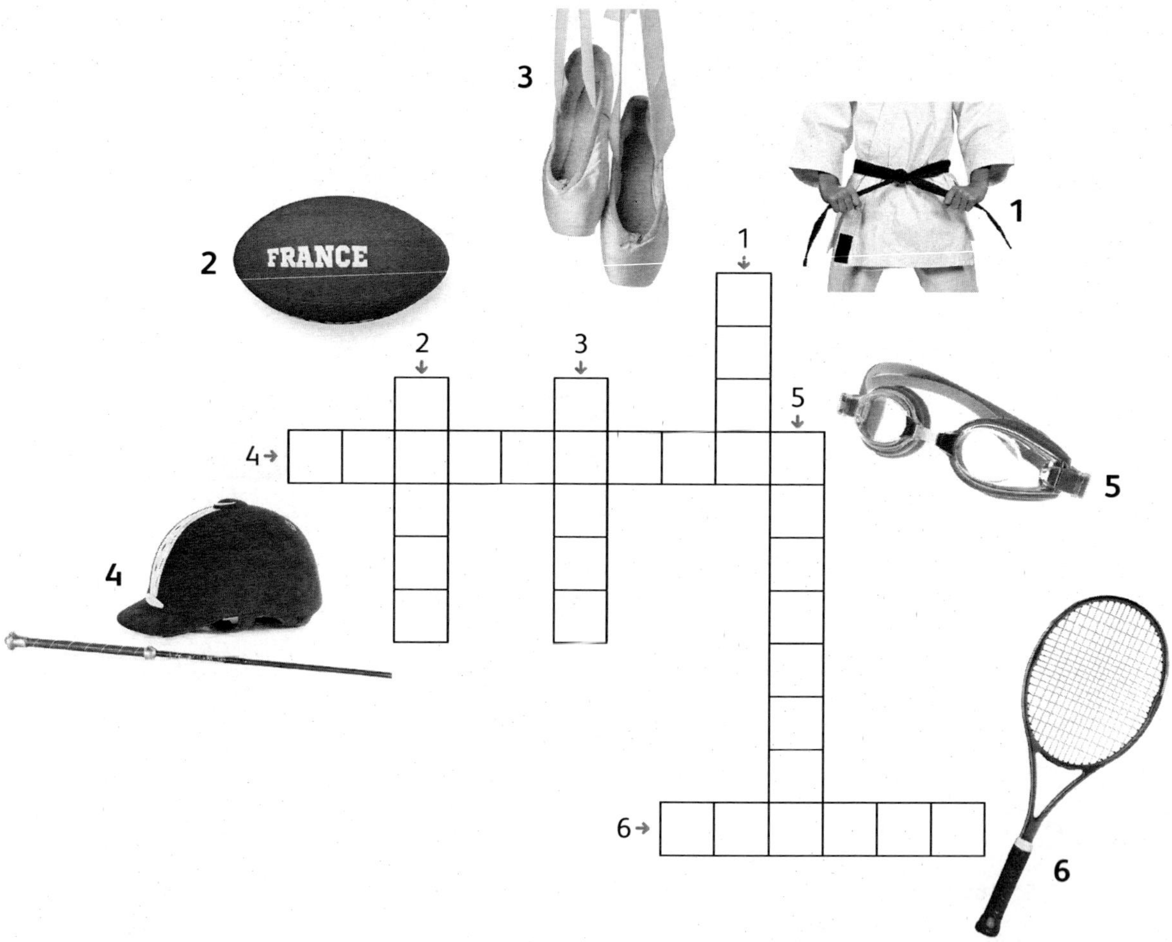

3 **Écris des questions avec *Est-ce que* ou *Qu'est-ce que*.** ..... /3

a – .... ?

– Oui, nous faisons du roller.

b – .... ?

– Je fais du football.

c – .... ?

– Nous détestons la pétanque.

4 **Complète avec les noms des parties du corps.** ..... /8

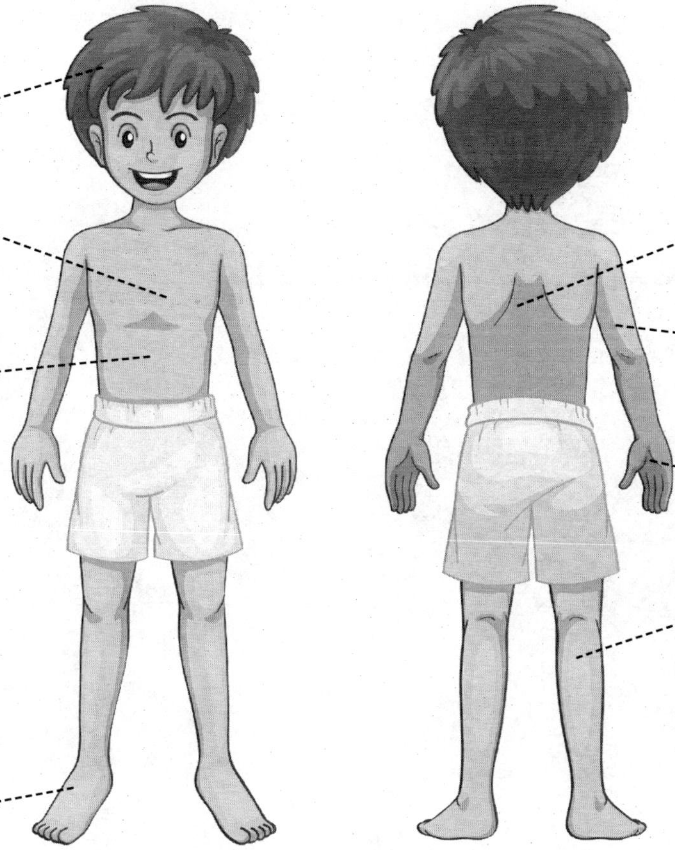

a la t ....

b le c ....

c le v ....

d le p ....

e le d ....

f le b ....

g la m ....

h la j ....

5 **Complète avec l'article qui convient *(du/de la/de l'/de/au/à la)*.** ..... /5

a Je joue .... rugby.

b Vous ne faites pas .... sport.

c Nous faisons .... danse.

d Ils font .... escrime.

e Tu joues .... pétanque.

6 **Complète avec *C'est* ou *Il/Elle est*.** ..... /4

a .... blonde.

b .... mon sportif préféré.

c .... une belle photo.

d .... russe.

Test

Nom : ....

Prénom : ....

...... /30

1 64 CD Classe **Écoute le dialogue. Vrai ou Faux ? Coche.** ..... /4

a Aujourd'hui, Nina a cours d'histoire-géo de 15 h à 16 h.	☐ Vrai	☐ Faux
b Nina n'est pas libre demain après-midi.	☐ Vrai	☐ Faux
c La fête du Sport, c'est du 12 au 20 septembre.	☐ Vrai	☐ Faux
d Nina et Emma ont rendez-vous au gymnase à 14 h 15.	☐ Vrai	☐ Faux

2 **Complète les phrases avec le verbe *aller* au présent. Réponds aux questions. Utilise *au, à la, à l'*.** ..... /10

a – Où est-ce que tu .... ?

– Je ....

b – Où est-ce que vous .... ?

– Nous ....

c – Où est-ce qu'elles .... ?

– Louise ....

et Nina ....

3 **Il est quelle heure ? Écris.** ..... /2

a → Il est ....

....

b → Il est ....

....

4 **Complète avec la date et le nom de la saison, comme dans l'exemple.** .... /6

Exemple : 18/12 → Nous sommes *le 18 décembre*. Nous sommes *en hiver*.

a 05/07 → Nous sommes .... Nous sommes ....

b 18/10 → Nous sommes .... Nous sommes ....

c 29/03 → Nous sommes .... Nous sommes ....

5 **Observe les images et complète avec des noms de matières scolaires.** .... /4

a les m..

b l'é............................ m............................

c les a............................ p............................

d l'é............................ p............................ s............................

6 **Complète les questions avec les mots suivants.** .... /4

où | quand | pourquoi | est-ce que

a – .... tu aimes les langues vivantes ? – Parce que je parle avec mes correspondants.

b – C'est .... ? – C'est dans la cour de récréation.

c – .... les élèves sont dans la classe ? – Non, ils sont au gymnase.

d – .... est-ce que tu as cours de physique-chimie ?

– J'ai cours de physique-chimie le mardi et le jeudi.

Test

Nom : ....

Prénom : ....

...... /30

1 65 CD Classe **Écoute le dialogue. Complète les phrases.** .... /4

a Elsa aime la ....

b La mère d'Elsa préfère la ....

c La robe coûte .... Elle est ....

d Elsa et sa mère achètent la ....

2 **Complète avec les noms des vêtements et d'accessoires.** .... /6
N'oublie pas l'article indéfini !

a une ....

b ....

c ....

d ....

e ....

f ....

3 **Complète les phrases avec un adjectif démonstratif *(ce, cet, cette, ces)*.** .... /6

a .... jupe est chère !

b Combien coûtent .... lunettes ?

c Je déteste .... style.

d .... accessoire est à la mode.

e Vous aimez .... vêtements ?

f J'achète .... pull.

4 **Entoure l'article qui convient.** ..... /6

a Zoé porte *les / des* lunettes très sympas !

b *Le / Un* jean de Sophie est à la mode !

c C'est *la / une* jupe originale.

d Dans ce magasin, il y a *les / des* vêtements très moches.

e *La / Une* montre de Léa est jolie.

f Ce sont *les / des* baskets de Martin.

5 **Complète avec *quel, quelle, quels ou quelles*.** ..... /5

a .... est ton vêtement préféré ?

b Vous détestez .... marque ?

c Il achète .... accessoires ?

d .... montres ne sont pas chères ?

e Il porte .... blouson ?

6 **Complète la grille avec la conjugaison du verbe *pouvoir* au présent.** ..... /3

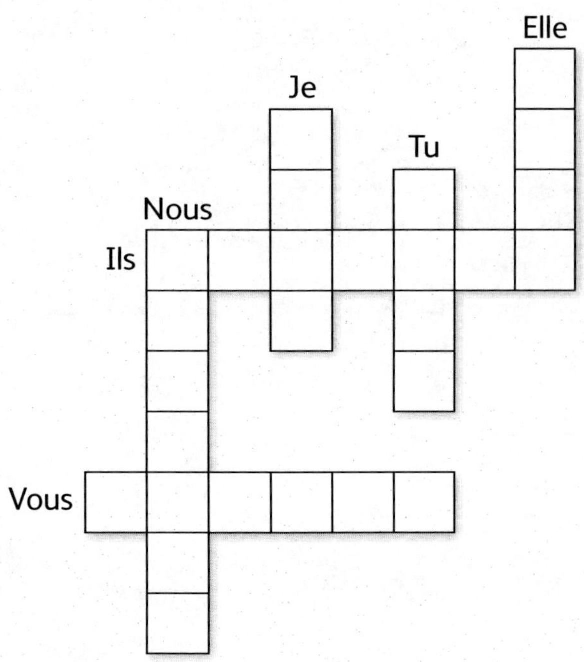

Test

Nom : ....

Prénom : ....

...... /30

1 CD Classe 66 **Écoute le dialogue. Vrai ou faux ? Coche.** ...... /6

a Thomas appelle Antoine. ☐ Vrai ☐ Faux

b Antoine fait ses devoirs. ☐ Vrai ☐ Faux

c Thomas propose à Antoine de jouer sur l'ordinateur. ☐ Vrai ☐ Faux

d Antoine peut venir chez Antoine à 16 h. ☐ Vrai ☐ Faux

2 **Nomme les pièces de la maison. Puis complète les phrases avec les noms des meubles et objets numérotés.** ...... /6

a Dans la pièce **a**, il y a ① un .... et ② une ....

b Dans la pièce **b**, il y a ③ un .... , ④ des .... et ⑤ une ....

c Dans la pièce **d**, il y a ⑥ un .... , ⑦ une .... et ⑧ une ....

3 **Observe les dessins. Complète les phrases avec des verbes pronominaux.** .... /6

a Elle .... à 8 heures.

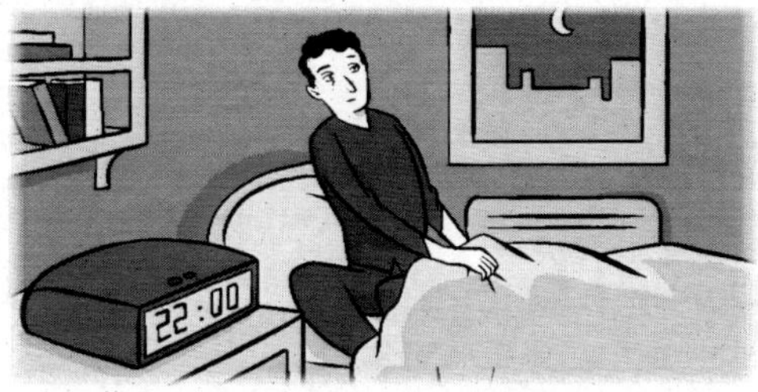

b Je .... à 22 heures.

c Tu .... ?

d Vous ....
avec vos parents.

4 **Conjugue les verbes à l'impératif, à la personne demandée.** .... /6

a .... *(aller / nous)* à la cantine !

b .... *(faire / tu)* l'exercice !

c .... *(jouer / vous)* avec vos copains !

d .... *(venir / tu)* avec moi !

5 **Complète avec des prépositions de lieu.** .... /6

a Les livres sont .... l'étagère.

b La lampe est .... l'ordinateur.

c La petite fille est .... la table.

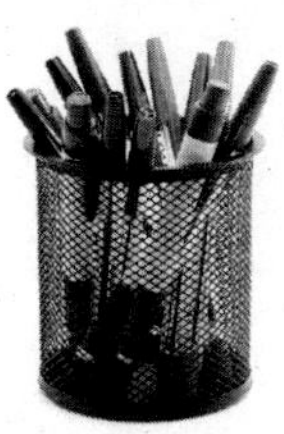

d Les stylos sont .... le pot.

e Le bureau est .... lit.

Test

Nom : ....

Prénom : ....

...... /30

1 CD Classe 67 **Écoute le dialogue. Complète les phrases.** ..... /6

a Jules et sa famille vont partir ....

b Noémie va visiter ....

c Noémie voudrait aller ....

d Noémie adore faire ....

2 **Retrouve six activités de vacances et complète les phrases.** ..... /6

CA	DE	PING	LE
RAN	SE	GNER	DON
CAM	ES	LA	NOË
CA	BAI	VOI	NÉE

....

....

....

a Sur une rivière, on peut faire du ....

b À la montagne, on peut faire de la .... ,

de l' .... et du ....

c À la mer, on peut .... et faire de la ....

3 **Complète avec des prépositions.** ..... /6

a Nous allons .... Brésil.

b Elle rêve de partir .... États-Unis.

c Nicolas est .... Espagne.

d Je vais .... Londres.

e Nous sommes .... Maroc.

f Tu voudrais partir .... Madagascar.

4 **Observe la carte. Puis complète les phrases avec les points cardinaux et le temps qu'il fait.** ..... /6

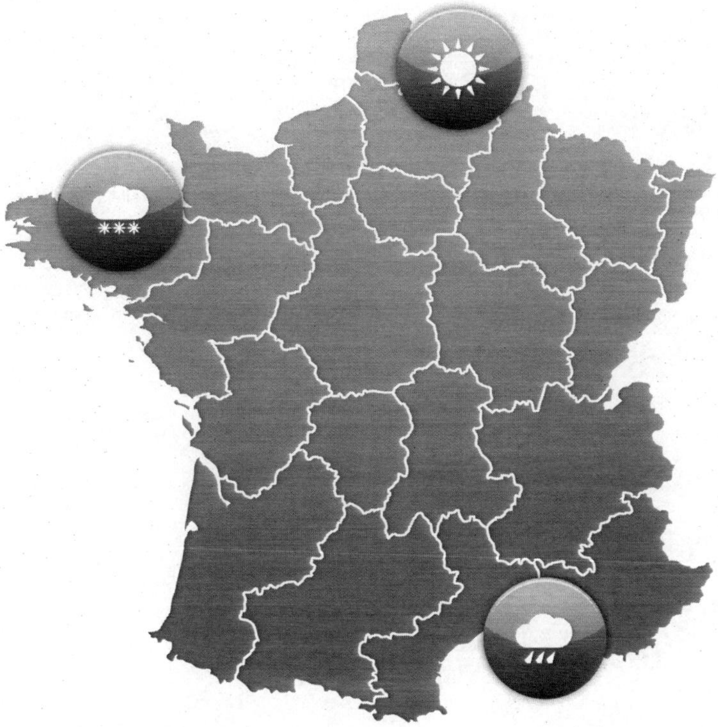

a Au .... de la France, il y a ....

b Au .... de la France, il ....

c À l' .... de la France, il ....

5 **Transforme les phrases au futur proche.** ..... /6

a Je fais le tour du monde.

→ ....

b Nous visitons la Chine.

→ ....

c Ils ne vont pas à la plage.

→ ....

d Tu ne pars pas à la mer ?

→ ....

e Elle arrive à Paris à 17 heures.

→ ....

f Vous ne préparez pas vos valises ?

→ ....

Révisions

Nom : ....

Prénom : ....

1 **Observe les dessins puis reconstitue les dialogues.**

Bonjour madame Lapierre ! | Et ton surnom ? | Salut Simon ! | Je m'appelle Pauline. | Salut Julie ! Je te présente Clément, nous sommes amis. | Salut Clément ! | Oui, merci. | Bonjour les enfants, ça va ? | Comment tu t'appelles ? | C'est Linette. | Oui, et vous ?

a – ....
– ....
– ....
– ....

b – ....
– ....
– ....
– ....

c – ....
– ....
– ....

2 **Coche les expressions ou les articles qui conviennent.**

a ☐ *C'est* ☐ *Ce sont* des dessins.
b C'est ☐ *un* ☐ *une* photo.
c ☐ *C'est* ☐ *Ce sont* un ami.
d C'est ☐ *un* ☐ *une* pseudo.
e ☐ *C'est* ☐ *Ce sont* une adresse mail.
f Ce sont ☐ *un* ☐ *des* livres.

3 **Entoure la forme qui convient.**

a Nous *sommes* / *sont* au collège.
b Je *suis* / *êtes* en classe.
c Vous vous *appelles* / *appelez* Antoine et Sébastien ?
d Tu t' *appelle* / *appelles* Lucinda ?
e Moi, c' *es* / *est* Lucien !

Approfondissement

Nom : ....

Prénom : ....

1 **Observe les photos. Imagine des répliques possibles et complète les dialogues.**

a – Salut Clara !
– .... !
– .... ?
– .... ?

b – Bonjour Emma !
– .... !
– ....
– ....

c – Comment tu t'appelles ?
– ....

2 **Observe les photos et réponds à la question.**

Qu'est-ce que c'est ?

a ....

b ....

c ....

d ....

3 **Complète les phrases avec les verbes *s'appeler* ou *être* conjugués au présent.**

a Ce .... des photos.

b Comment vous .... ?

c Mon surnom, c' .... Cam.

d Comment .... l'ami de Tania ?

Révisions

Nom : ....

Prénom : ....

1 **Retrouve les noms des instruments de musique et des objets pour compléter les légendes. N'oublie pas d'écrire les articles définis *(le, l', la)*.**

MP3 | PHONE | TEUR | COR | FLÛ | NO | DI | TEUR | LÉ | PIA

AC | ON | NA | TÉ | TE | LEC | OR | DÉ

a ....

b ....

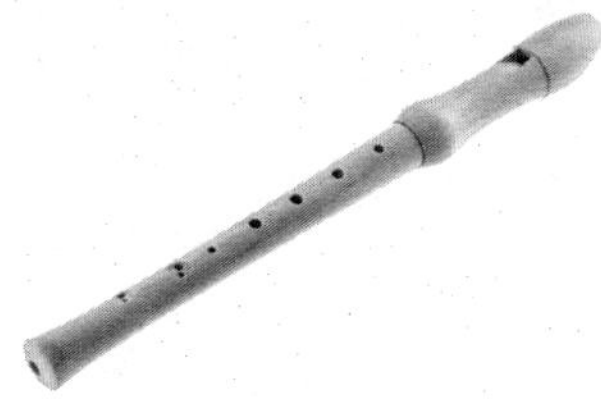

c ....

d ....

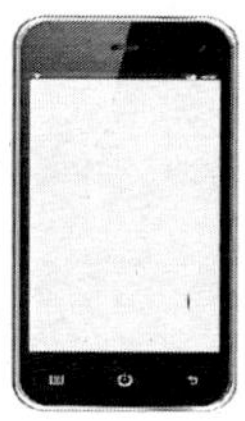

e ....

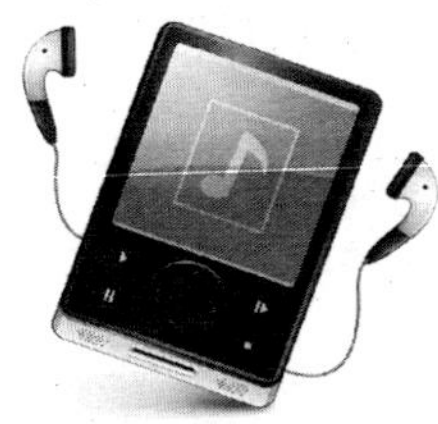

f ....

2 **Remets les mots dans l'ordre pour former des phrases.**

a électro / Est-ce / aimes / que / tu / l' / ? → ....

b détestez / Vous / rap / ne / pas / le / ? → ....

c ordinateur / chanson / Est-ce / il / sur / a / une / de / qu' / Zaz / son / ?

→ ....

d salsa / Elles / dansent / ne / la / pas. → ....

e téléchargent / Est-ce / chansons / qu' / ils / Internet / des / sur / ?

→ ....

f flûte / Est-ce / joues / de / que / la / tu / ? → ....

3 **Conjugue les verbes entre parenthèses au présent.**

a Nous .... *(détester)* le rap.

b J' .... *(avoir)* le CD de David Guetta.

c Ils .... *(jouer)* de la batterie.

d Vous .... *(avoir)* une activité préférée ?

e Elle .... *(adorer)* le jazz.

f Tu .... *(avoir)* onze ans ?

Approfondissement

Nom : ....

Prénom : ....

1 **Lis la fiche d'identité. Écris un petit texte pour présenter Antonin.**

Prénom : Antonin
Nom : LAMOTTE
Âge : 13 ans
Goûts : ♥♥♥ le chanteur Kendji Girac
♥♥♥ le groupe Coldplay
💔♥💔 le rap et l'électro

Il ....

Il ....

Il ....

Il ....

2 **Lis les réponses et écris les questions. Utilise les informations entre parenthèses. Écris les chiffres en lettres.**

a – .... ? *(Est-ce que / 13 ans)*

– Non, j'ai douze ans.

b – .... ? *(chanteuse préférée)*

– Oui, j'adore Beyoncé.

c – .... ? *(Est-ce que)*

– Non, je ne suis pas fan de Rihanna.

d – .... ? *(50 CD)*

– Non, nous avons soixante-sept CD.

3 **Fais trois phrases avec les mots suivants (plusieurs réponses possibles).**

Nous | Je | Il

préfère | l' | la

adorons | accordéon | le

de | rap | joue | guitare

a ....

b ....

c ....

Révisions

Nom : ....

Prénom : ....

1 **Complète les bulles avec des adjectifs de nationalités et des noms de couleurs.**

a Je suis b .... n et
j'adore la couleur v .... e !

b Je suis t .... e et
j'aime la couleur r .... e !

c Je suis g .... e et
j'aime la couleur b .... e !

d Je suis a .... d et
j'adore la couleur j .... e !

2 **Associe.**

a Nous, •	• **1** j'ai une grand-mère roumaine.
b Lui, •	• **2** vous avez un correspondant japonais ?
c Vous, •	• **3** ils parlent coréen.
d Moi, •	• **4** tu as des photos de ton oncle ?
e Eux, •	• **5** nous sommes différentes.
f Toi, •	• **6** il est grand.

3 **Transforme ces phrases à la forme négative.**

a On a un lecteur MP3. → ....

b Léo a une sœur. → ....

c Tu as des cousins ? → ....

d J'ai un piano. → ....

e Vous avez un ordinateur ? → ....

Approfondissement

Nom : ....

Prénom : ....

1 **Écris la nationalité de ces adolescents et décris-les. Pour la description, aide-toi des mots suivants. Attention, il y a des intrus.**

grand | beau | différent | drôle | petit | important | nouveau

Russie

France

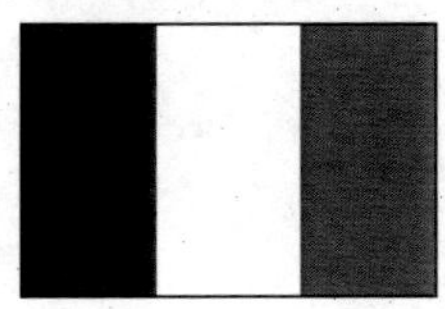

a Natasha est r ....

Elle est b ....

b Elles sont f ....

Elles sont d ....

Brésil

c Paulo et Claudio sont b ....

Paulo est p .... mais Claudio est

g ....

2 **Trouve les mots de la famille correspondant aux définitions. Attention aux adjectifs possessifs !**

Exemple : C'est le fils de mon père. → *C'est mon frère.*

a C'est le père de mon père. → C'est ....

b C'est la sœur de son père. → C'est ....

c Ce sont leur grand-père et leur grand-mère. → Ce sont ....

d Ce sont notre fille et notre fils. → Ce sont ....

e C'est la fille de votre oncle. → C'est ....

3 **Complète les phrases avec des pronoms toniques et accorde les adjectifs entre parenthèses.**

a ...., ils sont .... *(petit)* mais ....,

elles sont .... *(grand)*.

b ...., il est .... *(drôle)* ?

c ...., nous sommes .... *(russe)*.

d ...., Marie, tu es très .... *(beau)*.

e ...., vous êtes .... *(important)* pour moi.

f ...., je m'appelle Elisa et je suis .... *(mexicain)*.

Révisions

Nom : ....

Prénom : ....

1 **Remets les lettres dans l'ordre pour retrouver les formes verbales. Complète la conjugaison du verbe *faire*.**

NOTF → ....

AFIS → ....

FETSAI → ....

NSFIAO → ....

FIAT → ....

a je ....

b tu ....

c il/elle/on ....

d nous ....

e vous ....

f ils/elles ....

2 **Entoure les verbes qui conviennent. Complète les mini-dialogues avec les adjectifs suivants.**

verts | musclé | mince | longs | courts

a – Comment est Paul ?

– Il *a* / *est* roux et il est ....

– Il *a* / *est* les cheveux longs ?

– Non, il *a* / *est* les cheveux ....

b – Comment est Tania ?

– Elle *fait* / *est* 1 mètre 82 et elle est ....

– Elle *a* / *est* les cheveux ....

– Elle *a* / *est* les yeux .... ?

3 **Fais des phrases avec les éléments donnés. Attention à la conjugaison des verbes et aux articles !**

a Julie *(faire / le vélo)* → ....

b Sébastien *(jouer / le basket)* → ....

c Hélène et Linda *(faire / la danse)* → ....

d Je *(jouer / la pétanque)* → ....

4 **Remplace les mots soulignés par des expressions équivalentes.**

a Elle fait de l'escrime <u>tous les jeudis</u>.

→ ....

b Je fais du vélo <u>le lundi, le mardi, le mercredi, le jeudi, le vendredi, le samedi et le dimanche</u>.

→ ....

Approfondissement

Nom : ....

Prénom : ....

1 **Observe les photos et réponds à la question.**

Qu'est-ce qu'ils font ?

a ....

b ....

c ....

d ....

2 **Entoure les mots pour décrire ces adolescents.**

a *Elle est / C'est* une fille.
Elle a / Elle est mince.
Elle est / Elle a les cheveux frisés.

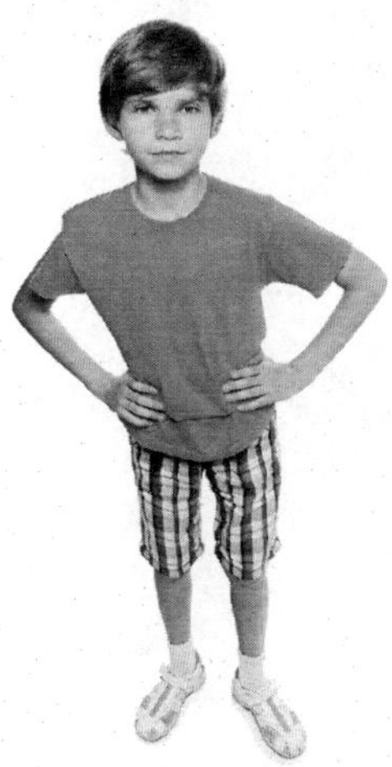

b *C'est / Il est* un garçon.
Il est / C'est blond.
Il est / Il a les cheveux courts.

3 **Trouve des questions possibles.**

a – .... ?

– Non, nous jouons au football le samedi.

b – .... ?

– Je déteste le football !

c – .... ?

– Oui, elle adore la danse !

d – .... ?

– Le jeudi, ils font du tennis.

e – .... ?

– Non, elle n'est pas grande !

f – .... ?

– Elles écoutent une chanson de Louane.

Révisions

Nom : ....

Prénom : ....

1 **Complète les dialogues avec les mots suivants.**

possible | libre | d'accord | rendez-vous

a – On va au club vidéo à 10 h 30 ? – Non, je ne suis pas .... ce matin.

b – .... samedi à 18 h ? – ...., à samedi !

c – On fait du vélo ensemble à 16 h ? – Cet après-midi, ce n'est pas ....

2 **Trouve le lieu du collège puis mets la phrase à la forme négative.**

a Il y a un (SYMEGNA) .... → Il n'y a pas ....

b Il y a une (OLBIBHITQUEÈ) .... → ....

c Il y a une (CAITNEN) .... → ....

d Il y a une (CRUO ED ÉRIÉTACRON) ....

→ ....

3 **Observe les horloges et écris l'heure.**

a ....

b ....

c ....

d ....

4 **Associe les questions et les réponses.**

a Qu'est-ce que c'est ? •
b Quelle heure il est ? •
c Pourquoi tu aimes le mercredi ? •
d Vous allez à la fête de la Musique ? •
e Elle est libre quand ? •
f C'est où ? •

• **1** Il est dix heures.
• **2** Non, nous ne sommes pas libres !
• **3** À la bibliothèque !
• **4** Parce que j'ai cours de français !
• **5** C'est une salle de classe.
• **6** De onze heures à midi.

Approfondissement

Nom : ....

Prénom : ....

1 Écris quatre phrases avec les mots suivants.

ce soir | Nous | fais | allons | salles de classe | Il n'y | a | gymnase | mes devoirs | le soir | Il y | quinze | à la | a | je | pas de | fête de la Musique

a ....

b ....

c ....

d ....

2 Écris la date et l'heure en toutes lettres.

a Julien et Nathan vont à la fête de la Francophonie le .... (04/04) à .... (17 h 30).

b Lucie n'est pas libre le .... (07/11) à .... (11 h 15).

c Je vais au club photo le .... (13/07) à .... (9 h 45).

d Nous mangeons ensemble à la cantine le .... (23/01) à .... (12 h).

3 Observe les photos et réponds aux questions.

a – Où est-ce que vous allez ?

– ....

b – Où est-ce que tu vas ?

– ....

c – Quand est-ce qu'elle est libre ?

– ....

d – Pourquoi est-ce que tu aimes le mercredi ?

– ....

e – Rendez-vous samedi à 11h ?

– ....

f – On va à l'aquarium cet après-midi ?

– ....

Révisions

Nom : ....

Prénom : ....

1 Retrouve des noms de vêtements et accessoires dans la grille. Complète les légendes des photos avec les mots trouvés.

a ....

b ....

c ....

d ....

K	E	V	E	I	C	S	Q	L	N
D	B	O	N	N	E	T	U	U	J
Q	P	M	A	Q	I	M	G	N	R
D	A	Q	C	I	N	Q	R	E	O
H	N	C	H	V	T	V	E	T	B
X	T	A	A	R	U	H	B	T	E
H	A	P	P	E	R	U	R	E	F
K	L	U	E	W	E	U	W	S	O
G	O	L	A	C	D	E	F	U	T
A	N	L	U	M	O	N	T	R	E

e ....

f ....

g ....

h ....

2 Associe. Attention, il y a un intrus !

a soixante et onze •
b quatre-vingt-dix-neuf •
c quatre-vingt-trois •
d cent •
e quatre-vingt-dix •

• **1** 100
• **2** 90
• **3** 83
• **4** 71
• **5** 99
• **6** 91

3 Coche l'article qui convient.

a ☐ *Les* ☐ *Des* baskets d'Antonin sont moches !

b Il achète ☐ *un* ☐ *le* tee-shirt dans ce magasin ?

c Elle porte ☐ *le* ☐ *un* bracelet de Louise ?

d ☐ *Une* ☐ *La* jupe longue est à la mode cette année.

4 Complète les dialogues avec les mots proposés.

quelles | quel | le même | les mêmes

a – Oh ! Nous avons .... blouson ! – Oui, c'est drôle !

b – Tu préfères .... bracelet ? Le noir ou le bleu ? – Le bleu !

c – Je peux acheter .... chaussures ? – Tu peux acheter les chaussures vertes.

d – Est-ce que ce sont .... écharpes ? – Oui, mais les couleurs sont différentes !

Approfondissement

Nom : ....

Prénom : ....

1 **Observe ces dessins et note ce que portent les deux personnes (vêtements et accessoires). Complète les phrases en précisant leur style.**

a Elle porte

....

....

....

....

....

Son style est

....

b Il porte

....

....

....

....

....

Son style est

....

2 **Reconstitue quatre phrases avec les mots suivants (il y a plusieurs possibilités).**

J'adore | écharpe | cette | bonnet | Il y a | et | Tu préfères

quelle | Vous pouvez | photo | sac à dos | pantalon | acheter

montre | le même | la | C'est | de Zoé | ce

a ....

b ....

c ....

d ....

3 **Lis les réponses et écris des questions possibles.**

a – .... ? – Non, nos vêtements sont différents !

b – .... ? – Ce bracelet coûte dix euros soixante-dix !

c – .... ? – Tu peux acheter la montre blanche.

4 **Transforme les phrases avec le verbe *pouvoir* comme dans l'exemple.**

Exemple : J'achète cette écharpe. → *Je peux acheter cette écharpe ?*

a Nous utilisons notre carte bleue. → .... ?

b Elle porte une robe jaune. → .... ?

c Ils regardent ces accessoires. → .... ?

Révisions

Nom : ....

Prénom : ....

1 **Observe la photo et corrige les erreurs.**

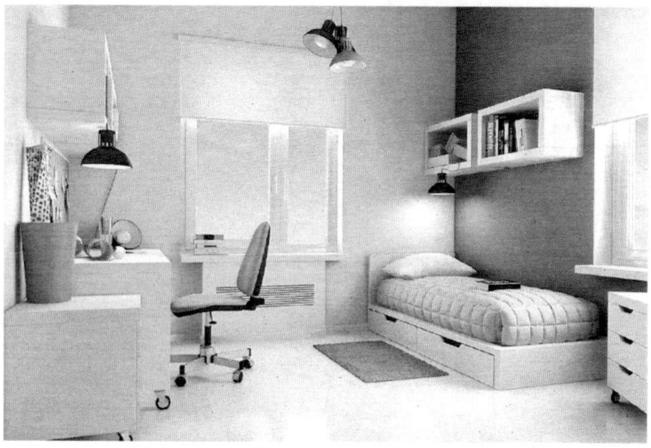

a Il y a une grande lampe à côté du bureau.

→ ....

b Les livres sont sous l'étagère.

→ ....

c La chaise est à côté de l'étagère.

→ ....

d Le tapis est sous le lit.

→ ....

2 **Complète le dialogue avec les mots suivants.**

désolé | allô | d'accord | est-ce que | rappeler | s'il vous plaît

– .... !

– Bonjour, c'est Arthur. .... Louise est là, ... ?

– Je suis .... , elle n'est pas là. Tu peux .... à 19 heures ?

– .... , merci.

3 **Remets les mots dans l'ordre pour former des phrases.**

a couches / Tu / te / lundi ? / tôt / le → ....

b dans / Nous / la / nous / bains. / salle / de / lavons

→ ....

c Vous / la / restez / vous / à / ou / vous / nous / promenez / maison ? / avec

→ ....

d lève / Je / tard / dimanche. / me / le → ....

e dans / Elle / s' / chambre ? / habille / sa → ....

f une / Ils / pour / se / sortie. / préparent → ....

4 **Conjugue les verbes entre parenthèses aux temps indiqués.**

a Je .... *(venir / présent)* chez toi samedi après-midi ?

b .... *(faire / impératif / tu)* tes devoirs dans ta chambre !

c .... *(venir / impératif / vous)* à 16 h !

d .... *(aller / impératif / nous)* dans notre appartement !

e Ils .... *(venir / présent)* chez nous dimanche ?

Approfondissement

Nom : ....

Prénom : ....

1 **Observe les photos et réponds aux questions.**

a – Tu habites en ville ?

– Non, ...

b – Vous habitez dans une maison ?

– Non, ...

2 **Conjugue les verbes entre parenthèses à l'impératif. Regarde les photos et complète avec des noms d'objets et de meubles. Utilise des prépositions de lieu.**

a .... *(installer / nous)*

une lampe .... !

b .... *(ranger / vous)*

.... !

c Tes chaussures ? ....

(regarder / tu) .... !

d .... *(ranger / tu)*

ton ordinateur .... !

3 **Complète avec les verbes suivants. Conjugue-les au présent.**

rester | venir | se promener | s'habiller | se coucher

a Vous .... à la maison ou vous .... avec nous à la fête ?

b Je .... tard tous les week-ends.

c Nous .... en famille.

d Tu .... dans la salle de bains ou dans ta chambre ?

Révisions

Nom : ....

Prénom : ....

1 **Retrouve sept noms de pays et classe-les dans le tableau.**

A	U	S	T	R	A	L	I	E	È
N	H	C	X	B	N	C	Q	Q	Y
M	N	J	W	G	G	C	M	U	C
R	C	V	Z	R	L	T	E	D	H
W	U	Z	M	È	E	B	X	A	I
É	W	E	A	C	T	R	I	X	N
L	X	J	R	E	E	C	Q	K	E
V	H	S	O	Y	R	C	U	F	X
K	É	F	C	Z	R	T	E	I	V
P	S	T	B	R	É	S	I	L	Z

L'Afrique	....
L'Amérique	....
L'Asie	....
L'Europe	....
L'Océanie	....

2 **Associe. (Il y a plusieurs possibilités.)**

a Elles •
b Nous •
c Tu •
d Vous •
e Je •
f Il •

• 1 vais faire du camping.
• 2 partez à la Réunion.
• 3 part en Australie.
• 4 vas préparer tes valises.
• 5 pars en voyage.
• 6 partent en vacances.
• 7 allons visiter la France.
• 8 partons à Madagascar.

3 **Observe les photos et complète avec les mots proposés.**

beau | froid | chaud | neige | pleut

a Il .... et il fait ....

b Il fait .... et il fait ....

c Il ....

Approfondissement

Nom : ....
Prénom : ....

1 Lis les indices et complète la grille avec des noms de pays.

1 Sa capitale est Paris.

2 Sa capitale est Londres.

3 Ce pays est à l'est de l'Asie.

4 Ce pays est au nord-ouest de l'Amérique du Sud.

5 Ce pays est au nord de l'Afrique.

6 Sa capitale est Madrid.

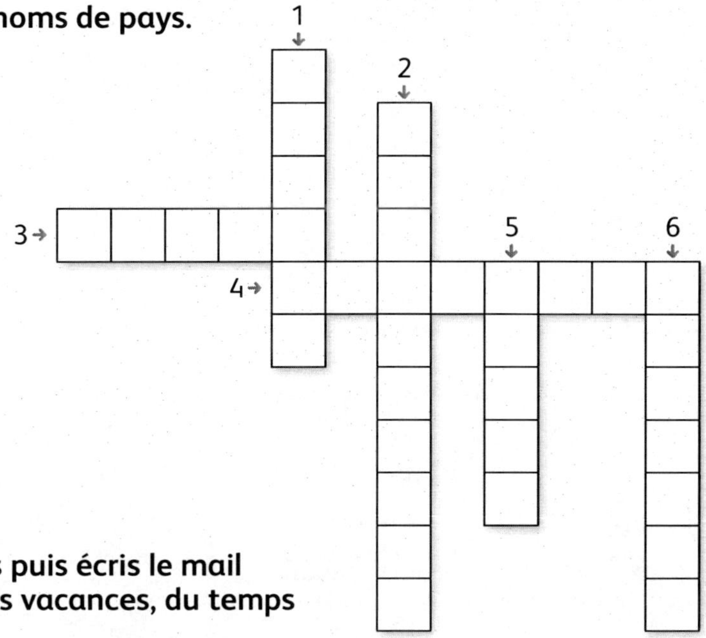

2 Nathan est en vacances. Observe les dessins puis écris le mail de Nathan à son amie Louise. Il parle des ses vacances, du temps qu'il fait et de ses activités.

....

....

....

....

....

3 Écris trois phrases avec les mots suivants (il y a plusieurs réponses possibles).

Nous	aux	allons	États-Unis	Ils	Espagne	pars
partir	vont	préparer	Je	leurs valises	en	

a ....

b ....

c ....

Corrigés des Tests

ÉTAPE 1

Hugo : Salut Léa !
Léa : Salut Hugo ! Je te présente une amie. Elle s'appelle Lucie.
Hugo : Julie ?
Léa : Non, Lucie : L – U – C – I – E.
Hugo : Ah, OK ! Salut Lucie ! Tu as un surnom ?
Lucie : Oui, c'est Sissi !

1 **a** 1 *(1 pt)* – **b** 2 *(1 pt)* – **c** 2 *(2 pts)* – **d** 3 *(2 pts)*

2 *(1 pt par bonne réponse)* **a** ça va ? / Salut / et toi ? – **b** Bonjour / et vous ? – **c** Moi / Je te présente / Je m'appelle

3 *(1 pt par bonne réponse)* **a** des – **b** un – **c** une – **d** une – **e** des – **f** un

4 *(1 pt par bonne réponse)* **a** c'est – **b** C'est – **c** Ce sont – **d** Ce sont

5 *(1 pt par bonne réponse)* **a** Tu t'appelles – **b** Vous êtes – **c** Nous nous appelons – **d** Mon personnage est – **e** Ils s'appellent – **f** Je suis

ÉTAPE 2

Gabriel : Salut Tom ! Tu écoutes de la musique ?
Tom : Ah salut Gabriel ! Oui, j'écoute une chanson de Louane. C'est ma chanteuse préférée !
Gabriel : Mouais... je ne déteste pas Louane mais... je préfère Stromae !
Tom : Bof ! Je n'aime pas l'électro !
Gabriel : J'organise un karaoké samedi.
Tom : Ah, super ! J'adore chanter !
Gabriel : Et j'ai soixante-deux chansons françaises et internationales... Je télécharge de la musique sur Internet.

1 *(1 pt par bonne réponse)* **a** écoute / préférée – **b** préfère – **c** adore – **d** soixante-deux / télécharge

2 *(2 pts par bonne réponse)* **a** Nous ne sommes pas fan du groupe Christine and the Queens. – **b** Elsa n'aime pas la musique classique. – **c** Je ne danse pas le rock. – **d** Yanis et Léo ne jouent pas de la batterie.

3 *(1 pt par bonne réponse)* **a** 13 – **b** 42 – **c** 67 – **d** cinquante-neuf – **e** seize – **f** vingt-trois

4 *(1 pt par bonne réponse)* **a** Est-ce que tu détestes l'électro ? – **b** Vous aimez les chansons en français ?

5a *(0,5 pt par bonne réponse)* **a** violon – **b** accordéon – **c** guitare – **d** batterie – **e** saxophone – ➔ piano

5b *(0,5 pt par bonne réponse)* **a** le – **b** l' – **c** la – d la – **e** le ➔ le

6· *(1 pt par bonne réponse)* **a** 3 – **b** 2 – **c** 1 – **f** 4

ÉTAPE 3

Marie : Hé, Julia ! C'est ta grand-mère sur la photo ?
Julia : Oui !
Marie : Et ça, c'est le Colisée, non ?
Julia : Oui, ma grand-mère habite à Rome. Elle est italienne.
Marie : Super ! Tu parles italien avec elle ?
Julia : Non, on parle français !
Marie : Et elle, c'est ta sœur ?
Julia : Non, c'est ma cousine !
Marie : Et elle est comment ?
Julia : Elle est très drôle !

1 *(2 pts par bonne réponse)* **a** Faux. Elle est italienne. – **b** Vrai. – **c** Faux. On voit aussi la cousine de Julia. – **d** Vrai.

2 *(0,5 pt par bonne réponse)* **a** chinois / mandarin – **b** mexicain / espagnol – **c** indien / hindi – **d** français / français – **e** anglais / anglais – **f** roumain / roumain

3 *(1 pt par bonne réponse)* **a** Isabelle – **b** fils / enfants – **c** fille – **d** Julien – **e** mère – **f** parents

4 *(1 pt par bonne réponse)* **a** nos photos – **b** mon cousin – **c** ses sœurs – **d** votre ordinateur – **e** leur classe – **f** tes CD

5 *(1 pt par bonne réponse)* **a** est beau – **b** est grande – **c** sont espagnoles – **d** est allemande

ÉTAPE 4

Marc : Thomas, tu fais du sport ?
Thomas : Non, je déteste le sport ! Mon frère, lui, c'est un champion de volley !
Marc : Whaouh ! Il est grand ?
Thomas : Oui, il fait 1 mètre 90 ! Regarde la photo.
Marc : C'est lui, avec les cheveux bruns et frisés ?
Thomas : Non, mon frère, c'est le grand blond.
Marc : Et, il fait du volley tous les jours ?
Thomas : Non, tous les week-ends.

1 *(1 pt par bonne réponse)* **a** déteste – **b** du volley – **c** blond – **d** le samedi et le dimanche

2 *(1 pt par bonne réponse)* **1** judo – **2** rugby – **3** danse – **4** équitation – **5** natation – **6** tennis

3 *(1 pt par bonne réponse)* **a** Est-ce que vous faites du roller ? – **b** Qu'est-ce que tu fais comme sport ? – **c** Qu'est-ce que vous détestez ?

4 *(1 pt par bonne réponse)* **a** la tête – **b** le cœur – **c** le ventre – **d** le pied – **e** le dos – **f** le bras – **g** la main – **h** la jambe

5 *(1 pt par bonne réponse)* **a** au – **b** de – **c** de la – **d** de l' – **e** à la

6 *(1 pt par bonne réponse)* **a** Elle est – **b** C'est – **c** C'est – **d** Il/Elle est

ÉTAPE 5

Emma : Salut Nina, tu es libre cet après-midi ?
Nina : Salut Emma ! Non... J'ai cours d'histoire-géo de quatorze heures à seize heures.
Emma : Et demain après-midi ?
Nina : Oui, je suis libre !
Emma : On va à la fête du Sport ? C'est du 12 au 20 septembre !
Nina : OK, super !
Emma : Rendez-vous au gymnase à deux heures et quart ?
Nina : Oui, d'accord !

1 *(1 pt par bonne réponse)* **a** Faux – **b** Faux – **c** Vrai – **d** Vrai

2 **a** *(1 pt + 2 pts)* vas / Je vais à la cantine. – **b** *(1 pt + 2 pts)* allez / Nous allons à la bibliothèque. – **c** *(1 pt + 3 pts)* vont / Louise va au gymnase et Nina va à l'aquarium.

3 **a** Il est une heure moins le quart. / Il est douze heures quarante-cinq. / Il est minuit quarante-cinq. – **b** Il est huit heures et demie. / Il est huit heures trente. / Il est vingt heures trente.

4 *(1 pt par bonne réponse)* **a** Nous sommes le 5 juillet. Nous sommes en été. – **b** Nous sommes le 18 octobre. Nous sommes en automne. – **c** Nous sommes le 29 mars. Nous sommes au printemps.

5 *(1 pt par bonne réponse)* **a** les mathématiques – **b** l'éducation musicale – **c** les arts plastiques – **d** l'éducation physique

6 *(1 pt par bonne réponse)* **a** Pourquoi – **b** où – **c** Est-ce que – **d** Quand

ÉTAPE 6

Elsa : Maman, regarde cette robe ! Elle est sympa !
La mère d'Elsa : Hum… elle est très longue… Moi, je préfère cette jupe noire. Regarde Elsa ! Tu n'aimes pas ?
Une vendeuse : Ah oui, avec ce tee-shirt, c'est très à la mode ! Il y a la même jupe en bleu.
La mère d'Elsa : Combien coûte la robe ?
La vendeuse : 75 euros.
La mère d'Elsa : Hum, c'est cher ! Et la jupe, elle coûte combien ?
La vendeuse : 32 euros.
Elsa : On peut acheter la jupe noire maman ?
La mère d'Elsa : D'accord !

1 *(1 pt par item)* **a** robe – **b** jupe noire – **c** 75 euros / chère – **d** jupe
2 *(1 pt par bonne réponse)* **a** une robe – **b** un pantalon – **c** une écharpe – **d** un tee-shirt – **e** une ceinture – **f** des chaussures
3 *(1 pt par bonne réponse)* **a** Cette – **b** ces – **c** ce – **d** Cet – **e** ces – **f** ce
4 *(1 pt par bonne réponse)* **a** des – **b** Le – **c** une – **d** des – **e** La – **f** les
5 *(1 pt par bonne réponse)* **a** Quel – **b** quelle – **c** quels – **d** Quelles – **e** quel
6 *(0,5 pt par bonne réponse)* Je peux – Tu peux – Elle peut – Nous pouvons – Vous pouvez – Ils peuvent

ÉTAPE 7

La mère d'Antoine : Allô !
Thomas : Bonjour madame, c'est Thomas. Est-ce que je peux parler à Antoine ?
La mère d'Antoine : Bonjour Thomas. Oui, ne quitte pas.
Antoine : Allô, Thomas ?
Thomas : Salut Antoine ! Qu'est-ce que tu fais ?
Antoine : Je range ma chambre.
Thomas : Ah… Tu viens chez moi à 16 h ? On joue sur l'ordinateur ?
Antoine : Désolé, je ne peux pas… À 16 h, je fais mes devoirs !
Thomas : D'accord ! À demain !
Antoine : Salut, à demain !

1 *(1,5 pt par bonne réponse)* **a** Vrai – **b** Faux – **c** Vrai – **d** Faux
2 *(0,5 pt par bonne réponse)* **a** la chambre – **b** la salle de bains – **c** la cuisine – **d** le salon
a un lit / étagère – **b** lavabo / toilettes / douche – **c** canapé / lampe / table
3 *(1,5 pt par bonne réponse)* **a** elle se lève – **b** je me couche – **c** tu t'habilles – **d** vous vous promenez
4 *(1,5 pt par bonne réponse)* **a** allons – **b** fais – **c** jouez – **d** viens
5 *(1 pt par item a à d ; 2 pts pour item e)* **a** sur – **b** à côté de – **c** sous – **d** dans – **e** à côté du

ÉTAPE 8

Noémie : Salut Jules, où est-ce que tu pars en vacances cet été ?
Jules : Salut Noémie ! Je vais en Grèce avec toute ma famille. Et toi ?
Noémie : Moi, je vais à Rome avec mes parents.
Jules : Wahou ! Super !
Noémie : Oui, mais je rêve d'aller en Australie.
Jules : Ah bon, pourquoi ?
Noémie : Parce que j'adore faire de la plongée !

1 *(1,5 pt par bonne réponse)* **a** en Grèce – **b** Rome – **c** en Australie – **d** de la plongée
2 *(1 pt par activité)* **a** du canoë – **b** de la randonnée / de l'escalade / du camping – **c** se baigner / de la voile
3 *(1 pt par bonne réponse)* **a** au – **b** aux – **c** en – **d** à – **e** au – **f** à
4 *(1 pt par bonne réponse)* **a** nord / du soleil – **b** sud / pleut – **c** ouest / neige
5 *(1 pt par bonne réponse)* **a** Je vais faire – **b** Nous allons visiter – **c** Ils ne vont pas aller – **d** Tu ne vas pas partir – **e** Elle va arriver – **f** Vous n'allez pas préparer

Corrigés des fiches de Révisions et Approfondissements

ÉTAPE 1

Révisions

1 **a** – Bonjour madame Lapierre ! – Bonjour les enfants, ça va ? – Oui, et vous ? – Oui, merci. **b** – Salut Simon ! – Salut Julie ! Je te présente Clément, nous sommes amis. – Salut Clément ! **c** – Comment tu t'appelles ? – Je m'appelle Pauline. – Et ton surnom ? – C'est Linette.
2 **a** Ce sont – **b** une – **c** C'est – **d** un – **e** C'est – **f** des
3 **a** sommes – **b** suis – **c** appelez – **d** appelles – **e** est

Approfondissement

1 *Propositions de réponses :* **a** – Salut Fabien ! Ça va ? – Oui, et toi ? – Ça va, merci ! **b** – Bonjour Victor ! Je te présente un ami, Nolan. – Bonjour Nolan ! – Bonjour Victor ! **c** – Moi, c'est Benjamin.
2 **a** C'est un animal / un chien. – **b** Ce sont des filles / des amies. – **c** Ce sont des livres. – **d** C'est un croissant.
3 **a** sont – **b** vous appelez – **c** est – **d** s'appelle

ÉTAPE 2

Révisions

1 **a** le piano – **b** l'accordéon – **c** la flûte – **d** l'ordinateur – **e** le téléphone – **f** le lecteur mp3
2 **a** Est-ce que tu aimes l'électro ? – **b** Vous ne détestez pas le rap ? – **c** Est-ce qu'il a une chanson de Zaz sur son ordinateur ? – **d** Elles ne dansent pas la salsa. – **e** Est-ce qu'ils téléchargent des chansons sur Internet ? – **f** Est-ce que tu joues de la flûte ?
3 **a** détestons – **b** ai – **c** jouent – **d** avez – **e** adore – **f** as

Approfondissement

1 *Proposition de réponse :* Il s'appelle Antonin Lamotte. Il a 13 ans. Il est fan de / adore le chanteur Kendji Girac et Coldplay. Il déteste le rap et l'électro.
2 **a** Est-ce que tu as treize ans ? – **b** Tu as une chanteuse préférée ? – **c** Est-ce que tu es fan de Rihanna ? – **d** Vous avez cinquante CD ?
3 **a** Nous adorons la guitare / l'accordéon / le rap. – **b** Je/Il joue de la guitare / l'accordéon. – **c** Je/Il préfère la guitare / l'accordéon / le rap.

ÉTAPE 3

Révisions

1 **a** brésilien / verte – **b** turque / rouge – **c** grecque / bleue – **d** allemand / jaune

2 **a** 5 – **b** 6 – **c** 2 – **d** 1 – **e** 3 – **f** 4

3 **a** On n'a pas de lecteur MP3. – **b** Léo n'a pas de sœur. – **c** Tu n'as pas de cousin ? – **d** Je n'ai pas de piano. – **e** Vous n'avez pas d'ordinateur ?

Approfondissement

1 **a** russe / belle – **b** françaises / différentes – **c** brésiliens / petit / grand

2 **a** mon grand-père – **b** sa tante – **c** leurs grands-parents – **d** nos enfants – **e** votre cousine

3 **a** Eux / petits / elles / grandes – **b** Lui / drôle – **c** Nous / russes – **d** Toi / belle – **e** Vous / importants / importantes – **f** Moi / mexicaine

ÉTAPE 4

Révisions

1 **a** je fais – **b** tu fais – **c** il/elle/on fait – **d** nous faisons – **e** vous faites – **f** ils/elles font

2 **a** est / musclé / a / a / courts – **b** fait / mince / a / longs / a / verts

3 **a** Julie fait du vélo. – **b** Sébastien joue au basket. – **c** Hélène et Linda font de la la danse. – **d** Je joue à la pétanque.

4 **a** le jeudi – **b** tous les jours

Approfondissement

1 **a** Elle fait du basket. – **b** Ils font de l'escrime. – **c** Il fait de la natation. – **d** Elles font du tennis.

2 **a** C'est / Elle est / Elle a – **b** C'est / Il est / Il a

3 *Propositions de réponse :* **a** Est-ce que vous jouez au football tous les jours ? – **b** Qu'est-ce que tu détestes ? – **c** Est-ce qu'elle aime la danse ? – **d** Qu'est-ce qu'ils font tous les jeudis ? **e** Est-ce qu'elle est grande ? – **f** Qu'est-ce qu'elles écoutent ?

ÉTAPE 5

Révisions

1 **a** libre – **b** Rendez-vous / D'accord – **c** possible

2 **a** gymnase → Il n'y a pas de gymnase. – **b** bibliothèque → Il n'y a pas de bibliothèque. – **c** cantine → Il n'y a pas de cantine. – **d** cour de récréation → Il n'y a pas de cour de récréation.

3 **a** Il est onze heures et demie (du soir). / Il est vingt-trois heures trente. – **b** Il est trois heures moins le quart (de l'après-midi). / Il est quatorze heures quarante-cinq. – **c** Il est midi. – **d** Il est cinq heures et quart (du matin). / Il est cinq heures quinze.

4 **a** 5 – **b** 1 – **c** 4 – **d** 2 – **e** 6 – **f** 3

Approfondissement

1 **a** Il n'y a pas de gymnase. – **b** Il y a quinze salles de classe. – **c** Nous allons à la fête de la Musique ce soir. – **d** Je fais mes devoirs le soir.

2 **a** le 4 avril à dix-sept heures trente / cinq heures et demie – **b** le 7 novembre à onze heures et quart / onze heures quinze – **c** le 13 juillet à dix heures moins le quart / neuf heures quarante-cinq – **d** le 23 janvier à midi.

3 **a** Nous allons à la bibliothèque. – **b** Je vais à la cantine. – **c** Elle est libre de huit heures à neuf heures / de vingt heures à vingt et une heures. – **d** Parce que nous avons cours d'arts plastiques. – **e** Oui, d'accord ! – **f** Non, ce n'est pas possible. Je vais au club photo.

ÉTAPE 6

Révisions

1 **a** une robe – **b** un pull – **c** une montre – **d** un pantalon – **e** un bonnet – **f** une ceinture – **g** des lunettes – **h** un chapeau

2 **a** 4 – **b** 5 – **c** 3 – **d** 1 – **e** 2

3 **a** Les – **b** un – **c** le – **d** La

4 **a** le même – **b** quel – **c** quelles – **d** les mêmes

Approfondissement

1 **a** Elle porte un tee-shirt, un jean/un pantalon, des chaussures, des lunettes et un sac à dos. Son style est classique. – **b** Il porte un blouson, un pantalon, des baskets et une casquette. Son style est original.

2 **a** J'adore ce bonnet / pantalon / sac à dos et cette écharpe / montre. – **b** Tu préfères quelle photo / écharpe / montre ? – **c** Vous pouvez acheter le même pantalon / sac à dos / bonnet. – **d** Il y a un sac à dos / pantalon / bonnet. – **e** C'est la montre / écharpe / photo de Zoé ?

3 *Propositions de réponse :* **a** Est-ce que vous avez les mêmes vêtements ? – **b** Combien coûte ce bracelet ? – **c** Je peux acheter quelle montre ?

4 **a** Nous pouvons utiliser – **b** Elle peut porter – **c** Ils peuvent regarder

ÉTAPE 7

Révisions

1 **a** sur le bureau – **b** sur l'étagère – **c** à côté de la fenêtre / du bureau – **d** à côté du lit

2 Allô / Est-ce que / s'il vous plaît / désolé / rappeler / D'accord

3 **a** Tu te couches tôt le lundi ? – **b** Nous nous lavons dans la salle de bains. – **c** Vous restez à la maison ou vous vous promenez avec nous ? – **d** Je me lève tard le dimanche. – **e** Elle s'habille dans sa chambre ? – **f** Ils se préparent pour une sortie.

4 **a** Je viens – **b** Fais – **c** Venez – **d** Allons – **e** Ils viennent

Approfondissement

1 **a** Non, j'habite à la campagne. – **b** Non, j'habite dans un appartement.

2 **a** Installons / à côté du lit – **b** Rangez vos livres sur l'étagère ! – **c** Regarde sous la table ! – **d** Range / dans ton sac à dos !

3 **a** vous restez / venez – **b** je me couche – **c** nous nous promenons – d tu t'habilles

ÉTAPE 8

Révisions

1 L'Afrique : Maroc – L'Amérique : Brésil / Mexique – L'Asie : Chine – L'Europe : Angleterre / Grèce – L'Océanie : Australie

2 **a** 6 – **b** 7 / 8 – **c** 4 / 5 – **d** 2 – **e** 1 / 5 – **f** 3

3 **a** neige / froid – **b** beau / fait – **c** pleut

Approfondissement

1 **1** France – **2** Angleterre – **3** Japon – **4** Colombie – **5** Maroc – **6** Espagne

2 *Proposition de réponse* : Salut Louise ! Ça va ? Moi, je suis en vacances avec mes grands-parents et ma sœur à la campagne. On fait du camping et il fait beau ! Je fais du canoë tous les jours. C'est super ! Nathan

3 **a** Nous allons partir en Espagne / aux États-Unis. / Nous allons en Espagne / aux États-Unis. – **b** Je pars aux États-Unis. / Je pars en Espagne. – **c** Ils vont préparer leurs valises / partir aux États-Unis / partir en Espagne.

Imprimé en France, par la Nouvelle Imprimerie Laballery - N° N120637
Dépôt légal : février 2018 - Collection n° 60 - Édition n° 02 - **19/1966/1**